JN313367

北緯60度の
「日本語人」たち

フィンランド人が日本語の謎を解く

ヘルシンキ大学世界文化学科◆編

植村友香子＋オウティ・スメードルンド◆監訳

新評論

丸山大使からのメッセージ

　私がフィンランドに着任したのは2009年6月ですが、それからというもの、首都ヘルシンキのみならず地方においても日本語を上手に操る多くのフィンランド人に出会いました。思いもかけぬ驚きでしたが、大きな喜びでもありました。

　フィンランドの若い人達は、日本のマンガ、アニメ、コスプレなどのポップカルチャーに対して強い関心をもっており、それらへの興味から日本語を学ぶようになることが多いようです。

　国際交流基金が実施した「海外日本語教育機関調査」によると、フィンランドにおける日本語学習者の数は北欧5か国で一番となっています。また、2005年からフィンランドとデンマークで実施されている日本語能力試験の受験者数も年々増加しているようです。その影響でしょうか、2010年2月からは、国際交流基金制作の「初級日本語講座」というテレビ番組『エリンが挑戦！　にほんごできます（Japania Erinin　kanssa）』が、ヨーロッパでは初めて公共放送のYLEで放映されるようになりました。

　ポップカルチャーへの興味をきっかけとして、日本語、さらには日本食を含む日本文化全般に対する関心が高まっているなかで、今般、

ヘルシンキ大学世界文化学科がタルヤ・ハロネン大統領の後援を得るとともに、「スカンジナビア・ニッポン ササカワ財団」[2]の財政支援のもと「フィンランドにおける日本語セミナー」が開催されたことは、誠に時宜にかなった企画であると思います。あわせて、ヘルシンキ大学の日本語専攻の学生達が、この機会にフィンランドにおける日本語の位置づけ、役割などに関して、言語政策、言語教育に携わる人々のみならず広く日本・東アジアの専門家、研究者、企業人、文化人、メディア関係者にインタビューを行って本を刊行されたことは、今後、フィンランドにおいて日本文化を理解するうえで意義深いものとなるでしょう。

言葉は、その国の文化を深く理解するうえで最も重要な手がかりと

日本大使館の入る建物

なります。今回のセミナー、また本書が、フィンランドにおける日本語教育、日本研究の新たな出発点になることを祈念してやみません。

　このセミナーおよび本書の発行は、スカンジナビア・ニッポン　ササカワ財団の資金援助ならびに「フィン日協会」によるラムステッド奨学基金の賦与がなければ実現することはできませんでした。最後になりましたが、スカンジナビア・ニッポン　ササカワ財団およびフィン日協会の御好意に対して深く感謝の意を表します。

　　　　　　　　　　　　　　丸山　博（在フィンランド日本国大使）

---

(1) （Tarja Halonen,1943～）2000年にフィンランド共和国第11代大統領に就任。2006年に再選され、2期目を務めている。フィンランド初の女性大統領。社会民主党の国会議員として活躍し法務大臣、外務大臣などを歴任している。2012年1月に次期大統領を選出する選挙が実施され、2月の決戦投票を経てサウリ・ニーニスト（Sauli Niinistö）が当選した。

(2)　日本財団からの拠出金を基金として1985年にスウェーデンの公益法人として設立された。当初は日本と北欧3か国（スウェーデン、デンマーク、ノルウェー）が加盟していたが、1987年にフィンランドが、1990年にアイスランドが加盟。日本と北欧諸国の相互理解に寄与する学術研究・教育・交流事業に対して毎年助成を行っている。

(3)　（Suomalais-Japanilainen Yhdistys）フィンランドの初代駐日公使を務め、のちにヘルシンキ大学教授として日本語を教えたラムステッド博士らによって1935年に設立された。当協会は1980年に「ラムステッド基金」を設け、フィンランドと日本の文化交流事業に対して奨学金を供与している。会員数は約1,000人。

まえがき

「なぜ日本語を？」という自らに対する問いかけが、本書（インタビュー集）をつくるきっかけとなりました。2010年10月にヘルシンキ大学で開催された『フィンランドにおける日本語セミナー（JASU(ヤス)セミナー：Japanin kieli Suomessa)』の開催日にあわせて本書が発行されています。

　私の国であるフィンランド共和国は、季節の変化が激しく、白夜が美しい夏に比べて冬はずっと暗い日が続き、気持ちまでが沈んだようになります。2004年から日本語教師をしている私ですが、暗い冬の朝に日本語の世界、つまりその音とともにニュアンスや文字表記、そしてお辞儀の仕方までを教室で再現して、生き生きとした授業を行うということは至難の業となります。言うまでもなく、私自身がフィンランド人であるため、その難しさはなおさらです。

　そんな私が本書を編集・執筆するということは、日常から一歩下がって、日本語教育を客観的に見つめ直すことができ、フィンランド社会との関係性についても再考できる貴重な機会となりました。

　本書には、仕事において日本文化や日本語と何らかの関わりをもつフィンランド人に対して行ったインタビューが収められています。登場する方々の仕事は、出版、旅行、マスコミ、外交、言語、教育、学術、美術、デザイン、文学、音楽など官民あわせて多岐にわたっています。インタビューの目的は、フィンランドにおける日本語および日

本語教育の意味を捉え直し、その歴史を振り返り、フィンランド社会においてこれから日本語がどのように貢献していくことができるのか、またそれぞれの職業において日本語がどのような意味をもつのかについて語っていただくということです。

　これらのインタビューを通して、フィンランド社会における日本語の現状と将来の姿が多角的に浮かび上がってきます。主なテーマを「フィンランドのビジネス界、文化、言語政策において日本語の果たす意義・役割」としましたが、行間からは両国間の文化や行動様式の相違点、そしてフィンランドと日本の関係が味わえると思います。

インタビューを実施して

　インタビュー取材を通して、フィンランドにおける日本への関心の根強さを再確認することができると同時に、改めて驚いたということをまずお伝えしておきましょう。

　4月から6月にかけての初夏の美しい新緑のなか、ヘルシンキ大学の学生12名および教師2人が録音機を持ってフィンランドの企業、行政機関、スタジオといった仕事の現場に出掛けて、それぞれのスタッフから日本語について話を聞きました。

　録音されたテープ起こしを始めたのは2010年の夏でしたが、この年のフィンランドは記録的な暑さが何週間にもわたって続き、まるで日本の夏のような蒸し暑さでした。そんな厳しい暑さのなかでも作業が続けられたのは、人と人とのつながりが感じられたからです。同じ目標に向かって頑張ろうという活気に満ち、気持ちが通じあった雰囲気のなかで一緒に仕事ができたということは、今から思えば大変幸せなことでした。

　学生達からは、以下のようなコメントが多々寄せられました。

「本の制作に参加することを通して、自分達が日本語を勉強して、これからどのように社会に貢献していくことができるのかを考えさせられた」
「就職活動で活かせそうな人脈をつくることができた」
「大学で勉強したことが応用できてよかった」

勉強とは何か、何をどのように勉強していけばいいのかを考えるにおいて、非常に役に立つ、示唆に富んだインタビューになったと言えます。

ヘルシンキ大学における日本語教育

本書の作成にあたった学生達は、ヘルシンキ大学の世界文化学科で東アジア研究を主専攻としています。東アジア研究では、日本語・中国語・韓国語から専門とする言語を選ぶことになっていますが、日本語を選んだ彼らのなかからは、将来、日本についての専門家となる人も出てくることでしょう。

日本語を本格的に学びたいという人は、進学先としてヘルシンキ大学の世界文化学科を目指すということになるのですが、もちろん他の大学においても日本語は教えられています。

現在のところ日本語は高校の選択科目には含まれていませんので、日本語教育は大学での入門レベルから始まります。例えば、ヘルシンキ大学の世界文化学科のシラバスでは、日本語の

ヘルシンキ大学の本館

授業は3年間にわたって週3コマとなっています。スペイン語などのいわゆるヨーロッパ言語であれば3年間も勉強すればかなり高いレベルに達しますが、日本語のように表記法が複雑な言語の場合は長期にわたっての努力が必要となります。書き言葉と話し言葉が大きく異なる日本語を勉強するということは、学習者にとっては負担が大きく、まるで二つの外国語を同時に勉強するぐらいの覚悟が必要とされます。

　3年間、週3回の授業に通って身に着く漢字の数はせいぜい1,000字であり、学術論文はおろか新聞も十分に読むことができません。さらに日本語の勉強を続けたければ、日本に留学し、帰国後に大学以外の場で日本語力を高める機会を自主的につくっていくしかありません。ヘルシンキ大学の世界文化学科で「上級日本語」の授業が実施されることもありますが、それは外部の財団などから助成金が得られた場合に限られています。

　このような厳しい環境であるにもかかわらず、2011年、ヘルシンキ大学の世界文化学科に「アジア・アフリカ言語文化類」として入学してきた新入生26名のうち16名が日本語を選んでいるのです。日本語希望者が群を抜いて多いという状況が、過去数年間にわたって続いています。

　ヘルシンキ大学の世界文化学科では、文化・言語を中心に世界の各地域に関する研究や教育が実施されています。当学科は、2010年1月の大学制度改革に伴って旧アジア・アフリカ言語文化学科を含む文科系のいくつかの学科が合併して形成された新たな学科ですが、学科長であるラルス＝フォルケ・ランドグレン（Lars-Folke Landgrén）氏は、厳しい財政状況への対応を余儀なくされています。

　「合併以前に比べて予算が大きく削られましたが、研究教育活動に変化が生じたわけではありません。教職員の給与も以前のままです。と

コラム❶ フィンランドの大学における日本語教育の位置づけ

　フィンランドの「大学」は、大きく二つに分けることができます。一つはアカデミックな研究を主眼とする大学で、これは一般に「yliopisto(ユリオピスト)」と呼ばれ、(ただし、商科大学、工科大学のような単科大学の場合は「korkeakoulu(コルケアコウル)」が使われます)ヘルシンキ大学(Helsingin yliopisto)もこの種に含まれます。もう一つは「ammattikorkeakoulu(アンマッティコルケアコウル)(職業高等学校)」と言い、就職に役立つ実践的な教育をする大学です。後者の場合は、日本関係の学位を取ることが目的ではなく、外国語科目の一つとして日本語が教えられています。

　そもそも、フィンランドの大学には「日本語学科」という学科は存在していません。これは、大学における日本語教育が、あくまでも日本文化や日本社会を理解するための道具としてのみ位置づけられているということを示しています。ヘルシンキ大学における日本語教育も、世界文化学科アジア研究専攻のなかの日本コース内での日本語教育ということになります。

　「yliopisto」のなかで、学部レベルから日本学を専攻して学位が取れるのはヘルシンキ大学だけです。したがって、本格的に日本語を勉強し、それなりに高いレベルの日本語力を身に着けるための教育をしているのはヘルシンキ大学だけ、というのがフィンランドにおける認識となっています。とはいえ、現実にはそのような目標を達成できるカリキュラムになっているとは言い難い面もあります。

　また、フィンランドの大学(yliopisto)では、主専攻のほかにいくつかの副専攻を履修せねばならず、ヘルシンキ大学以外では、東フィンランド大学で副専攻として日本語教育が行われています。しかし、主専攻ではありませんので、ヘルシンキ大学のような「重み」を期待することはできません。さらに、各「yliopisto」には学部とは独立した語学センターがあり、様々な外国語が教えられています。そこでは、専攻とは関係なく、趣味もしくは興味があるからという理由で日本語を学ぶことができます。

　このように様々なレベルの日本語教育が行われているという状況を踏まえると、「本格的に日本語をやりたければ、ヘルシンキ大学の世界文化学科に進学することが唯一の選択肢」ということになります。

(文責：植村友香子)

はいえ、1980年からずっとヘルシンキ大学で働いている私ですが、こんなに厳しい状況に置かれたのは初めてのことです」

ランドグレン氏によると、現在実施されている授業数をなるべく維持し、教育水準の向上を目指す委員会を設けるなど、これまで通りのレベルを確保できるように努めていると言っていますが、予算が付かなければ改善の見通しが立たないというのが現状です。

先に述べたように、世界文化学科での日本語の授業数は少なく、日本語を学んでいる学生には、語学力をつけるために大学以外での自発的な学びがかなり要求されます。しかし、ランドグレン氏は、「世界文化学科のなかでは日本語・日本研究の状況はまだましなほうです。というのも、日本語は教授もいるし、専任講師もいます。非常勤講師一人で行っている科目だっていっぱいあるのです」と言っています。「エジプト学・アッシリア学・現代ギリシャ語学といった分野の研究・教育をこの国で続けていきたいのか、そもそも、その必要があるのか、是非とも大学レベルや国レベルで議論してほしいものです。そして、実施する価値があるというのであれば、それに必要な予算を与えるべきだと思います」

ランドグレン氏がこう述べるように、世界文化学科はあくまでも教育を実施する側であり、教育政策を立てる立場にはないということです。

ヘルシンキ大学の日本語講師である植村友香子は、「1993年からヘルシンキ大学で日本語を教えていますが、当時に比べると、フィンランド人の一般的な日本語力はかなりレベルアップした」と言っています。かつてはとても考えられなかったことですが、現在では日本語を主専攻とする新入生のほとんどが、入学前にひらがな、カタカナの読み書きなど、日本語に関する基礎知識を身に着けているそうです。つ

ヘルシンキ大学世界文化学科のキャンパス

まり、フィンランド人、とりわけ若い世代の日本に対する知識と日本語能力は非常に向上しているということです。とはいえ、日本語教育に対する制度の面では、過去20年にわたって変化はありません。

「もっと日本語能力を高めたい」と言う学生達の声にこたえて、日本語教育の制度を新たなレベルまで上げていく意図がフィンランドにはあるのでしょうか。と同時に、日本語の資料が読める人材、日本語で商談ができる人材、翻訳ができる人材、つまり仕事で日本語を使いこなせる人材をフィンランドという国が必要としているのか、あるいはそのような存在が望まれているのでしょうか。

仕事で使えるという高い日本語力を身に着けるためには、「上級日本語教育」が必要となります。インタビューでは、そのために「制度を改革すべきだ」という意見が多く寄せられました。具体的には、日本語が外国語として高校で教えられるようになれば、大学においては中級以上の授業を中心として教育を実施することが可能となり、さらに高いレベルの語学力の習得が可能になるということです。

現在のところ、自由啓蒙教育（**コラム②を参照**）において初級日本語の授業が実施されている教育機関が多くあり、高校生もそこで授業の履修が可能となっていますが、その学習を大学まで継続させることには問題があります。その理由は、ヘルシンキ大学の語学センター長であるウッラ＝クリスティーナ・トゥオミ（Ulla-Kristiina Tuomi）氏の言葉からも分かります。
「日本語の授業が、自由啓蒙教育と大学教育で同じように『初級コース』と名付けられているからといって、必ずしも同じレベルだとは限りません」
　教育機関によって学習者のニーズや学習状況が異なるという理由から、自由啓蒙教育の授業内容は、目標レベル、授業の焦点、授業の進め方や進度といった点で違いが見られるのです。それに対して高校では、教育指導要領や大学入学資格試験の試験範囲といった全国一律の基準が定められており、どの高校においても学習目標と学習結果が同じになるような環境が整っているのです。

　では、日本語を高校に導入するためには、誰の、どのような働きかけが必要なのでしょうか。インタビューを行った結果、フィンランドで日本語を普及させることは重要だと考えている人が多くいましたが、あいにくと、自らが中心となって行動しようとする人は見られませんでした。しかし、インタビューに協力してくださった教育関係者は、全員が声をそろえて「誰が働きかけてもよい」と言っていました。

⑴　フィンランドでは高校課程修了と大学入学資格とは別個に考えられている。大学レベルの教育機関を受験するためには「ylioppilaskirjoitukset」と呼ばれる試験に合格しなければならない。五つの科目グループ（①母語（国語）、②第２国語、③外国語、④数学と、⑤物理・化学・地理・歴史・宗教・哲学・心理学などをまとめたもの）から最低四つを選択して受験するが、母語は必修となっている。試験は、ほとんどが小論文形式で行われている。

コラム❷ フィンランドの生涯教育

　フィンランドでは、学校教育以外に生涯教育が盛んに行われています。フィンランド語では「vapaa sivistystyö」と呼ばれ、直訳すると「自由啓蒙教育活動」となります。

　この種の教育形態は、N・F・S・グルントヴィ（Nikolaj Frederik Severin Grundtvig,1783～1872）の思想のもとにデンマークで始まりました。人文主義思想を唱えるグルントヴィの目的は、形式張った、主に知識階級を対象にした試験や資格を中心とする抽象的な教育ではなく、一般の人が自分啓発を目指して周りの世界を知ろうとする教育形式を設けることでした。この教育がデンマークでは非常にポピュラーなものとなって他の北欧諸国にも導入され、現在では「生涯教育」と結び付いて盛んに行われています。

　フィンランドにおける生涯教育機関は、活動方針も提供される教育内容も様々で、一口に「生涯教育」と言っても大変幅の広いものになっています。有料ですが、ほとんどの場合、政府や様々な民間団体から助成を受けているために決して高くはありません。以下に、簡単なグループ分けをして説明することにします。

● **教育センター**（opisto）

　主に自治体によって運営され、最も数の多い生涯教育機関です。「労働者教育センター（työväenopisto）」、「国民教育センター（kansalaisopisto）」、「成人教育センター（aikuisopisto）」の3種類がありますが、実際は名前が違うだけで機能はほぼ同じです。自己啓発を目的としており、美術、手芸、一般教養、音楽、外国語などの講座のほか、公開大学の授業も提供しています。

　週に1、2回、夕方に授業を行うというのが最も一般的ですが、集中講義やインターネットを使った講座も行っています。試験はなく、出席も取りませんので、参加者自身のやる気が問われます。また、「成人教育センター」のなかには未成年者（18歳未満）を受け付けない所もありますが、その他の大きな違いはありません。一般向けの日本語教育は、主に教育センターで行われています。

　これらの教育機関は、フィンランド語でさえ呼び方が紛らわしいため、邦訳するにあたって誤解されやすい訳語も出ています。特に労働者教育センターには「労働者学校」という訳語が定着しているようですが、学校教育機関ではありませんので、本書では「教育センター」と名づけて統一しています。

- **予備教育校**（kansanopisto）
 イギリス式の全寮制学校制度に基づいた教育機関です。教育センターとは違って、何日間かの集中講義を行うことが多いです。勉強する内容は教育センターと似ていますが、そのほかに、専門的な分野の資格（専門学校レベル）を取得するための教育も行っています。このようなコースはたいてい1年間となっており、多くの生徒がその間、校内の寮に住んで勉強をします。大部分は私立機関が運営していますが、教える内容は教育文化省の認可を受けなければなりません。職業教育のほかに公開大学の授業も提供されています。
 日本語の訳語として英語から直訳された「フォークハイスクール」が見られることもありますが、それは本来、生涯教育機関全体を指すべき言葉であるため、訳語としては多少問題があります。
- **スタディーセンター**（opintokeskus）
 活動形態が教育センターに似ていますが、ここではセンター所有の施設以外にも企業の施設を借りてそこの社員を教育したり、個人の自宅で行われる勉強会に教師を派遣したりもします。また、インターネットの掲示板を設けて、興味を同じくする人達が情報交換できるサービスも提供しています。約半数のセンターが労働組合や政党の運営となっていますが、残りの半分は様々な協会・団体が運営しています。
- **夏期大学**（kesäyliopisto）
 主に大学レベルの教育を一般に提供することを目的とした教育機関で、自治体の支援があることが多いです。大学の授業のほかにも、大学入学資格試験の受験講座、各種の職業の研修、美術、音楽などといった自己啓発に結び付く講座も提供しています。夏に限定されているわけではありませんが、夏に最も多くの講座が開講されています。
- **運動教育センター**（liikunnan koulutuskeskus）
 体育を中心にした教育を行う機関です。競技選手のための訓練を行うほか、スポーツ関連の職業に就くための専門教育も提供しています。これらのほかに、「公開大学（avoin yliopisto）」という教育機関もあります。各地の大学が有料で一般の人に向けて開講しているもので、内容は大学生向けの授業と同じで、試験もあり、その大学の単位を取得することができます。特に、夏休みの間に単位を取りたい学生がよく参加しています。

（文責：ヨーナス・キリシ）

日本語から得られるもの——個人および社会の視点からの考察

　フィンランドでは、外国語専門家の労働組合をはじめとする様々な組織(2)が古くから外国語教育の促進に積極的に関わってきました。フィンランドの翻訳者・通訳者協会（Suomen kääntäjien ja tulkkien liitto）の会長であるリーサ・ラークソ=タンミスト（Liisa Laakso-Tammisto）氏は、どの言語においても専門家を育てていくことが大切だと考えています。それは、原語から直接翻訳せずに媒介言語を使ってしまうと、うまく表現されないことが多々あるからです。

　「多様で、高い言語能力の社会的価値が広く認識されるようになってほしい。また、個人のレベルで言いますと、外国語を学ぶということは、単に流暢に話せるようになるということだけではなく、勉強しているうちに、文化に対する知識ですとか異文化共生の技能といった様々なものが自然に身に着くと思います」と、彼女は言っています。

　さらに社会のレベルで言うと、個人はあくまでも社会の一部であり、社会はいわば個人個人の能力が積み重ねられる場であるとして、「多面的な理解をもっている個人からなる社会はよい社会と言えます。ですから、合理化のために学校で教えられる外国語の選択肢を減らすなんて、私にはまったく理解ができません。言語には、当然ながらツールという面もありますが、そのほかにも膨大な数に上る様々な面があるのではないでしょうか」とも言っています。

　その例として彼女は、様々な表情を見せてくれるロマン諸語族(3)の動詞の活用を取り上げて、目を輝かしながら語りました。彼女にとっては、小学生の頃に初めて外国語を勉強した時のことは、今も忘れることのできない感動的な体験だったようです。性別、数によって変化する冠詞など、フィンランド語にはない現象、つまり母語とは違う世界の捉え方に触れたことで、自らを相対化することができたようです。

コラム❸　母語・国語・第2国語・外国語

　フィンランドでは、日常の会話で「母語（äidinkieli）」という語をよく耳にします。それは、フィンランドには「外国語」に対する「自国語（kotimainen kieli）」、つまり「国語」がフィンランド語とスウェーデン語の二つあるという事情によっています（さらに、北部フィンランドでは「サーメ語」も公用語と認められている）。

　フィンランドの学校で教えられている言語科目は、「母語」、「第2国語」、「外国語」の三つからなっています。1970年代に日本で言うところの小学校と中学校をあわせた「基礎学校（peruskoulu）」制度が導入され、国民が一律に9年間の一貫した義務教育を受けることになりました。そして、1年生から、フィンランド語を母語をする生徒は「母語」という科目としてフィンランド語の授業を受けます。これは、二つの国語のうち、自分の母語であるほうの国語を勉強するということです。

　3年生から外国語の勉強が始まります。基礎学校前期、つまり小学校で勉強する外国語は「A言語」と呼ばれ、第1外国語（A1言語）は必修で、現実的には、ほとんどの場合が英語になっています。もし、学校がいろいろな外国語の授業を提供してくれるなら、第2、第3外国語、つまりA2、A3言語を勉強することも可能です。また、学校によっては1年生からA1言語を教えている所もあります。

　基礎学校7年生、日本で言うところの中学校1年生で勉強し始める外国語は「B言語」と呼ばれ、フィンランド語を母語とする生徒の場合は、国語ではあるが母語ではないスウェーデン語、つまり「第2国語」がB1言語となり、これも必修となっています。

　フィンランドでは伝統的に、ドイツ語、英語、フランス語などヨーロッパ言語が学校で教えられてきました。この本のインタビューでは、しばしば「フィンランド語は『小言語』、つまり話者数が少ない言語なので、外国語が出来なければ世界で通用しない」というようなことが聞かれます。この場合、外国語として想定されている主な言語はヨーロッパの諸言語でした。これに対して、『稀な言語（harvinainen kieli）』という言い方があります。これは、ヨーロッパ言語を中心とする言語観では一般的ではない言語ということで、話者数の多少とは関係がありません。したがって、例えば中国語やアラビア語、そしてもちろん日本語もこのグループに入ることになります。

　　　　　　　　　　　　　　　　　　　　　　（文責：植村友香子）

日本語のような、表記法が母語とは完全に違う言語を学ぶことを通して新しい学習法を知り、異文化を理解するだけでなく、異文化を受け入れる柔軟性なども含めて感受性までも養うことができるのです。インタビューのなかで何度も耳にした言葉ですが、言語能力というものはいわば異文化理解の鍵になるようなものだと言えます。

　インタビューの際、フィンランド社会においてこれから日本語がどのように貢献できるのかということについて様々な意見を聞くことができました。また、貿易・産業・文化輸出・文化交流において日本は、フィンランドにとって可能性に満ちた国だという示唆も得られました。これらの可能性を実際に生かしていくためには、日本語力の向上が欠かせないものだということが指摘され、研究者をはじめ、多岐にわたる分野の専門家が日本語力を必要としていることも明らかになりました。

フィンランドにおける日本語の将来をめぐって

　フィンランドにおける日本語の状況を考えるうえで、当然のことながら、国の言語教育政策の基本方針は無視することができません。2000年以降、英語以外の外国語の学習者数は急激に減少し、そのレベルが低下しているという傾向が著しくなっています。この現象は、大学入学資格試験において英語以外の外国語の受験者が減少しつつあることにも現れています。インタビューに協力してくれた外国語の専門家は、一様にこの現象に対して懸念を抱いています。

　前述したヘルシンキ大学の語学センター長であるトゥオミ氏は、1980年から語学教育に関わってきましたが、この間、フィンランド人の外国語能力は多様化したどころか逆の結果が出ていると言います。高校の時にはいろいろな外国語をかじってみる人が多い一方、中・上

級レベルまで続けて勉強する人が少ないということです。しかし、大学生になると英語だけでは足りないということに気付く人が少なからずいて、改めて勉強し始めるということのようです。

「もし、予算が削られ、大学での外国語教育が減らされてしまうようになったら、グローバル化が進む世界のなかでフィンランド人はいったい何語でもって生き残っていくつもりなのかと疑問に思います。フィンランドで一般的となっている『どこに行っても英語が通じる』という考え方は、はっきり言って甘すぎます」と、トゥオミ氏は指摘しています。

「大学も、そのなかに置かれている語学センターも厳しい財政状況に直面しています」と嘆く彼女は、長引く不景気と大学の制度改革の影響で多くの語学センターにおいて2010年は外国語教育が減らされる事態となったことを取り上げて、「学生の将来の芽をつんでしてしまうかのような気がして、とても残念に思います」と述べたうえで、次のように言葉を続けました。

「フィンランドの存在をグローバル化という現象のなかで理解し、必要とされる多様な能力をできるだけ幅広く大学生に身に着けてもらえる場を提供すべきです。確かに、語学力は社会人になってからでも身に着けることができるでしょう。しかし、そうなるとお金もかかります。仕事をしながら勉強するというのは大変なことなのです」

　日本語教育を危うくするかもしれない原因として、彼女は現在の近

---

(2)　代表的なものとしては「Suomen kieltenopettajien liitto（フィンランド言語教員組合）」があり、その下には言語別に様々な教師会が組織されている。
(3)　ラテン語の口語である俗ラテン語を起源とする言語の総称。「ロマンス諸語」とも言われており、スペイン語、ポルトガル語、フランス語、イタリア語、ルーマニア語などが含まれる。

視眼的なものの見方を取り上げており、長期的な観点に立つことがないまま「日本語を教える必要がない」という声が上がってくるのではないかと危惧しています。なお、その種の発言の根拠として、財源不足が持ち出されることがしばしばあるようです。

　しかし、幸いにもこの10〜15年間でフィンランド人の世界観は大きく変化を遂げ、アジアの存在が認識されるようになっています。もし、フィンランドにとってアジアが不可欠という認識になるのであれば、財源問題の再検討も行われることでしょう。

　新しい季節の始まりを象徴するものとして日本で有名なものは、春に咲く桜でしょう。フィンランドの日本語教育において、1日も早く桜の便りが聞かれることを心から祈り、本書で取り上げたことを通じて、日本語以外にも、これまで陰に置かれていた言語の存在が少しでも認識されるようになれれば大変うれしく思います。

　インタビューの収集にあたっては、たいへん多くの方々にお世話になりました。また、インタビューの際にはみなさまに温かく迎えていただき、励ましていただきましたこと、この場をお借りして厚くお礼を申し上げます。

　本書の出版に際しては、フィン日協会のラムステッド助成金を得ました。フィン日協会に心よりお礼を申し上げると同時に、JASU セミナーの後援者になってくださったタルヤ・ハロネン大統領をはじめ、セミナー開催および出版にあたってご支援をいただきましたスカンジナビア・ニッポン　ササカワ財団、フィンランド国立研究開発基金（SITRA）[4]、IITTALA[5] 株式会社に御礼を申し上げます。また、丸山博大使からメッセージをいただきましたこと、大変感謝しております。

最後になりましたが、ヘルシンキ大学出版局のエーヴァ・ハゲルさん、ありがとうございました。明るいハゲルさんのしっかりした仕事ぶりが大きな助けとなりましたし、何よりも、元気なお顔とお声の方に出会えることができてうれしかったです。

執筆・翻訳：オウティ・スメードルンド

---

(4)（Suomen itsenäisyyden juhlarahasto）1976年にフィンランド独立50周年を記念して設立され、1991年には国会の管理下の独立基金となった。「持続可能な開発と人間」をテーマに、フィンランドの経済発展・国際競争力維持と均衡のとれた開発のための国際協力を推進するための活動を行っている。

(5)（Iittala Group Oy）食器類の製造販売でフィンランドを代表する企業。日本では「イッタラ」として知られている。グループ会社として、「Arabia（アラビア）」、「Hackman（ハックマン）」などがある。

もくじ

丸山大使からのメッセージ　i
まえがき　iv
コラム❶　フィンランドの大学における日本語教育の位置づけ　viii
コラム❷　フィンランドの生涯教育　xii
コラム❸　母語・国語・第2国語・外国語　xv

①　茶道の弟子から博士に　ミンナ・エヴァスオヤ　3

②　日本通の外交官の様々なる顔　ユハ・ニエミ　11

③　言語の機能を測る　ユハナ・ハッカネン　19

④　もてる力を活かそう　アニタ・レヒコイネン　27

⑤　日本についてフィンランド語で書いてみたい
　　リーッカ・ランシサルミ　35

⑥　多様な言語教育のために　サリ・ポユホネン　45

⑦　心はシベリアの上空に　カティア・ヴァラスキヴィ　55

⑧　G・J・ラムステッド
　　——学者、フィン日外交関係を樹立した外交官
　　ハリー・ハレーン　65

⑨　狭い趣味のサークルからフィンランド全土へ
　　ピルヨ゠リーッタ・クーシッコ　77

⑩ アジアの諸言語をフィンランドの学校にも
　　アンナ゠カイサ・ムスタパルタ／カレヴィ・ポホヤラ　87

⑪ 外国語教育のベテランが日本語学習に挑戦
　　セッポ・テッラ／アンネリ・テッラ　99

⑫ オーロラとデザイン　アルト・アシカイネン　109

⑬ フィンランドの企業には、多面的な外国語能力が必要
　　マルック・コポネン　119

⑭ 日本との貿易に関わりたいなら、日本語能力が重要だ
　　ペッテリ・コステルマー　129

⑮ 美を共通語として　エリセ・コヴァネン　139

⑯ まちがえて成田便に乗ってしまった
　　サミ・ヒルヴォ　151

⑰ 感情の表し方が似ている日本
　　アニタ・イェンセン　161

⑱ 日本という謎に惹かれて
　　セッポ・キマネン　171

⑲ 「松田らいこ」が「東京パーヴォ」のところにおじゃまします
　　レータ・メリライネン　181

㉑ 日本の国のスナフキン　ヘイッキ・マエンパー　191

㉑ 生まれながらの詩人　カイ・ニエミネン　199

㉒ フィン日交流を支える友好協会
ロニー・ロンクヴィスト／山下ピルッコ　207

㉓ ジャポニズムの影響から展覧会交流まで
――フィン日美術交流
マイヤ・タンニネン＝マッティラ　217

㉔ マンガをフィンランドで売る
アンネ・ヴァルスタ／アンッティ・ヴァルカマ　227

㉕ 言葉とイメージ、そしてビジュアル文化
ヘリ・ランタヴオ　239

㉖ 一人だけでもいれば十分　ユリヨ・ソタマー　249

㉗ 日本語の世界への鍵は「どのように」
ミーカ・ポルキ　259

㉘ 二つの言語の間で　マルテイ・ツルネン　271

訳者あとがき　279
執筆者・訳者紹介　284

北緯60度の「日本語人」たち
──フィンランド人が日本語の謎を解く──

JAPANIN KIELI SUOMESSA

OUTI SMEDLUND JA YUKAKO UEMURA(TOIM.)
HELSINGIN YLIOPISTO HUMANISTINEN TIEDEKUNTA
(UNIVERSITY OF HELSINKI FACULTY OF ARTS)2010

1 茶道の弟子から博士に

インタビュー・執筆：キルスティ・エスコラ
翻訳：植村友香子

ミンナ・エヴァスオヤ（Minna Eväsoja）
博士。日本研究者。大学時代に裏千家学園茶道専門学校に留学し、神戸大学博士課程に留学後、ヘルシンキ大学で博士号を取得。ヘルシンキ大学で日本美学に関連する講義を行っている。著書に『Bigaku：japanilaisesta kauneudesta（美学——日本の美について）』がある。

　日本美術・美学の研究者をインタビューする場として、EMMA美術館は最高の場所です。芸術作品に囲まれて、ミンナ・エヴァスオヤ氏は自分の家にいるかのようにくつろいだ雰囲気で、これまでに行ってきた勉強や、その道のりについて語り始めました。
　彼女が日本語の勉強を始めたのは1986年のことです。その当時、ヘルシンキ大学のアジア・アフリカ言語文化学科では、日本語をはじめとする東アジアの言語を主専攻として選ぶことができなかったため「インド学」を主専攻にしたのですが、単なる好奇心から、別に設けられている日本語の授業に参加するようにな

エンマ美術館のカフェ

(1) エスポー現代美術館「Espoo Museum of Modern Art」の略称。エスポーはヘルシンキの西に隣接する市で、首都圏を形成している。

ったそうです。日本語を教えていたのは飯田恵美子さんという人でしたが、飯田さんは英語をあまり話さないうえに、フィンランド語も最初はまったく分からなかったようです。

「初級コースの最初の授業に行くと、飯田先生は日本語だけで話すものですからすっかり驚いてしまいました。まちがって、上級コースの会話の授業に来てしまったのかと思ったぐらいです」と、にこやかに語ってくれました。

大学の入学式直後に交通事故に遭って重傷を負ったエヴァスオヤ氏は、しばらく勉強ができるような環境にはなかったようです。のちに「東アジア研究」が主専攻として選べるようになると、すぐに専攻を替え、主専攻の言語として日本語を選択しました。

当時のカリキュラムでは、日本語を選択した学生と言えども韓国語・中国語・古典中国語（それぞれ基礎コース）が必修となっていましたが、彼女はさらに進んで、必修ではない古典中国語の継続コース（基礎コースを履修した学生のためのもの）にも出席して勉強しました。

「この授業は、のちになって古文の日本語を勉強する際に役に立ちました。副専攻としては、国際政治と美学を選びました」

彼女の学生時代は、大学に日本との交換留学制度がありませんでした。そこで彼女は、関西日本・フィンランド協会から奨学金を得て、1989年、京都の裏千家学園茶道専門学校の外国人研修コースに留学しました。彼女は、この学校に留学した2人目のフィンランド人だったようです。この年の外国人研修生は、彼女のほかにアメリカ、インドネシア、インド、中国からの4人のみだったと言います。

「この学校での指導はとても厳しかった」と、彼女は言っています。

「私達のオリエンテーションの担当はイタリア系アメリカ人で、日本に住んで30年ほどになるロナルド・ナド（Ronald Nado）先生でした。まず、学校の規則、学生としての心得や講義についての説明が先生からあり、最後に先生はこうおっしゃいました。『もし、ここでの決まり事に不満があるなら、明日の講義には来なくてよろしい。帰国のための切符は、事務室で受け取れるようになっています』」

　学生達にとってナド先生は怖い存在だったようですが、彼女にとっては親しい友人でもあったようです。

　エヴァスオヤ氏は、先生が自宅で催す茶席にもよく参加しました。先生の家には2匹のアフガン・ハウンド種の犬がいましたが、この犬達がまた非常に行儀がよかったようです。

「私達がお茶席にいる間、2匹とも背筋を真っ直ぐに伸ばして、静かにじっと座っているんですよ」

　ここでの勉強について、彼女は次のように笑って語ってくれました。
「お茶の様々なお点前を本格的に習い始める前に、1か月ほど、歩き方、座り方、立ち方を練習させられました。先生達が並んで畳の上に座っている前を、バレエ学校の生徒のように歩かされるのです。立ち居振る舞いに悪いところがあると、扇子でパシッと叩かれます。私には足の指の間隔が広すぎるという問題があって、何度も叩かれ、最後には爪がはがれてしまいました。足袋を脱いで先生に足を見せたとこ

---

(2)　副専攻には単位数の違いがある。原文では、国際政治のほうが美学より履修単位が多いとされている。
(3)　1979年設立。京都市に事務局を置き、関西地域とフィンランドとの文化・学術・経済分野の幅広い交流を行っている。
(4)　1962年、京都に創設された日本唯一の茶道専門学校。3年制の本科のほかに研究科がある。1970年に全日制の外国人研修コースを設置し、海外からの研究生を受け入れている。http://www.urasenke.ac.jp/school/

ろ、先生は眉一つ動かさずに、『親指がだらしなく広がらないように、テープを巻いて指をくっつけなさい』とおっしゃいました」

　この年（1990年）は「千利休400年忌」の年であったため、「学生達には自由な時間がほとんどなかった」と言います。

「裏千家の日本人学生達と一緒に、大徳寺で催された茶会でお茶を点てました。この茶会は1週間も続き、何千人もお客が訪れ、テレビでも放映されました。記念行事のクライマックスは裏千家の私的なお茶席で、私達はそのために、半年にわたってお稽古を重ねました。また、大阪で『国際花と緑の博覧会（花万博）』が開催されていたこともあり、そこでも1週間、一般の人々のためにお茶を点てました」

　多忙な茶道専門学校での1年を終えてエヴァスオヤ氏は、フィンランドに戻り、大学での勉強を再開しました。そして、この留学がきっかけとなって、茶道についての修士論文、さらに博士論文を執筆することとなったのです。博士論文のための研究は、1994年に神戸大学で始めたということです。

「当時の裏千家の家元である千宗室（現・玄室）(5)様が、倉澤行洋先生(6)を紹介してくださったのです。博士課程に入る1年前に日本に行き、倉澤先生のところへ『指導教官になっていただけませんか』とお願いに行きました。1か月間、先生は神戸大学のことについて何も話しませんでした。フィンランドに帰る前日、倉澤先生が『比叡山に行きましょう』とおっしゃったので、延暦寺にお参りをして学業成就を祈りました。そして、市中に戻った時、先生から神戸大学の入学許可書をわたされたのです」

　日本に着いて3か月ほどたった1995年1月、阪神・淡路大震災が起

きています。当時、彼女は京都に住んでいましたが、「大きな揺れを感じた」と言っています。

「大学の講義は、地震のあとすぐに再開されました。普段なら、京都から電車で1時間半の通学時間が、電車が止まっていたためにバスを使ったりして約5時間もかかりました。道路はあちらこちらが寸断されており、何とか倒壊を免れた建物も傾いているという状態でしたが、六甲山にある神戸大学のキャンパスはほとんど被害がありませんでした。ちょうど同じ頃にナド先生が亡くなるということもあって、震災は深い悲しみを私の心に残すことになりました」

倉澤先生が最終的にエヴァスオヤ氏の指導を引き受けてくれたのは、何よりも彼女自身の努力のたまものでした。
「毎週、500ページほどの『日本古典文学全集』の本を何冊もかかえて家に帰り、『わび』という語が使われている箇所を探すんです。この全集は、99巻と索引からなっています。見つけたものは全部手書きでノートに書き写しました。こうして1年間『わび』と格闘したあと、初めてゼミで発表することを許され、36枚のレポートを書きました。倉澤先生は私のやる気を試されたのです。十分やる気があると認められ、月に1度の日曜研究会にも出席が許されました」

日曜研究会への参加は名誉なことでした。
「午後1時から研究会は始まります。最初に、ご自宅の茶室『無庵』でお茶のお点前があり、それから3時間ほど古典を読みます。その後、

---

(5) （1923〜 ）茶道裏千家前（15代）家元。1964年に宗室を襲名。2002年、長男に家元を継承して「玄室」に改名した。

(6) （1934〜 ）京都大学卒業（文学博士）。宝塚大学教授。神戸大学名誉教授。著書に『茶道の哲学』（東方出版）などがある。

高山寺の茶室でのエヴァスオヤ氏（右端）

それぞれの研究発表や質疑応答が行われ、最後に先生のお宅で夕食をごちそうになり、午後10時頃に解散となりました。倉澤先生は私に、ほかの学生に求める以上のことをいつも要求されました。発表の準備の都合がつかない学生がいると、いつも私に『特別な機会』が回ってきました。そのため、平均して私は、月に1、2回は発表を行っていました」

　倉澤先生は、高名な哲学者・芸術研究家で、「京都学派」(7)として知られる西谷啓治(8)や西田幾多郎(9)のもとで学んだ哲学者の久松真一(10)のお弟子さんです。

　勉強の一環として、学生達は倉澤先生と一緒にしばしば美術展にも通っています。彼女は、「倉澤先生のおかげで、普通の人が本でしか見ることのできない貴重な美術品を実際に鑑賞できる機会をもつことができた」とも言っています。それ以外にも、倉澤先生の指導には、年に2回、京都北西部にある栂尾高山寺で行われる禅の勉強会というものがありました。

「私は引っ込み思案な性格です。辛抱強さが要求される研究ですが、幸い、私はこつこつと努力するタイプなので苦にはなりませんでした。自らの研究テーマに対しては、常に情熱をもって取り組んでいましたが、やり過ぎるということはありませんでした。うしろを振り返ったり、過去を悔いたりすることなく、常に流れに身を任せて生きていくということを信条としています」

　3年間日本で勉強したあと、フィンランドに戻った彼女はさらに研

究を続け、2000年10月に350ページからなる博士論文を完成させています。その後も博士論文に匹敵する量の様々な論文を発表し、大学教授の資格を得ています。

　エヴァスオヤ氏はヘルシンキ大学で日本研究の代理教授を8か月間務めたあと、いわゆるポスドク研究者[11]として再び日本に渡り、神戸大学を定年退職された倉澤先生が教える宝塚大学で研究を始めました。この時の留学は1年の予定だったのですが、妊娠していることに気付いて、結局半年で帰国することになりました。その後、彼女はさらに2人の子どもを出産しています。

　彼女は、日本のポップカルチャーにも興味を抱いて研究を行っています。
「興味をもつきっかけになったのは、10年ほど前、ヘルシンキ市立美術館で開催された『マンガ展』に関わったことです。私は、日本美術の伝統的な様式や美的概念が、現代のポップカルチャーの様々な領域でどのように現れているのか、また日本社会や日本文化においてポップカルチャーがどのような位置づけにあるのかについて特に関心をもっています。ポップカルチャーの研究は、私にとっては『愛すべき道草』とでも言うべきもので、中世の芸術から江戸時代の都市文化を経て現代文化の形式へと、ごく自然につながっているのです」

---

(7)　西田幾多郎に師事した哲学者達によって形成された哲学の学派。
(8)　(1900〜1990) 京都大学名誉教授。文化功労者。著書に『西谷啓治著作集（全26巻）』（創文社）など。
(9)　(1870〜1945) 日本を代表する哲学者。『善の研究』で知られる。
(10)　(1889〜1980) 1912年に京都帝国大学哲学科に入学。西田哲学や鈴木大拙の禅に影響を受け、東洋哲学、仏教、日本思想を研究した。著書に『東洋的無』（講談社学術文庫）『久松真一著作集（全8巻）』（理想社）など。
(11)　ポスドクとは、博士号取得後に任期制の職に就いている者やそのポスト自体を指す。

現在、彼女は、いわば自らのルーツに戻って、1992年から教えてきたヘルシンキ夏期大学(12)で茶道を教えています。
「大学で茶道について講義するのは10年ぶりですよ」と言う彼女は、それ以外にも非常勤でヘルシンキ大学やオウル大学でも教えています。また、様々な日本に関する展覧会の準備に関わっており、カタログの執筆や翻訳、そしてガイドについての教育などを行っています。さらに、ヘルシンキ大学の芸術学とラフティ(13)にある生涯教育センターの合同講座のプランナーとして、日本関係の講座を二つ立ち上げました。この３年間は教育学の勉強にも取り組み、2011年５月に60単位を習得しています。
　彼女は現在、コネ財団(14)の助成金を得て、久松真一著の『禅と美術』（墨美社、1958年・思文閣出版、1976年、品切）という本のフィンランド語訳に取り組んでおり、「渡航の助成金が得られれば、日本へ行って倉澤先生に会いたい」という望みをもっています。
「家で私の帰りを待つのに慣れている夫も、もう１人で待つ必要はありません。一緒に待ってくれる子ども達がいますから」

　茶道学校、博士論文、日本滞在、日本美学の見識、これらすべてが1986年にヘルシンキ大学で受けた日本語の授業から生まれたものなのです。

――――――――――――
(12)　(Helsingin seudun kesäyliopisto) ヘルシンキに事務局を置く生涯教育機関。外国語教育に力を入れており、少なくとも20か国語の授業を行うことを基本方針としている。夏期大学で取得した単位のなかには一般の大学の単位として認定されるものも多く、夏休みの間に夏期大学で勉強する大学生も少なくない。
(13)　(Lahti) ヘルシンキの北東約100キロに位置する市。人口約10万人で、第８位の市。
(14)　(Koneen Säätiö) エレベーターの製造販売で世界的に知られるコネ（Kone）株式会社の創業者一族によって1956年に設立された。人文科学、社会科学、環境分野の研究事業に対して助成金を交付している。

2　日本通の外交官の様々なる顔

インタビュー・執筆：キルスティ・エスコラ
翻訳：植村友香子

ユハ・ニエミ（Juha Niemi）
フィンランド外務省に勤務。ヘルシンキ大学修士課程修了（政治学専攻）。在学中に東京大学へ2年間留学。在日本のフィンランド企業を経て外務省に入省。東京のフィンランド大使館でも5年間勤務している。

「ヘルシンキ大学で日本語を勉強し始めた時、同級生の多くは、高校の時に日本に留学したとか、柔道・空手などをはじめとして日本に関係したことをやっているという人達でした。このような経験がまったくなかった私が日本語を選んだ理由をあえて言うなら、1980年代に放映されたテレビドラマの『将軍』[1]の影響があったからでしょう。このドラマでは、1600年代の日本が面白く描かれていました。それから、1980年代から1990年代の初めにかけて日本が経済大国となっていたことから、『日本語が堪能だったらいい仕事に就けるかもしれない』と考えるようになりました。もちろん、当時は何の保証もなかったのですが、振り返ってみると、日本語は私のキャリアに役立ったと言えます」と、ニエミ氏は日本に関わるようになったきっかけをインタビューの冒頭に語ってくれました。

---

(1) ジェームズ・クラベルの小説『Shōgun』を原作として、1980年にアメリカ・NBCで制作・放送されたドラマ。映画版として編集され、ヨーロッパや日本で上映されたほか、日本ではテレビでも放送されている。

彼の主専攻は一般政治学で、日本語は副専攻、つまり必修ではありませんでした。「そのわりには勉強が大変だったし、もう日本語の勉強は辞めようかと考えたこともあります」と言っています。
「大学ではありとあらゆる面白そうな授業を受けることができるので、まあ、試しに日本語をやってみようかという感じだったと思います。やってみると、日本語はとても勉強が大変で、特に漢字の学習は、続けていくためにはかなりのやる気が必要でした。でも、ちょうどいいタイミングでそのやる気を出させてくれる出来事がいくつか起きたのです」
　その一つは、何人かの学生と一緒に国際交流基金の助成金を得て、1994年の夏に日本で1か月半の日本語講習を受けたことです。講習終了後、彼はさらに1か月間を日本で過ごしています。その時点では日本語を数年間にわたって勉強してきているので、基礎的な文法などはかなりしっかりしていたようです。しかし、話すことはできませんでした。幸い、英語をまったく話さないホストファミリーと暮らしていたので、日本語の会話力が目に見えてついていったようです。
　この夏期研修のおかげで、日本語力を生かせる夏季アルバイトの仕事も得ることができました。
「いわゆるトランスファー・アシスタントで、空港とホテルの間で観光客を送迎する仕事です。こういう仕事でお金が稼げるんだと思うと、うれしかったですね。もっと日本語をやろう、という気にもなりました。それ以前は、夏季のアルバイトとして芝刈りなんかをやっていました。それはそれで楽しかったのですが、芝刈りに比べると、やはりトランスファー・アシスタントはずいぶん『出世』したように感じました」

東アジア研究と経済学を副専攻にしていたニエミ氏は、文部省（現・文部科学省）の研究奨学金を得て東京大学に留学しています。2年の留学期間中、大学院生のためのゼミに参加するなど恵まれた学習環境を活用し、修士論文を執筆しつつ日本についての見識を深めていきました。

「私の修士論文は日本政治の変革をテーマにしており、具体的には1993年に自民党が初めて野党になったことを取り上げ、その要因を考察するというものでした。東大での留学が終わった時、理論から実践へというわけで、日本で就職してみようと思ったのです」

　彼は「日本フィンパップ」という会社に就職しています。この会社は、フィンランドの大きな製紙会社3社と日本の商社2社の共同出資によって設立されたもので、フィンランドの親会社をはじめとして世界各地で生産された紙を日本に輸入・販売する業務を行っています。この会社に就職するまでには様々な経緯があったようですが、「日本語力と日本についての知識が非常に重要であった」と彼は語っています。

「日本フィンパップで2年ほど働いた時、フィンランド外務省が職員を募集していることを知りました。応募してみたところ採用されて、2001年の初めからヘルシンキで働き始めました。採用の際に重視されたのは、日本語などの特殊な外国語能力以外のことだったのですが、他の応募者とはかなり違った私の経歴や能力が有利に働いたことはまちがいないと思います」

　ニエミ氏は、2年ほど外務省に勤務したのち、初めての在外勤務地として南アフリカに赴いています。続いて、東京のフィンランド大使館で5年間働き、2009年にフィンランドに戻ってきました。日本での滞在は、合計すると9年になります。

東京・南麻布にあるフィンランド大使館

外務省の職員には在外勤務が義務づけられており、入省後、1年から2年は本省で勤務したのちに最初の海外派遣に出ることになっています。この派遣は、一つか二つの国に赴いて、最長7年というのが一般的なようです。その後、本省に戻って3年から4年フィンランドで勤務したのちに再び在外勤務となって、一般的には2か国で勤務するというのが、外務省あるいは大使館で幹部となっていく職員に義務として課せられている一般的な出世コースです。もちろん、一般事務職の職員にも転勤はありますが、このような在外勤務は義務にはなっていません。

現在、彼は外務省経済局で外務審議官補佐官のポストに就いており、通商政策を担当しています。外交官としては日本語ができる必要はまったくないのですが、日本での勤務中は日本語が役に立ったと言っています。

「現地採用枠で大使館に採用される日本人は英語が堪能ですし、なかにはフィンランド語を話す人もいます。私が行った仕事では、現地の役人、特に各省庁とのやり取りが多かったのですが、そういう部署には外国語を流暢に話す人がたくさんいます。その一方で、一般的に日本人は英語などの外国語を苦手としていますから、仕事でも仕事以外の場面でも、日本語ができるということで助かった面が多々ありました。仕事においては、やはり日本でのメディア報道が理解できたということがプラスになりました。何と言っても、英語で書かれたものに頼らなくてもテレビや新聞から情報を得ることができるのですから。私の就いた仕事では、日本語能力が役立ったと言えます」

ニエミ氏は、日本を様々な観点から見てきました。大学院生として、サラリーマンとして、そして外交官として——この間に、心に残るような出来事もたくさん経験したようです。
「日本を、様々な観点から見ることができたということは幸運でした。海外から来ている駐在員や外交官は、どうしても自分の立場という比較的限られた視野で日本を見ることが多いのですが、そのため、実際に経験できることも限られたもので終わってしまうことがあります。しかし、幸いにも私は、大学院時代に日本人の友達をつくることができましたし、今でもその友達付き合いが続いています」
　1989年の長野オリンピックでは会場で働き、世界のトップ選手を目の当たりにして様々な競技を近くで見ることができたし、日本フィンパップで働いていた時には日本のサラリーマン生活を体験することができたわけですが、その当時を思い出して、彼は次のように語ってくれました。
「半分はフィンランドの会社でしたから、普段は夜7時か8時には退社することができました。でも、片道40分の満員電車での毎日の通勤はつらかったです。40分というのは、日本では全然たいしたことない時間のようですが……。もっとも、私にとっては初めての正社員としての職場でしたし、特別な期待もなかったので、そんな環境に適応することも比較的容易だったと思います。20名ほどの社員がいて、3名がフィンランド人で、残りは日本人でした。営業の担当者は、お客さんへの接待で夜遅くまで働いていました。それに、日本人のお客さんというのは大変厳しい要求をしてきます。もし、商品に欠陥が見つかれば、何時であろうと謝罪に出掛け、誠意を示すためにすぐに駆けつけなくてはなりませんでした。たとえ、すぐに何らかの対処ができないと分かっていても……。日本でのビジネスの特徴としては、他国の

市場で通用する商品ではだめだということがあります。日本市場に合う商品を生産しなくてはならないのです」

　ニエミ氏は、日本の習慣のなかには、フィンランド人が理解するまでに時間のかかるものがあると言っています。例えば、同僚に迷惑がかかるからという理由から、休暇はせいぜい続けて４日か５日しかとれないことです。「もし、日本で働きたいのなら、毎日夕方５時に退社できるなどとは思わないことだ」とも言っています。
　もっとも、日本の習慣も変わりつつありますし、フィンランドでも、朝８時から夕方４時までという勤務時間は過去のものとなりつつあります。つまり、両国の違いは狭まりつつある、ということのようです。
　日本のフィンランド大使館勤務になった時にも、大変印象深い思い出があると言います。多くの国がそうであるように、日本でも新任の大使は国の元首、つまり天皇陛下に任命状を持って拝謁に赴きます。フィンランド大使が拝謁に向かう際、ニエミ氏も随行メンバーに含ま

天皇拝謁に向かう馬車

れていました。
「モーニングに身を包んで東京駅から出発しました。皇居までの約1キロを、1800年代に造られた美しい装飾が施された馬車に乗って行くのです。3台の馬車を4頭ずつの馬が引き、さらに騎馬警官が護衛に付きました。大通りには交通規制が敷かれ、周りの人々がびっくりした様子で見つめていました。宮内庁からは職員が2度ほど大使館に来て、お辞儀の仕方や歩き方などを細かく教えられました。その練習量がすごかったので、その段階から少し緊張し始めたことを覚えています。もっとも、結局のところは単純なことでしたが……」と、笑って話してくれました。
「天皇陛下には直接話しかけてはいけません。大使のみがハロネン大統領からの挨拶のような、あらかじめ用意してある言葉を奏上することができるのです。これは、とても深く心に残る体験となりました。役人の仕事というのは極めて日常的なもので、こんな厳粛なことはめったにないからです」

　日本語を勉強したことで、「公私ともに喜びや恩恵を多いに得ている」と彼は言っています。
「個人的なことですが、私には非常にいいことがいろいろとありました。ついでに言いますと、妻も日本で見つけたのです」
　ニエミ氏は、もし日本語をまったく勉強しなかったとしても仕事は見つけることができたと考えていますが、日本語のおかげで、仕事と、自分が本当に興味をもっている遠い世界を結び付けることができたと感じています。そして、「同じことが、ほかの人にも起こりうるはずだ」とも言っています。
　主専攻が就職に結び付くような分野である場合、副専攻として日本

語はよい選択肢になるということのようです。
「もし、主専攻が日本語で、副専攻も人文系の科目の場合は少し難しくなるかもしれませんが（つまり即戦力にならない）、物事のやり方や目的の達成の仕方は様々です。いずれにせよ、何を勉強するのか、それからどのような仕事の経験を勉強の傍らに積んでいくのかを、よく考えてみるべきでしょう」
「どこかに、まず就職することが最も難しい」と言うニエミ氏ですが、それができればあとはそれほど困難ではないし、マーケティング精神をもつべきだとも強調しています。そして、オリジナリティ豊かな技能をもっているなら、「自己の強みとしてアピールしたほうがいい」とも言っています。
「もし、日本関係の仕事を考えているなら、敬語を含めてしっかりとした日本語力を身に着ける必要があります。日常会話ができるだけでも多いに役立ちますが、より複雑な状況に対処するためには、改まった言葉遣いがきちんと出来る必要もあります。場面に合わせて、それらの使い分けができれば説得力も増すことになります」
　このように話してくれたニエミ氏の、学生達へのアドバイスの言葉を最後に紹介しておきましょう。
「日本語力、特に上級レベルの日本語力はフィンランドではまだまだ稀な能力です。もちろん、日本語が幸福への近道だと言うわけではありませんが、日本語ができれば多くの可能性が開けることにもなると思います。日本語に興味のある学生さんには、是非がんばって勉強を続けてもらいたいです」

3 言語の機能を測る

インタビュー：ミッコ・ムタネン
執筆・翻訳：ヨーナス・キリシ

> **ユハナ・ハッカネン（Juhana Häkkänen）**
> ヘルシンキ工科大学修士課程修了。現在、ヴァイサラ（株）事業開発担当マネージャー。ヴァイサラ社は、主に工場生産や環境計測で必要とされる計測器を製造している。2000年にヴァイサラ社東京支社に赴任後、装置課マネージャー、2002年から2006年まで東京支社長。在日フィンランド商工会議所理事も務めた。

　フィンランド人と日本人とのビジネス・コミュニケーションについて聞かれると、ハッカネン氏は自らの経験に基づいて、まず次のように答えてくれました。

「我々の経験では、日本でスムーズな活動を行うためには、日本人スタッフが不可欠となります」

　彼は、ヴァイサラ（Vaisala）社で3年間勤務したのちに東京支社へ赴任し、のちに支社長も務めています。東京支社は1983年に設立され、この10年間は30名ほどの社員で運営されているようです。

　社内の共通語が英語となっているヴァイサラ・グループでは、スタッフを日本人に限る必要はないのですが、日本支社においては2、3名のフィンランド人社員を除いて残りは全員が日本人となっています。ハッカネン氏の言葉を借りると、「少なくとも、自分が東京支店にいた頃のお客さまの約90～95％が日本語による交渉を望んだから」という背景があったからです。

彼の話から明らかになることは、交渉を行う言語によってコミュニケーションの効率性が変わると同時に、その場の雰囲気にも影響が出るということです。交渉そのものは英語で出来ても、お客さまの国の言葉でビジネスが進めることができればよい結果が出るということです。これに関しては、次のような例があります。
　2003年、フィンランドの本社に東京支社から日本人社員が送られてきました。その社員には、本社の企業文化や方針について理解を深めてもらい、日本に戻ってから、本社とのコミュニケーションと相互理解を改善させることが期待されていました。この社員はヴァンター(1)にある本社で4年ほど過ごしたのですが、本社に日本人が来た際には必要不可欠な存在となり、本社において重要な役割を担うようになったようです。
「来社したお客さまはみんな英語を話しますが、少々努力が必要なところもあるようなので、この人がいたおかげで助かったのではないかと思います。随所で日本語を使うことで、スムーズに事が進められたのだと思います」
　会社内部の人間を本社に派遣して経験を積んでもらうという方法のほかに外部の通訳者を雇うという手もありますが、そこには問題点が多少あるとハッカネン氏は考えています。
「外部の通訳者では、社内の人間を使った場合には発生しないような摩擦が会話に出てくることが多いのです。そのため、社内の人間のほうがはるかによかったと思います。社員なら常に事の背景をよく理解しており、状況をきちんと把握できるからです」
　つまり、ヴァイサラ社では、日本語に関して内部で必要な人材を養成しようと努めており、日本人社員の教育に力を入れているということです。だが、そこまでするくらいなら、いっそのことフィンラン

ドと日本の文化に詳しいフィンランド人を雇ったほうがよいのではないでしょうかと聞いたところ、ハッカネン氏は首を横に振りました。
「1対1で日本人と交渉が出来るほど日本語の能力が高く、しかも我が社が必要とする経歴をもったフィンランド人は非常に稀(まれ)と言えます。日本語ができる人はもちろんいますが、そのほかにも技術的ノウハウや、ビジネスに向いた性格をもつ人でないと話になりません」

もし、この条件を満たす人が応募してきたら会社は喜んで採用したでしょうが、「私自身が支社長を務めていた間に、そんな人は1人も応募してこなかった」とも言っています。

そもそも、そのような人材がいること自体がありえないと思われていたため、会社側も本気で募集をかけようともしなかったようです。また、たとえそのような人材が1人か2人見つかっていたとしても、「英語ができる日本人スタッフが必要でなくなるということはない」と、彼は断言しています。

「1人の社員にすべての責務がかかっているような組織では、もしその人が会社を辞めてしまうと大変困ることになります。通常の場合、会社が膨大なリスクを抱えないように、たとえ多少手間がかかっても組織の弱点をなるべく少なくしようと考えます。ですから、東京支社には英語ができる日本人社員がいて、それに加えて全体が把握できつつ、フィンランドの言葉や文化、そして人間を知っていて、本社とのやり取りがこなせるフィンランド人が1人いれば仕事は十分にこなせるのです。そう考えれば、フィンランド人を雇って日本語能力をつけさせる費用より、はるかに小さな投資で必要な人材を確保することができます」

---

(1) (Vantaa) ヘルシンキの北に位置する市。ヘルシンキ、エスポーとともに首都圏を形成しており、ここに本社を置く企業も多い。ヘルシンキ国際空港はここにある。

とはいえ、「もし、日本語のできる人がフィンランドに多くいて、その人達の日本語のレベルがドイツ語やフランス語と同じくらいだったとしたら、今の状況は大きく変わることになるだろう」と彼は付け加えていました。

職場では日本語・英語・フィンランド語が使用されており、それぞれの言語にそれなりの役割がありました。日本語は、顧客との交渉などにおいて不可欠なものです。職場では英語も話されますが、それは、その場にいるフィンランド人スタッフへの配慮という理由からだけではなかったとハッカネン氏は言っています。すなわち、英語を使うことで社員の英語運用能力を高め、本社や各国にある支社とのコミュニケーションが円滑に行われるようにするという意図があったようです。一方、フィンランド語は事務所内では話す機会はなかったのですが、それはそれで重要な役割があったということです。

「遠距離で仕事を進める場合、フィンランド語を使うほうが話は通じやすいのですよ。ヴァーチャルコミュニケーションが一般化すればするほど文化と言葉の理解がますます重要になってきますし、それがあると、遠い所とコミュニケーションをとる場合には助かります」

共通語を英語としている東京支社で、日本のお客さまとの交渉を日本人スタッフに任せているとすれば、フィンランド人の社員がわざわざ日本語を覚える必要はないのではないかと思われますが、彼はこれをきっぱりと否定しました。

「日本文化を理解するためには、日本語を勉強するしか道はありません。文化を理解することと言葉の結び付きは本当に強いのです」

ハッカネン氏が日本語を勉強して一番役立ったこととして、「日本の文化を理解するためのコツのようなものがつかめたこと」と言って

います。重要なのは、日本語そのものの能力よりも、いわば「日本的であることの能力」とでも言うべきもの、とも言っています。この能力が備われば、相手の立場に立って物事を見ることができるということのようです。

「フィンランド人社員の役割は重要な交渉の場に立ち会うことで、そこでは日本語能力が非常に役に立ちました。そのおかげで、状況把握や交渉の場の空気を読むことなどができますし、さらに必要な時に必要なことを話すこともできます。特に流暢に話す必要はありませんし、むしろ聞く能力のほうが必要でしょう。また、文化理解のほうが日本語能力よりも重要だと感じました」

　文化の違いで言えば、日本には「NO」が言いにくいという雰囲気がある、とハッカネン氏は言っています。日本の会話形態を見ると、はっきりと断ることが難しくなっているため、交渉時に相手の要求をすべて受け入れてしまって製品の生産コストが急上昇する場合があるということです。ここで気を付けなければならないことは、あまり生産コストを抑えようとすると、交渉相手が気を悪くするかもしれないということです。

　日本では、製品よりもお客さまとの関係をずっと重視することが多いのです。しかし、決断をしなければならない時も当然あります。そのような時に、「NO」と言うのがフィンランド人の役目になることが多い、と彼は言っています。

　ハッカネン氏は日本語を約5年間にわたって、週に1時間のペースで勉強してきましたが、結局、十分には習得することができなかったと残念がっています。

「日常会話なら何とかできるようになりましたが、誰かと深い話ができるほどにはならなかったです」

彼はさらに、「自分の日本語能力よりも事務所のスタッフの英語能力を高めるほうがいつも優先していた」と付け加え、「それが理由で、勉強する機会を逃がしてしまったのかもしれません」と言っていました。このように言うハッカネン氏ですが、勉強しただけの甲斐はあったと感じています。

「重要な場面で正しく振る舞えるよう、日本人の考え方を理解し、日本文化に対する敏感さ（相手の本音や場の雰囲気を正確に感じ取れる能力）を身に着ける方法は日本語の勉強以外にないと思います。そういうものは、主に言葉の勉強によって身に着いていくものです」

彼が日本語を勉強して面白いと感じことは、日本人のものの言い方に触れたことです。例えば、よく耳にし、時には自らが口にすることもあった「申し訳ございません」がその一例です。字義通りには、「失敗したことに対して説明のしようがありません」という意味になりますが、それは西洋の企業文化において一般的に使われている表現とは少し異なったものとなっています。例えば、フィンランド語の言い方では、「残念だと思う（Pahoittelemme.）」という個人の感じ方を伝える表現になります。

このような日本語の決まり文句が翻訳された言葉を見て、ハッカネン氏は焦燥に駆られています。

「英語で書かれた本で、このようなフレーズが翻訳されていたりするのを読むと、まず誤訳と言ってもいいくらいです。つまり、西洋的な意味でしか翻訳されていないのです。例えば、一日が終わって事務所を出る時、フィンランド語で言う『また明日』を日本語でどのように言うのかと聞いてみたところ、『お先に失礼します』と言うのだそう

です。確かに、同じ場面で使うフレーズなのですが、そのまま翻訳すると全然意味が違ってきますよね」

　もう一つ、日本人の考え方を知る鍵として漢字を挙げてくれました。笑いながら彼は、「当時の日本語の先生は、生徒である私が、どうしてそんなに漢字の意味や歴史について知りたがるのかが分からなかった時があった」と言っています。
「先生にとって、漢字はただの文字でしかなかったと思います。日本人にとって自らの文化は当たり前のことだから、漢字を通して文化をのぞき見ることができるということが先生にも分からなかったのでしょう」

　日本語は、仕事以外にも休暇を過ごす時に役に立ったようです。家族そろって日本での滞在を満喫し、週末にはよく旅行をした彼は、その時のことを思い出して次のように語ってくれました。
「電車や車で旅行に行ったり、山登りなどをしたのですが、主に外国人の観光客が行きそうもないような所を選びました。新幹線の駅がない所を選んだのです。もちろん、主要な都市にも行きましたが、2回くらい乗り換えると乗客もかなり減り、本物の日本を体験しているような気持ちになりました」
　このような家族旅行では、必ず旅館に泊まることにしていたようです。「おそらく、100軒以上の旅館を訪れたことになるだろう」とも言っていました。日本国内の旅行に関してハッカネン氏は、特に治安のよさを賞賛しています。

　今、フィンランドで日本語を勉強しているとか、日本に興味をもっ

ている人に対するアドバイスとして、ハッカネン氏は日本語能力だけではやっていけないということを強調しています。成功するためには、「身に着けた日本語を使って、仕事に活かさなければ意味がない」と言っていました。

　日本では、フィンランドがよい評価を受ける機会が多くなっています。フィン日交流は、これから質・量ともにますます増えていき、日本語の果たす役割もますます重要になると思われます。将来、フィン日交流を支えていくことになる現在の若者に、「日本語を完璧にマスターしようと思わなくてもいい。ただ、勉強くらいはするといい」とハッカネン氏は言って、インタビューを締めくくりました。

4　もてる力を活かそう

インタビュー・原文執筆：ライサ・ポッラスマー
翻訳：植村友香子

アニタ・レヒコイネン
(Anita Lehikoinen)
　ヘルシンキ大学大学院修士課程修了（英語学専攻）。1989年に教育文化省に入省し、2007年より同省の高等教育・科学振興課課長。

　レヒコイネン氏は、仕事を通じて日本語や日本文化に触れることが多いようです。フィンランドの大学教育においては、できるだけ多様な外国語能力や異文化理解における基礎を培うことが目標とされていますが、この点について、彼女は次のように言っています。
「日本語は、フィンランドにおいてまだまだ認知度が低いというのが現状です。確かに、一般向けの生涯教育機関では日本語がかなり教えられていますが、大学では日本語はほとんど教えられていません。学位を取ることを目的に、主専攻として日本語を学習できるのはヘルシンキ大学だけです。ほかの大学にも副専攻として日本関係の科目を履修できるところはありますが、そこでは、日本語教育の占める割合が大変小さいのです」
　長らく続く経済不況のせいで、フィンランドの大学では「日本への関心が薄くなったと言わざるを得ない」と彼女は言っています。
「日本と言えば不況という、暗いイメージが先行するようになってしまいました。実際には、日本はまだまだ経済大国であり、文化的にも

重要な国であるにも関わらず、まるでどこかにある辺鄙な沼にでもはまってしまったかのように思われています。その一方、中国や韓国の急成長に目を奪われてしまい、関心がそちらに移ってしまっているのです」

中国の急激な経済成長に伴って中国語教育に対する要求が高まっているのは事実です。

「中国語は広く世界で用いられている言語であるのに対して、日本語は日本でしか使われていないという認識が一般的となっています」と、現在の問題点を指摘する彼女ですが、次のようにも言っています。

「不況と政治的な混乱が日本に陰を落としており、長期的な視野に陰りが生じているようです。しかしながら、科学・技術分野では日本は世界をリードする国なのです。大学の世界において、将来、日本が中

ヘルシンキ大学ポルタニア館前に翻る学章旗

国と韓国の後塵に陥ってしまうことのないようにしなければなりません。国際交流を通じて、日本の大学と協力しながら、日本に関する十分な教育が行われるよう務めていく必要があります」

また、「一般にフィンランドでは弱小分野とされている人文系の能力をアピールし、社会の多方面で応用できることを一般に周知させるためには大学側からの積極的な行動が必要です」と言葉を続けた彼女は、次のような問題点を指摘しています。
「人文科学系の人々は、自分達は言語や文化の研究をしているのだという認識に甘んじており、それが他の分野でどのように応用可能なのかを考えていません。日本語の場合であれば、貿易や技術開発の分野で高い需要があるにも関わらずです。とりわけ、産業界に対して、自分達の存在と能力を周知させることが重要です。そうすることで、自分達の実力を他の分野でも生かすことができるようになるのです」

彼女は、日本研究を主専攻にする学生達が、どのような分野で自らの専門能力を生かせるのかよく検討してみるべきだと考えており、その際、「可能な限り広い範囲を視野に入れて考えるべきです」と言っています。

副専攻の選択にあたっては先入観をもたないことが肝要で、例えば経済学や政治学などを選択することをレヒコイネン氏はすすめています。
「言語だけ、文化だけというのでは、就職先はあまりないでしょう。やはり、広い分野にわたる能力が必要となります。新制度[1]のもとで、

---

[1] フィンランドの国立大学は2010年初頭から法人化された。この制度改革により、各々の大学における財政面の独立性が高められ、教職員の身分はそれまでの公務員から雇用契約に基づく非公務員型に変わった。また、いくつかの大学の合併が行われ、首都圏ではヘルシンキ工科大学・ヘルシンキ商科大学・芸術デザイン大学が合併されて、財団が運営するアールト大学（Aalto-yliopisto）となった。

大学には以前よりずっと大きな独立性が与えられています。日本研究の将来的なあり方について、何に重点を置いていくのか、大学の上層部とともに構想を練ることが大切でしょう。ヘルシンキ大学は多様な言語・文化教育を重要分野と定めており、その分野における国家的な責任を背負っているのですから」

　フィンランドでは、しばしば「フィンランド——北の日本」という言い方がされています。これはもともと、第2次世界大戦後の急速な復興を日本のそれにたとえたものでした。確かに、戦後復興のプロセスや急速な経済発展は、あるレベルで二つの国に共通したものがあるとレヒコイネン氏は言っています。
「技術や研究開発の面で日本は非常に進んでおり、我々が大きな関心を寄せる国であります。また日本は、世界で最初に高齢化社会の問題に直面する国でもあり、フィンランドもすぐそのあとを追っています。さらに、両国とも国際化が課題となっており、海外からの留学生や研究者を増やすことが求められています」
　また、イノベーションの分野においても、日本とフィンランドには共通点が多く見られます。
「日本もフィンランドも技術革新の国です。しかし、どちらの国も今、社会革新の分野で課題を抱えています。例えば、高齢化社会にどのように対応していけばよいのかということです。単なる技術以上のものが必要となっているのです」

　彼女は、日本の大学改革にも深い関心をもっています。フィンランドの大学改革にも似たような要素が多く見られるからでしょうが、日本における改革の要点について彼女は、「大学の独立性を高め、財政

力を強化し、さらに国から離れさせること」と展望を述べたあと、日本の大学における制度改革の結果をどの程度までフィンランドの状況と比べることができるのかは一概には言えないと断ったうえで、「大学の独立法人化が学問研究の世界にどのように影響を与えるのかについては、日本でもフィンランドと同じような議論がなされています」と言っています。

　また、大学経営に力が注がれている日本について、「大学を重視してきたという点において、そしてまた、大学改革が必要であるという点においても日本とフィンランドの状況は似ています。特に、長期にわたって続いている不況に悩む日本においては改革が必至となっていました」とも言っています。

　レヒコイネン氏によると、日本の大学改革には多くの成果が出ており、フィンランドはそこから学ぶことができるとも言っています。
「日本の大学は、イノベーションの創造に成果を上げるなど、効率よく革新を取り入れる制度や研究を行うためのインフラが非常に優れています。日本では、人を惹きつけるような研究環境がつくり出せているのです。日本の大学では当たり前となっている激しい競争原理（大学間および個人の）はフィンランド人にはなじみのないものですが、その結果は決して悪くなく、学生は期間内に卒業し、研究分野ではよい成果が上げられています」

　近年、教育の有料化についての議論が盛んになり、日本の大学の高額な授業料に対して関心が向けられています。それについては、次のように語ってくれました。
「大学教育が有料か無料という問題は、一般的に考えられているよりもずっと複雑な問題が絡んできます。もちろん、税制や公的なサービ

スがどのように実施されているかということにも関わっています。OECDの調査によると、授業料の高い大学では学生達への奨学金制度が充実しているほか、様々な学費援助の制度が存在しているのです」

フィンランドと違って海外では私立大学の貢献が大きいことを評価しつつ、その財源について彼女は次のように言っています。
「我が国の大学は、財源を国に頼るところが非常に大きく、もし国の財政が急激に悪化するとか、経済が低成長になる時代を迎えれば、現在に代わる財源を確保することは難しいでしょう」

学生の在籍期間を短くすることについては、2009年の後半から2010年の前半にかけて議論されることが多かったのですが、この問題は、日本語のように習得するのに非常に時間のかかる言語を専攻する学生

ヘルシンキ大学世界文化学科の建物

達にとっては決して他人事ではありません。

「大学は、そのような学習量の多い科目に対してはしかるべき配慮をしていますよ」とレヒコイネン氏は断言し、「フィンランドでは、今ある大学だけで広い分野にわたる教育カリキュラムを確保することは不可能ですから、学生が言語や文化についてきちんと学べるようにするためにも、日本の大学との協力していくことが重要です」と、日本との連携を力説しています。

　文化理解は、カリキュラムのなかでも重要な部分となっています。彼女は、日本語のような言語の場合、長期間にわたる留学をカリキュラムの一部として組み込むべきだと考えています。留学したことで卒業が遅れるということがないように、必修として留学をカリキュラムの一部として組み込み、「すべての学生が留学できるように、大学は留学先の確保に努めるべきです」と続け、「主専攻の学生には優先的に留学先が与えられるべきでしょう」と言っていました。

　とはいえ、留学するためには経済的な問題も絡んできます。日本では文部科学省や国際交流基金(3)が外国人留学生に対して助成を行っていますが、フィンランドでも主専攻の学生全員を日本に留学させるために、学科に個別の助成金制度を設けることなどが考えられてもよいでしょう。

　と同時に、少ない人員しか配置されていない非常に専門性の高い分野の教育を維持していくためにも、「授業の一部を日本の大学で行い、

---

(2) （Organisation for Economic Co-operation and Development）経済協力開発機構。現在、30か国が加盟し、経済成長、貿易自由化、途上国援助に貢献することを目的として活動している。

(3) 国際文化交流を担う機関として1972年に外務省所管の特殊法人として設立。2003年に独立行政法人となる。文化芸術交流、海外における日本語教育および日本研究、知的交流の3分野における事業を実施している。

フィンランドでは欠けているものを補うということも検討されるべきでしょう」と、彼女は考えています。

　日本文化についてレヒコイネン氏は、「古い伝統的な文化と先端技術の組み合わせが、興味深いコンビネーションとなっています」と述べています。彼女自身、日本のポップカルチャーの台頭に興味を抱いていますし、下の息子さんが日本のファンなのだそうです。
「息子は２度ほど日本に行ったこともあって、何か、強く刺激されるものがあるようです。息子達は、何年もの間、部屋で忍者ごっこをやっていましたよ。男の子らしい趣味でした。息子自身、果たしてどの程度自覚していたのかは分かりませんが、小さいながらも、精神性と克己心に惹かれるものがあったのでしょうね」
　特に、忍者とサムライ文化が、息子さんにとっては面白かったようです。19歳となった息子さんは、高校卒業のお祝いに東京旅行を希望したようで、それを彼女はプレゼントしたようです。
　彼女自身は日本に行ったことがないのですが、「是非、いつか行ってみたいです。日本の美学は、私にとって身近に感じるのです。それから、これはちょっとステレオタイプになりますが、ある種の『魂の同族性』みたいなものが面白いですね。日本人は、フィンランド人みたいに遠慮深いでしょ」と言って、今回のインタビューを締めくくってくれました。

5 日本についてフィンランド語で書いてみたい

インタビュー・原文執筆：イェンニ・ペンシッカラ
翻訳：植村友香子

リーッカ・ランシサルミ
（**Riikka Länsisalmi**）
　オランダのライデン大学の日本研究科[1]准教授。専門は現代日本語のディスコース（言説）。研究などで日本での滞在歴は8年余り。

　リーッカ・ランシサルミ氏のキャリアは、思いもかけないような幸運に満ちて、偶然の重なりによって形成されたもののようです。学生時代、将来、今の職業に就くことになろうとは夢にも考えたことがなかった、と彼女は言っています。「唯一考えていたことは、教師にだけはなるまい、ということでした」と、笑いながら当時を振り返りました。
　ヘルシンキ大学で学んだ彼女の主専攻は、ロマンス語学[2]でした。大学に入学してからかなりあとになって東アジア専攻が設置されたため、日本に興味はあったものの、あえて専攻を替えるまでのことはしなかったようです。
　当時、ソンモー・コウ（Songmoo Kho）という東アジア研究の教授

---

[1]　（Universiteit Leiden）1575年設立。世界で最初に日本学科が設置された。
[2]　xviiページの注(3)を参照。

と日本語の教師だった飯田（現・小池）恵美子先生のことを懐かしく思い出す彼女は、「コウ先生は常に支えとなってくれましたし、非常に魅力的な人柄の飯田先生の授業はいつも面白かった」と言います。
「大学に入学した時、ここでは、何でも勉強できるんだとやる気満々でした。それで、書き方を全然知らない言語を勉強したいと思ったのです。中国語、ハングル語、日本語、アラビア語……と考えて、ちょうど私の時間割にあったのが日本語だったので選びました。理由はそれだけです。でも、いったん始めると、や・み・つ・き・になりました。もしかしたら、中国語を選ぶことになっていたかもしれないのですが、これでよかったと思っています」

1992年に修士課程を修了したランシサルミ氏は、日本の文部省（現・文部科学省）の研究留学生として日本に渡っています。
「日本に行ったのもまったくの偶然でした。修士課程を修了したあと、やることが決まってなくて、日本への留学に関する奨学金に応募した

太鼓を演奏するランシサルミ氏

ら通ったので、そのままずっと日本語を勉強しています。たまたま日本語の授業をとったことで、次なるルートが設定されてしまったという具合でした。教師になろうと決めたことはなかったし、ましてや研究者になるなんて……」と、当時を思い出しながら話してくれました。

ランシサルミ氏は、まず大阪の国立民族学博物館で研究を開始しています。

「でも、1年半研究をして、何の学位もとらないでフィンランドに戻るというのじゃ、ちょっともったいないと思ったのです」

そこで彼女は、国立民族学博物館に設けられている大学院の博士課程を受験して合格しています。フィンランドをよく知る庄司博史教授[3]の指導のおかげで、4年後には博士号を取得し、その後しばらくは日本に滞在したまま研究者として過ごしました。

フィンランドに戻ったのは2001年の初めです。帰国後、ラウレア（Laurea）応用科学大学で外国語を教え始めたと言っています。[4]

「仕事内容は、主としてスウェーデン語に関わることでした。どうして、今はスウェーデン語ができなくなってしまったのか、スウェーデン語能力を高めるためにどうすればいいのか、ということについて対策を考えるというものでした。それから、英語について考えるということも」と、ため息をつきながら話してくれました。

この大学における日本語の位置づけは、まったくの脇役でしかなく、純粋な興味からちょっと勉強する学生はいたものの、その授業も入門

---

[3] （1949～）国立民族学博物館民族社会研究部教授。ヘルシンキ大学文学部卒。専門は言語学・ウラル語学・言語政策論。1976～77年、ヘルシンキ大学で日本語を教えた。

[4] 学生数約7,500人。ヴァンター（Vantaa）市に本部を置く。介護職、ホテル・レストラン業、コンピュータなど16の専攻があり、そのうち七つは英語で教えられている。「応用科学大学」という名称だが、フィンランドの諸大学のうち、就職に直結した教育を行う種類の大学は「ammattikorkeakoulu（職業高等学校）」と呼ばれ、その英語での名称として「university of applied sciences（応用科学大学）」が使われている。

レベルで終わってしまうといったものでした。是非とも日本語の世界で仕事がしたかった彼女にとっては、物足りない授業だったのでしょう。

　ライデン大学で教えることになったのも偶然の賜物だったようです。仕事の傍ら、彼女は日本語の研究を続け、国際学会に参加しては研究発表を行っていました。ある年、フィンランドで二つの国際学会が開催されたのですが、彼女はその両方で発表を行いました。すると、ライデン大学の言語学の教授（Frederik Kortland氏〔フレデリック・コルトランド〕）が興味を示したのです。

「その教授は、私の発表を二つとも聞いて、私に話しかけてきたのです。『ヨーロッパ人が、現代日本語の研究をするとは珍しい。何か、私にお手伝いできることがありませんか』と。いったいこの人は誰なのだろうと、私はびっくりしてしまいました。本当に興味をもってくれる人には、なかなか出会わないものですから」と、彼女は微笑んでその時の状況を話してくれました。

　その後、彼女はその教授と連絡を取り続け、「ライデン大学に新しい職位が設けられることになったので応募するように」とすすめられたので、応募書類を送り、面接を受け、研究業績一覧をわたし、教授能力を示すための模擬授業を行って、めでたく採用が決まったのです。

　ライデン大学での彼女の職務は、当初、日本語および言語学の授業、新しい言語カリキュラムの作成、その他の事務仕事、さらに理想としては言語学の研究も含まれるというものでした。しかし、最近、組織改革があって、彼女の職務は「日本研究」と「言語学」となりました。

　日本語科の主任としてランシサルミ氏は、言語カリキュラムの作成・実施を担当しています。具体的には、教授達とともに授業内容を考え、非常勤講師や教科書を選定するなどの仕事を行っているということです。加えて、年に５〜６コマの授業を受け持っており、今まで

教えてきた日本語および言語研究に加えて、これからは一般言語学も教えるつもりということです。職務内容には研究活動も含まれていますが、学生の数が非常に多い現状を考えると、研究活動に時間を割くことが難しいとも言っていました。

ライデン大学の文学部において、日本研究は一般歴史学に次いで2番目に学生数が多いようです。2009年の秋に日本研究を始めた学生の数は約150名、それに加えて既に在籍している学生がいるので、「合わせて、だいたい400名ぐらいの学生がいることになります」と説明をしてくれました。

日本語の研究者として、ランシサルミ氏は孤独なようです。フィンランドで、日本語を専門として研究している人はいないのではないかと言っています。日本語の教師はもちろんいるのですが、たいていの人が文学や言語教育などの分野を専門にしており、言語学そのものを研究している人はいないようです。

ヨーロッパでは現代日本語の研究者はアメリカのように多くなく、いたとしても、フランスの日本語研究者のように琉球方言や古文を研究領域としています。外国語としての日本語だけではなく、現代日本語そのものの研究はどうやらヨーロッパでは傍流のようです。

「日本語の地位を向上させるために活動するグループがフィンランドには必要です。現状では、大学の内部からこの問題の解決にあたっているところがありません」と、彼女は批判しています。(5)

フィンランドの日本語研究には名誉ある歴史があったのに、(6) 1980年

---

(5) ただし、2013年からは、ヘルシンキ大学で日本語教員資格取得のコースが設けられる見込みとなるなど、事態の変化が見られる。
(6) 初代駐日公使を務めたラムステッド博士（1873～1950）による日本語研究を指す。ラムステッド博士の業績については65ページからの記事を参照。

代以降、どういうわけかそれが衰退してしまったようです。1990年代初頭に教育文化省において非ヨーロッパ言語の教育・研究を発展させる必要について検討されたにも関わらず、事態にはさほどの進展が見られていません。

「現在、言語教育についていろいろな議論が活発にされていますよね。予算が削られ、語学センターが減少したり授業が減るという状況なのに、大学は学生を早く卒業させようとしています。これでは、ゆっくりと考え、いろいろなことを勉強してみようと考えるだけの余裕がなくなってしまいます。こんな状況が続くと、外国語能力はどんどん多様性を失ってしまいます。これは、学校教育のすべてのレベルで見られる現象ですが、特に大学レベルにおいて顕著です。やがて、誰もが英語と下手なスウェーデン語しか話せないということになるでしょうが、何とも残念なことです。それに、もともと私達のフィンランド語は非インドヨーロッパ語なのに、どうして他の非インドヨーロッパ語を勉強する機会がないのかということも残念なことです。フィンランドでは、これまでゲルマン語系やロマンス語系の言語が常に教えられてきたため、今でもそれを踏襲しているだけなのです」

伝統的に教えられてこなかった言語の地位を高めるために、大学は何もしていないと不満を述べています。

「教授レベルの人の、こんなコメントを耳にしたこともあります。『我々は、ずっとヨーロッパの諸言語を教えてきた。今さらほかの言語を教えることに何の意味があるのだ』。何の意味もないって、いったいどういうことです。世界がどう変わっていっているのか、少しは先のことも見るべきでしょう。東アジアには、フィンランドにとって経済的にも意味のある相手がいるかもしれないのですから」

外国語教育においても改善の余地があります。彼女は、言語学的な

観点から見た場合、日本語はフィンランド語と比較してどのような言語なのかについて説明できるような人がフィンランドにいてほしいと願っています。その一例として、最近出版された新しい日本語の教科書を挙げています。日本語の特徴について、フィンランド語で書かれた前例がない場合、どういう用語を使えばいいのかを著者は検討する必要があったと言っています。
「こういう分野は、まだまだ端緒についたばかりなのです」

日本語の教科書『道』
（Otava 出版社、2010年）

　とはいえ、まもなくフィンランド語で書かれた日本語の専門書がもっと出てくるかもしれないとも言っています。というのも、彼女は本の執筆のための助成金を得たのです。2010年9月から執筆を始める予定のようですが、完成時期についてはまだ何とも言えないようです。

　その本は「軽い言語学的なもの」です。つまり、日本語とフィンランド語を比較し、「分かりやすく日本語について解説したものとなるはず」と言ったあと、「日本研究をする学生の、必読書となるような本にしたいのです」と言葉を続けました。

　彼女はまた、学生が言語研究の成果を自らの母語で書くことをすすめています。現在、それをしている人がほとんどいないため、「それは、とても意義のあることですよ」と強調していました。

　ランシサルミ氏は、10年以上にわたって日本語のために発言してきました。その経験から、残念な例として教育文化省が数年前に策定したアジア戦略を挙げています。

　このなかでは、アジア諸言語の教育についてきちんとした方針が定

められるはずだったようですが、実際は無用の長物となったようです。次の言語政策プロジェクトでもアジア諸言語について明確な方針を定めることが約束されたのですが、このプロジェクトにもアジア諸言語について発言できる人が含まれておらず、結局、事態は何も好転しないまま終了したとのことです。

　このような議論において影響力を行使するためには、「大学に職位をもっていることが必要です」と、彼女は言っています。フィンランドでは、そのような職位をもつ人は二人しかいないでしょう(7)。それなしでは、議論に参加することは職務時間外に限られてしまい、かなり積極的な行動力を必要とします。たとえそれがあっても、議論への参加はやはり難しいかもしれません。

　日本語に興味をもつ学生が多いという面では、日本語に対する現状はよいとランシサルミ氏は見ています。新しい日本語の教科書がつくられ、日フィン辞書も遠からず出版されることで事態が改善するかもしれません。

　しかし、残念ながら日本語の授業の入門レベルのものが多く、そのレベル以上の勉強を続けることは難しいとも言っています。「いろいろな教育機関が共同して、上級レベルの授業を行うことができれば……」と願い、「状況はよいと言えますが、教育体制の面では問題が大きいということです」と説明してくれました。

　日本語専攻の学生達に対して彼女は、「日本へ行ってみるべきだ」と強調しています。言語と社会を知って初めて、生涯日本と付き合っていく気があるかどうか分かるからです。

「とにかく、行ってみることです。それも、できるだけ長く」

　また、積極的にネットワークをつくることも大切と言います。だから、先輩達に積極的に連絡を取ってほしいと彼女は願っています。

大学院時代の同窓生達と

　「ヘルシンキ大学で日本語を専攻する学生は人数が非常に少ないから、寂しく思っている人が多いのです。それに、疲れてしまうと活動もしぼんでしまいがちになります。大きな学科ならネットワークや協会などがありますが、小さい学科の場合は、何かを行うためにも自らが積極的である必要があります」

　日本語の能力があることでランシサルミ氏は仕事を得ました。もちろん、それだけではありません。多くの友人を得、かつては何も知らなかったまったく新しい世界を知ることができたのです。京都には、まるで故郷のようにいつでも戻ることができます。日本に行けば、いつでも心から温かく迎えてもらえます。日本人からすると、外国人が日本語を話し、日本のことに興味をもっているということは驚くべきことなのです。

　日本を懐かしむ気持ちは、毎日、仕事で日本と関われることで紛れるようです。彼女にとっては、かつて、日本に関わることは仕事以外の時間にする趣味のようなことだったのです。

---

(7) ヘルシンキ大学に設けられている「日本学教授」と「東アジア研究教授」の二つの職位を指す。

「この仕事をやって、こういうことを考えて、それで給料がもらえるなんて、今でも不思議に思いますよ。何かちょっと変な感じ」

　もともと教師になるつもりのなかったランシサルミ氏ですが、今では教えることを楽しんでいます。日本語の学習を続けていきたいと思えるような刺激を学生達に与えることができれば、と言っています。そして、おなじみの問題、すなわち仲間がおらず、誰に相談していいかも分からないという問題に悩んでいる学生達の支えになることも彼女にとっては大切なようです。そういう学生達に対して、何をすればいいのか、何を読めばいいのかなどのアドバイスを与えることを忘れていません。
「この仕事で一番楽しいのは、学生達のレポートや論文を読むことです。よくできたレポートだと、私自身が知らないことが学べるのでとても勉強になります。学生にフィードバックが与えられるよう、自分自身も勉強するようになります。フィードバックの一部でも学生達の役に立てばいいのですが……」と、控えめに言っていました。
　彼女は、将来、関心をもっていることについてフィンランド語で書ければと願っています。
「ちょっと前にフィンランド語で短い文章を書いて発表した時、初めて父に自分の仕事について見せることができたんです。父は標準フィンランド語とサボ方言[8]しかできませんが、そんな父にも、私が朝から晩まで職場でいったい何をやっているのか、分かってもらえますしね」と、最後に答えてくれました。

---

[8] 東北フィンランド地域の方言。サボ方言話者は婉曲的な言い回しを好み、独特のユーモアがある、というイメージがある。

6 多様な言語教育のために

インタビュー・原文執筆：イェンニ・ペンシッカラ
翻訳：植村友香子

サリ・ポユホネン（Sari Pöyhönen）
ユバスキュラ大学[1]の応用言語研究センター研究員。言語教育政策が専門。一般に向けても積極的に発言している。現在は、主に移民のための言語教育をテーマとして研究している。

（撮影：Janiika Vilkuna）

　サリ・ポユホネン氏は、言語教育政策についての議論に参加する際、何を主として訴えるべきなのかについてしばしば考えさせられてしまうと言います。つまり、取り上げるべきことは一つに限らないということです。

　まず、多文化主義とは単に移民だけに付せられた特徴ではありませんし、複数言語主義とは何か国語も完璧にできるということではないということを人々に訴えたいとも言っています。また、言語教育政策の面では、教育の連続性が重要な問題であると言っています。そこには、単に学校から社会人へということではなく、学校での学習と学校以外の場での学習、さらに仕事へと続く連続性、また言語科目から他の教科への連続性が含まれると強調しています。

　彼女の仕事場であるユバスキュラ大学応用言語研究センターは、学部生のいない研究機関であり、そこでは博士課程の学生への指導も行

---

[1] （Jyväskylän yliopisto）ユバスキュラ市（フィンランド中部にあり、人口約13万人）にある大学。学生数は約15,000人。

ユバスキュラ大学キャンパス

われています。センターでは、当大学の他の学科でも授業を実施しているほか、初等教育から高等教育まで含めて、全国の言語教員を対象とした研修を行っています。仕事の大半は、何らかの形で言語教育に関わるプロジェクトとなっており、そこでは、教育段階の違いや教育の対象となる人々の多様性が考慮に入れられています。

　目下のところ、彼女は移民のための言語教育と社会適応の推進を目指すプロジェクトに関わっていますが、このプロジェクトは移民政策にも関わるものであるため、彼女自身、言語教育政策を専門とする立場からどのような言語学習を支援すればよいのか、また「そもそも社会適応とは何なのか」について研究しています。そして、移民は「言葉ができずに国に移住するのではなく、社会で活かせる様々な能力・技能をもっている」ということを強調したいと言っています。

　言語教育の将来を考えるうえで、日本語もポユホネン氏の視野に入っています。小・中・高校で教える外国語が、伝統的に教えられてきた英語・スウェーデン語・ドイツ語・フランス語・ロシア語・スペイン語・イタリア語以外にも広がることが望ましいし、決まりきった科目の枠を離れてみれば、日本語・中国語・ヒンディー語・ウルドゥー

語・ポルトガル語といったいわゆる「珍しい言語」が見えてくると言い、「そもそも、これらの言語は『珍しい』ものじゃないのですけどね」と、語調を強めました。

　彼女の知っている限り、フィンランドでは小・中学校での日本語教育は今のところ実施されていません。日本語教育は、主として生涯教育や大学などの場に限られているとのことです。

息子さん（Pietu ピエトゥ）

　彼女の息子さんは日本のポップカルチャーに大変興味があって、小学校の3年生になったら、勉強する第一外国語として日本語を選ぶつもりでいたようです。また、ブラジルに住んでいる知り合いがいるので、第二外国語としてはポルトガル語を取りたいたいと考えていました。しかし、学校の友達にそういうことはできないのだと教えられたと言います。3年生になったら英語を勉強し、中学1年でスウェーデン語を始めなければならない、と。「それを聞いて、息子の友達の言うことが正しいと実感したのです。言語教育のカリキュラムとはそういうものですよ」と、彼女はため息をつきました。学校で学習する外国語科目は、子どもが自分で選ぶものではなく、あらかじめ選定されていることが普通なのです。

　多言語社会、多言語世界という現実は、学校教育には反映されていないとポユホネン氏は考えています。例えば、12歳のある生徒が国民教育センター（xiiページのコラム②参照）の日本語教室に入ることができたとしても、「せいぜい絵画工作の時間に、マンガの吹き出しに漢字をいくつか書く程度でしょう」し、学校以外の場で子ども達が

複数の言語にどのように親しんでいるのかは認識されていないのです。

　そういう意味では、日本語も例外ではありません。各種の調査によると、生徒達が学校以外の場でどのように時間を過ごしているかについて、学校の理解は十分ではないということが明らかになっています。

　この問題は英語においても見られます。つまり、英語を読んだり書いたりすることが、いかに多様な行動形態を生むのかといったことが必ずしも理解されていないのです。だから、ネットのチャットやゲームでまちがった英語を身に着けてしまうと考えられています。

　ある言語の価値などについて社会のなかで論じられる際には、こういう言語イデオロギーが影響を与えます。例えば、日本語は世界言語であると認められていますが、(2)学校教育の科目ではありえないということになっているのです。

　ポユホネン氏は、学校での外国語科目に大きな変化がもたらされることはないと考えています。しかし、学校以外の場、例えば国民教育センターで実施されている日本語をはじめとする様々な外国語教室に通ってみるという方法があるのではないかと言っています。現に、こういうことはフィンランド各地で既に行われていますし、外国語教育は小・中学校に限られたものではないのです。

　また、生徒達が様々な外国語能力を学校以外の場で身に着けたのなら、それを示すことができるような制度が重要だと言います。だから、もしソマリア語が少しでも出来るのなら、その記録を言語能力ポートフォリオ(3)の形で残しておけるようになるといいと考えています。

　彼女は、EUにおける様々な言語の位置づけについて研究するグループの一員でもあります。そこでも日本語は、「世界言語」として関心をもたれているそうです。しかし、そもそも何をもって「世界言語」と言うのでしょうか。彼女によると、「例えば、国際貿易に用い

られる言語であり、ヒエラルキーの上位に位置する言語」とのことです。

　世界言語は、隣国の言語などに比べて大きな機能をもっています。しかし、その一方で、英語のような世界言語は他の言語を潰しかねないとして問題にもなっているようです。

「言語をめぐる権力闘争とでもいうものですよ」

　日本研究者や日本語の専門家に加えて、デザイナーやエンジニアも日本語ができるといいのではないでしょうか。しかし、こういう観点からの議論はあまり一般なものではありません。芸術やデザイン分野でも、「この点に関する理解が必要だ」と彼女は考えています。

「将来の貿易相手として日本は、巨大市場である中国ほど大きな意味をもつとは考えられないかもしれません」

　日本に対する関心はあるものの、実際に何かをしようとは考えられていないのです。しかし、彼女は、「子ども達が消費者として最初に触れるものはアメリカか日本のもの」だと言っています。彼女の10歳になる息子は、テレビで時々放映される黒澤明（1910～1998）の映画を欠かさず観ているということです。

「親も一緒に観ようとしたのですけど、3時間以上の映画を最後まで観るのは無理でした」と彼女は言っていますが、「そこには、10歳ぐらいの男の子を夢中にさせる何かがあるにちがいない」と付け加えました。

　そして、多くの男の子が日本に興味をもっているにも関わらず、一

⑵　同ページの下段で世界言語とはどのようなものか説明があり、「ヒエラルキーの上位に位置する言語」と言っている。日本のポップカルチャーが世界中で受け入れられている現在、日本語も若者文化の領域ではヒエラルキーの上位に位置する世界言語となっていると言える。

⑶　自らの外国語能力について証明できるものをファイルのようにまとめておくもの。

般的には「日本ブームは女の子の現象」とされることを不思議がっていました。フィンランドのマスコミでは、日本ブームは女の子が趣味とするポップカルチャーとして取り上げられているのです。

　多くの言語には、目標を達成するための「道具」としての価値があります。その例として、ポユホネン氏はロシア語を貿易上必要な言語として挙げていますが、その一方で、道具としての実用的な価値が言語になければならないとされることを残念に思っています。そして、道具としての実用的な価値は、仕事における外国語能力を優先する現在の言語教育政策の議論においても重要視されています。

　彼女と日本との関わりについて説明しておきましょう。まず、日本でされている第二言語習得に関する面白い研究の英訳された研究論文を読んでいるとのことです。また、中学３年生を対象に行った自由時間のメディア利用についての調査では、マンガ、インターネット、ポップカルチャーが理由で日本の存在が際立っていたそうです。そして、「言語とアイデンティティ」という講義をしていた時、たまたま日本語に詳しい学生がいたこともあって日本語に触れることになったそうです。

　日本語の学習では学習者自身の自主性が求められるため、ドイツ語の学習などに比べてアイデンティティ形成に関わる面が強く出てきます。先ほども述べたように、小・中学校の教育には日本語学習の制度がないため、生徒自らがどうすれば日本語を勉強することができるかを考えなければなりません。留学する時にアメリカではなく日本へ行こうかというような、かなり思い切った決断もしなければならないのです。だからといって彼女は、日本語を学習するうえにおいて特別な才能が必要だとは考えていません。

6 多様な言語教育のために 51

ユバス湖のほとりに立つユバスキュラ大学の建物

冬景色のユバスキュラ大学キャンパス

「学んでも身に着けられない言語というものはありません」

どの言語にもそれなりの難しさがあり、神秘化してもしようがありません。例えば、日本語の表記法については、「絶対に身に着けることなんかできないよ。だって、日本人自身ができないのだから」というようなことがよく言われていますが、彼女に言わせれば、このような極端な主張には国民アイデンティティの形成が関わっており、特殊な言語という概念のなかに意味を見いだそうとしているだけなのです。

ポユホネン氏は、日本のポップカルチャーは子ども達の生活のなかで大きな位置を占めるに至っており、メディア教育、外国語教育、歴史教育においてもっと取り上げてもいいのではないかと考えています。科目ごとの垣根を取り払うことが重要で、その鍵となるのは、どうやって生徒のやる気を出させ、勉強に興味をもたせるかということのようです。調査によると、外国語教育ではいまだに教科書が中心で、教室の外の世界を見ようとしていないことが明らかにされています。

彼女はまた、外国語学習が難しいという神話を崩したいとも言っています。

「小・中学校の指導要項のなかで、外国語科目ほど『辛抱強さ』という言葉が繰り返されている科目はありません」

彼女は、現在、公に行われている言語教育政策に関する議論に決して満足していません。「概して議論は、シロかクロかという単純なものになっています」と批判しています。様々なレベル（家庭内、親同士・友達同士、市町村、国、各種の利益団体、教育機関、マスコミ）で行われている議論のことですが、外国語が必要だという点では意見が一致していても、何語を教えるべきなのかということでは意見が分かれる、ということです。

その議論も、どのように外国語を教え、どのように身に着けていく

のかということに関しては、きちんとしたものが驚くほど少ないようです。さらに少ないのが、言語が人間活動の一部であるということ、および言語を他の学習にどのように取り込んでいくことができるかという議論だそうです。最悪の場合は、議論そのものが何もなされないまま決定が下されることもあるということです。これは、思慮に欠けた言語教育政策が行われているということを証明するものであり、その結果については意識されていないということです。

「単に、利益を念頭に置く観点からのみ外国語能力について論じたくはない」と彼女は言いますが、英語であれ何であれ、みんなが同じ外国語を勉強するというのはつまらないことだと考えています。外国語能力は二つの言語（国）をつなぐ橋を造るようなものであり、重要な役割を担っているということです。

　もし、日本語ができたら、村上春樹（1949～）の小説と日本語で書かれた論文を読んでみたいと言うポユホネン氏は、「日本の研究者が言語習得に関してどのように理論を構築しているのか、それが分かる程度の日本語能力があったらいいのに」と願っていますが、だからといって、日本人が英語で書いた論文しか読めないことが特に問題だとも考えていません。彼女の仕事において大切なのは、言語の必要性と存在を認識することであって、自らの外国語能力を仕事の条件とすることではないからです。

　最後に彼女は、日本語を勉強する学生に次のような助言を送ってくれました。

「胸を張って！　日本語はエキゾチックな言葉だとは考えないこと」、さらに「世界に対する好奇心をもつこと。日本語・日本文化以外の世界もいろいろのぞいてみること」。

　自らの興味・関心のあることを研究の対象と結び付け、日本語を日

本やフィンランド以外の場所から見てみるようにとすすめています。
「日本語研究の分野が南アメリカで伸びつつあるから、ひょっとしたら仕事がサンパウロで見つかるかもしれないですよ」
　そして最後に、まとめるように次のように言っていました。
「好奇心と冒険心。これはすべてのことに関わっています。私なら、まずそこから出発しますね」

7 心はシベリアの上空に

インタビュー・原文執筆：エリナ・ユヴォネン
翻訳：植村友香子

カティア・ヴァラスキヴィ（Katja Valaskivi）
日本のポップカルチャー研究者。大学教授資格取得。元フィンランドセンター（Suomen Japanin Instituutti）所長。現在はタンペレ大学のジャーナリズム学科で研究に従事し、「文化の実用」および「グローバル化社会における革新ジャーナリズムの問題」プロジェクトに関わっている。

　日本のポップカルチャーは、近年、フィンランドにおいても大きな注目を集めるようになりましたが、その実態についてはごくわずかしか知られていません。詳しくこの現象を取り上げて、明らかにしたのはカティア・ヴァラスキヴィ氏の『Pokemonin perilliset（ポケモンの後継者たち）』という本が初めてでしょう。

　彼女の人生が、日本とは切っても切れない関係になってからずいぶん経ちます。その始まりは、高校生だった1987年に交換留学生として日本に渡ったことです。

　「当時、日本に留学するのはまったく異例のことでした。私の親戚のほとんどの人にはア

『ポケモンの後継者たち』の表紙

---
(1)（Tampereen yliopisto）タンペレ市（ヘルシンキから北に170km。人口約21万人）にある大学。学生数は約15,000人。

メリカ留学の経験があったので、私も、いつアメリカに留学するのかとよく聞かれました。私は、みんなと同じことはするまいと思っていましたので、日本を選んだわけです。もちろん、日本語はまったくできませんでしたし、お箸を使ったこともなかったぐらいです。文字通り、箸にも棒にも掛からない、って感じですかね」

彼女にとって幸運だったことは、ホストファミリーのお母さんがよくしゃべる人だったことです。言っていることが通じているかどうかはまったく関係なく、このフィンランド人の留学生にずっと話しかけてきたのです。

「ある日、その状態にもう我慢できなくなって決心をしたのです。言っていることが分かるように日本語を身に着けるぞ、って。半年ぐらい経った頃には、日常会話についていけるようになりました。つまり私は、『耳から入れて口から出す』やり方で日本語を学んだのです。それが理由で、読み書きに関する能力が不十分で、私の日本語の弱点となっています」

その後、彼女の人生にいろいろな形で日本が関わってくることになりました。ジャーナリズムとマスメディアについて学んだ彼女は、タンペレ大学で日本研究の修士課程を修了し、ヘルシンキ大学および上智大学でも日本語を学んでいます。さらに、日本のテレビドラマである『渡る世間は鬼ばかり』をテーマに博士論文を執筆し、2009年には、前述したように、日本のポップカルチャーを愛好するフィンランド人達について論じた『Pokemonin perilliset』を著しているのです。

「私が特に関心をもっていることは、文化的な影響、イデオロギー、思考の形、ブームといったものがどのように世界中に広がり、どのように『これは面白い』という概念が生まれるのかということです。加

えて、知識という概念そのものも絶えず変化しています」

　ヴァラスキヴィ氏が次に取り組んでいるのは、文化と経済の関係性の再構築について明らかにする研究です。このプロジェクトにおいて彼女が担当しているのは、文化の潮流はどのように世界中を伝わり、そこでどのようにしてお金儲けが行われるのかを分析することです。
「クールジャパン⁽²⁾はその一例でしょう。もっとも、トレンドとしてこれはもう過去のものと言わざるを得ないのですが……」

　彼女は、自分自身と日本との長い付き合いを次のように表現しています。日本に住んだあと、「ある意味、心はいつもシベリア上空にある」と。
「こうも長い間日本との付き合いが続きますと、日本はある意味、第二の故郷と言えます。日本には、自分にとって家族のような人達や友人、知人がいます。フィンランドにいる時は日本を、日本にいる時はフィンランドを思わずにはいられません。心が本当に落ち着くのは、飛行機に乗っている時だけじゃないかと感じることもあります。シベリア上空、つまりこの二つの国の間を飛んでいる時だけね」

　もうこれ以上、日本には一切関わらないと誓ったこともある、と彼女は言っています。
「独りぼっちで研究テーマに取り組まざるを得ず、しかもあらゆることが困難を極めるように思えて、どうしようもない無力感のようなものを感じたことがあります。博士論文を書いていた時は、研究内容について議論しあえる人がフィンランドには一人もいませんでした。そ

⑵　日本の文化が海外で評価を受けている現象、またその日本文化を指す。「クール」とは、「洗練された」、「かっこいい」の意味。当初はアニメ・マンガに代表されるポップカルチャーを指していたが、食材・伝統工芸・家電なども対象に含まれるようになってきた。

フィンランド大使館内にあるフィンランドセンター

れほど、その当時は新しい研究テーマだったのです。日本のポップカルチャー研究は、かつてのフィンランドではずいぶん奇なるものとされていたのです」

このように述べる彼女ですが、事実、研究から離れていた時期もあったようです。

2000年代初頭、ヴァラスキヴィ氏はフィンランドセンターの所長となって、家族とともに3年間にわたって東京で暮らしました。当センターは、フィン日両国間の科学および文化の交流を推進することを目的としています。

「私の任期中に『Feel　Finland』という大掛かりなキャンペーンがあり、日本でもかなり注目されました。といっても、日本のような規模の国では、大きなキャンペーンですら膨大な情報のなかに埋もれてしまって目立たなくなるのですが……。このキャンペーンは、むしろフィンランドでより大きな注目を集めたと言えるかもしれません。いずれにせよ、全体としては好評で、私達もその成果には満足しました」

フィンランドセンターでの仕事では、たとえ完璧でなくとも日本語の能力が役に立ったようです。
「私は日本語を話すことができますし、仕事相手となる日本人はたいてい英語ができます。書類はすべてフィンランド語と英語で作成するようになっており、たまに日本語で作成しなくてはいけないことがあれば、日本人のアシスタントが書いてくれました。このアシスタントには、日本語での手紙のやり取りなどもやってもらいました」
　日本で仕事や研究をするに際して、言葉の壁が根本的な問題となることはなかったようですが、それにも関わらず、日本人との提携は必ずしも容易ではなかったと彼女は言っています。
「日本は、提携先としては大変難しい国だと思います。そもそも提携先を見つけることが非常に困難で、合意に至るまでには長い時間がかかります」
　しかし、「その理由はよく分からない」と彼女は言います。よく言われる文化の違いというのはあまり説明になりませんが、少なくとも学問領域とか、何を研究するかということに関する概念が西欧と異なっているということだけは言えるようです。それに加えて、ペースが違うということも提携を進めるうえで困難を生む要因になっているのではないかと考えています。
　西欧では、提携の書類を交わす段階では事が前に進むように考えます。ところが、日本で提携先を探す場合は、しばしば話が進まず止まってしまうように感じるそうです。
「相手と何度も会い、そのたびに同じことを繰り返して確認するだけで、何も新しいことは起きません。そうしているうちに突然すべてが整って、共同での仕事が始まるのです。あるいは、逆に何も起こらないままに終わってしまう、という感じでしょうか。でも、このような

困難を生む要因が何なのかは非常に分かりにくいのです。単に個人レベルで気が合わないだけ、という場合もあるでしょう。文化の違いですべてを説明することはできません」

　ヴァラスキヴィ氏はまた、日本にとっては、フィンランドは必ずしも提携先として望ましい国ではないということを言い添えました。
「日本人にとっては、他国と共同研究をするという必要性はあまり感じられないのかもしれません。日本では、確かに国際化ということが唱えられています。どの国もみんな、日本と共同で仕事をしたいと思っています。特に技術分野ではね。何と言っても、日本は最先端の技術立国なのですから。でも、日本にしてみればどうでしょうか。フィンランドに、何か求めるものがあるのでしょうか」

　日本について研究する際に日本語が支障になると感じるのは、「日本語の研究文献などを読まなければならない時ぐらいです」と彼女は言います。
「私には、日本語の読み書きが苦労せずにできるようになるまで勉強する時間がなかったし、辛抱もなかったのです。必要となれば文章の大意ぐらいはつかめますが、それにはかなりの時間と労力がかかります。でも、そうすれば日本語力がぐんぐん伸びていくことは知っています。留学から戻って、何度か日本語のコースに通ってかなりのレベルまで勉強しましたが、毎回、コースが終わってしまうとそれで終わりでした。言葉はいつも使ってないと忘れてしまいます。だからといって、また最初から始めるのも難しいですね」

　彼女は、仕事をするにあたって、日本語能力だけでできることは限られているという考えの持ち主です。
「私の経験から言って、国際的な仕事では外国語能力には二次的な価

値しかなく、まずは他の専門能力が問われます」
　もちろん、外国語ができるということは素晴らしいことで強みとなりますが、翻訳家とか通訳にでもならない限り不可欠な能力というわけではありませんし、言語を専門とする人を必要とする環境はあまりないということのようです。
「仕事で重要なのは実際的な能力です。企業は、日本語能力だけで日本に派遣する人を雇ったりはしませんよ。大切なのは、例えばプログラミングができるかとか、企業経営ができるかなどの能力でしょう」
　彼女自身、日本に関する専門知識が活かせないことにあせりを感じていたと言います。
「今はすごくラッキーだと感じています。研究者の仕事では、日本についての知識を生かし、自分が面白いと感じることが研究できるのです。それに、日本との関係を保ち続けることもでき、それが具体的に仕事の役に立つのですよ。こんな仕事を得られるなんて、まったく稀なことです。それでも、この仕事をあまりおすすめはできませんね。だって、この仕事は非定期就労ですから」
　彼女によると、日本研究は学問としては弱小分野で、時には日本に関する話題が関心を集めるいわゆる日本ブームもありますが、それは決して大きな注目を集めることにはならないと言っています。
「もっとも、技術の分野は話が別で、当然のごとく日本に関心がもたれています。でも、メディア関係の研究では、やっと最近になって日本に関心がもたれるようになった程度です。日本とどのような共同研究が可能かについてはまだはっきりとしていませんし、先ほど言ったように、日本人と共同で仕事をするということはそんなに簡単なことではないのです」
　日本への関心は、むしろ一般の人のほうが大きいと言います。

「子どもや若者が、日本のポップカルチャーに夢中になっている。これはいったい何なのだ？　というわけですよ」

また、一般の人々の日本についての知識が、過去数年の間に急激に増えたと彼女は感じています。

「最近では、典型的なステレオタイプとしての日本観に出くわすことが少なくなりました。少なくとも、ある程度は、日本のポップカルチャーが普及したおかげと言ってもよいかもしれません」

では、日本のポップカルチャーはアメリカの文化に肩を並べるまでになったのか、あるいはもうそれを追い越したと言ってよいのかという問いに対して彼女は、もっと多面的に考えるべきだと言っています。

「確かに、文化的意義の観点からは、日本のポップカルチャーはアメリカに対抗するものとなっています。ハリウッドに代わるものを提供してくれていると言えますし、そこにはハリウッドの商業主義で生産されたものではなく、真正・本物という価値が付け加えられています。しかし、事実はそうではないのです」

「本物の文化」などというものは、現実にはありえないのだと彼女は言っています。文化とはすべてハイブリッド、つまり他の文化との混合物でしかないのであり、日本文化もその一つである、と。

「日本のポップカルチャーはアメリカから大きな影響を受けており、アメリカの配給会社を通じて世界中に広がっています。その一方で、アメリカの主要な映画産業は日本人によって買収されています[3]。こんな状況では、どこの文化について論じているのか分からなくなります」

ハイブリッドなミニーマウス

ヴァラスキヴィ氏はまた、異文化同士を対立させる考え方にも疑問を投げかけています。というのも、メディア産業はグローバルな企業によって牛耳られており、そこでは異文化が対立しているというよりも、むしろ世界中の様々な文化が取り込まれているのです。その一つの例として、彼女はフリーマーケットで買ったミニーマウスの人形を挙げてくれました。
「これはもともとパリのディズニーランドで売られていたものですが、着物を着ていますよね。この人形は私のお気に入りで、オリジナルとか本物とかは関係ないということを如実に体現しているのです」
　一方、日本のポップカルチャー、あるいは「日本の」と考えられている文化の伝播は非常にゆっくりしたものだと彼女は見ています。その理由として、多くの日本愛好者が、日本およびその文化を非常に個人的なものとして捉えているということが考えられると言っています。
「ほとんどの場合、ファンならではの思い入れをもって日本に関わっています。こういう人達にとっては、一般の人が同じようなことに興味をもつことは、自分と日本との特別な関係が冒涜されたように感じるでしょう。こういう人達は、日本のマンガがフィンランド語に翻訳されることすら望んでいないかもしれません。自分だけのものが、人目にさらされることになるのですから。
『ナルト』がフィンランド語に翻訳されて出版され始めた頃、それが燃やされるということがありました。大切にしている、自分だけの特別なものをダメにされてしまったというわけです。もっとも、この件についておかしなところは、それ以前、多くのファンが英語で読んでいたということです」

---

(3) 1989年にソニーがコロンビア映画を買収し、翌年、パナソニックがユニバーサル・ピクチャーズを買収した。ただし、パナソニックはその後撤退している。

彼女自身にも、留学から戻ったあと、数年間はこのようなファンの性癖があったそうです。
「もうそういうことはなく、日本に対する私自身の接し方も変わりました。今は、様々な人がそれぞれに違った形で日本に関心を寄せているのを大変興味深く見ています」
　さらに、日本について知れば知るほど、日本について分からないことが増えると感じているそうです。
「どんなことについても当てはまることですが、知れば知れるほど、調べておくべきこと、読んでおくべきことが増えて、結局、自分は何も知らないのだなあ、ということになるんです。それで、自分に伝えることなど果たしてあるのかと悩むことになりますが……。でも、私は言いますよ、それもたくさん！」と、彼女は笑いながら話してくれました。
　以前は、日本とフィンランドについても何でも知っている人、という役割を期待されていると感じていたそうです。そのことが重荷になっていたのでしょう。今の心情がどうなのか、最後に次のように話してくれました。
「日本では、フィンランドのことなら何でも答えられると思われ、フィンランドでは、逆に日本のことなら何でも答えてくれると思われていました。それからすると、今の研究者としての仕事に大いに満足しています。なぜなら、自分ができることだけに専念できますし、自分の日本に関する知識を活かすことができるからです。たとえ日本に関することでも、自分の専門に関係ないことであれば『お答えできません』と言っていいわけですから」

8 G・J・ラムステッド
―― 学者、フィン日外交関係を樹立した外交官

インタビュー:ハンナ・パルナ
翻訳:カティ・マンテュサルミ

グスターフ・ヨン・ラムステッド
(Gustaf John Ramstedt, 1873〜1950)
　1917〜1941年、ヘルシンキ大学教授。専門はアルタイ言語学。1919〜1929年、初代駐日フィンランド公使。同時に、中国とシャムの公使も兼任。

ハリー・ハレーン (Harry Halén, 1943〜)
　名誉博士。中央アジア研究が専門。長らくヘルシンキ大学アジア・アフリカ言語文化学科（現在の世界文化学科）事務官を務めた。フィンランドの初期オリエント探検者について研究している。

　ヘルシンキ大学世界文化学科のアジア・アフリカ言語文化群の一室（通称「名誉教授のサロン」）は、エキゾチックな置物や古い地図、そして本棚に並んでいる数多くの本などで飾られています。壁に掛けられている絵や写真のなかには、名誉博士であるハリー・ハレーン氏の写真も含まれています。

　ハレーン氏は、G・J・ラムステッド氏の日本および日本語との関わりについて語るためにかつての職場に戻ってきました。学科の歴史を語る彼の言葉には、「お調子者」、「冒険者」、「熱狂者」、「オリジナ

名誉教授のサロン

リスト」などといったものがしばしば出てきます。さらに、彼の言葉の端々には、時間に忘れられた下書き、書物の宝となる書類、まだ研究されていない遺文や中断したままの出版プロジェクトに関するもの、そして政治的な紛争などへの言及が現れています。

　フィンランドにおけるアジア研究の先駆者達の一人が、アルタイ言語学の権威であり、現代的なモンゴル学の創設者でもあったG・J・ラムステッド氏なのです。彼の業績を語る『Biliktu Bakshi: The Knowledgeable Teacher（学識深き教師）』（ラムステッド氏の第一学術探検調査から100周年となる1998年に出版された）を執筆した中央アジアが専門であるハレーン氏も、ラムステッド氏の研究を引き継ぐ一人と言えます。

　自叙伝である『七回の東方旅行（Seitsemän retkeä itään）』でラムステッド氏は、「子供の頃から私は探究心が旺盛で、少年時代には、とりわけいろいろな言語や民族に関心が深かった」（邦訳書、7ページ）と述べています。既に1895年、日本語の教科書を手に入れていたことが知られていますが、その理由は、言語に関心をもっていたから、というものでしかありませんでした。

彼が実際に日本語と関わるようになったのは、初代駐日フィンランド公使に任命された1919年からです。任地となった東京から、中国とシャム（現・タイ王国）の公使も兼任することになりました。日本は、1919年5月23日にフィンランドを独立国家として承認しているのですが、フィンランドが常駐使節を送ったアジアで最初の国だったのです。また日本は、フィンランドにとって、ボリシェヴィキ政権(1)におけるロシア東部の発展を観察するのには都合のいい位置であるとも考えられていました。

荒巻和子訳、中央公論新社、1992年

「ラムステッド氏の出発点は、何よりも実用的なものでした」と、ハレーン氏は強調します。独立したばかりのフィンランドには、当然、経験のある外交官がいなかったため、大学の教授達が半ば無理やり外交官に任命されていました。ラムステッド氏が日本へ赴いたのも、自分の意志からではなく義理からだったのです。

　奇妙なことに、ラムステッド氏が日本に送られたのは、1898年から1912年にかけて学術調査でアジアに行っていたというのが理由だったのですが、その調査旅行は、実は中央アジア、すなわちモンゴル、東トルキスタン、アフガニスタンの極地を対象にして行われたもので日本には行っていなかったのです。

　ラムステッド氏が関心をもっていたのは主にモンゴル諸語やテュルク諸語であって、1917年からヘルシンキ大学のアルタイ言語学教授を

---

(1) ウラジーミル・レーニンが率いるロシア社会民主労働党の左派の一派。1917年の十月革命から、ソビエト連邦が1922年に成立するまでのロシアを指す。

坂井玲子訳、日本フィンランド協会、1987年

務めていた彼にとっては、突然の日本への赴任はあまり魅力的なものではなかったでしょう。

様々な経緯を経てラムステッド氏はロンドン経由で日本へと向かったのですが、日本に到着したのは1920年2月のことです。船中で、早速日本語の学習を始め、「ロンドンで購入した何冊かの書籍を参考に、船で過ごした時間のほとんどは日本語を身に着けるのに使った」と、日本への赴任をテーマにした自伝『フィンランド初代公使滞日見聞録（Lähettiläänä Nipponissa）』で語っています。

同じ船に乗っていた日本人の乗客達にもいろいろと日本語について教わるところがあったのですが、日本人のある男爵に、「日本語は外国人にとって難しすぎる」と言われたようです。この男爵は、同行していたラムステッド氏の娘と「あなたのお父さんは1か月以内に勉強を諦める」という賭けをしたのですが、のちに「負け」を認めることになってしまいました。

「ラムステッド氏は、根っからの言語学者でした」と、ハレーン氏は強調しています。ラムステッド氏の言語能力を発達させた要因の一つとして、彼自身が二つの言語を用いる生活環境にあったことが挙げられます。彼が生まれ育った所は、フィンランドでもスウェーデン語地域に属するエケネースで、学校教育を受けたトゥルクは多言語空間と言ってもいいほどのにぎやかな港町でした。世界各地から来る船員と出会うことで、言語に関する知識も深めることができたのです。

「フィールドワークを必要とする言語学者は、幼い頃から多言語に触れていないと様々な母音の違いを聞き取れるようにはなれません」と言うハレーン氏は、ラムステッド氏と同時代を生きた著名人であるカール・グスタフ・エミール・マンネルヘイム氏も豊かな言語力をもっていたことを紹介してくれました。もともと牧師を目指していたラムステッド氏は、大学でヘブライ語、ギリシャ語、ラテン語の勉強を始めましたが、やがてサンスクリット語、フィン・ウゴル語族言語、そしてアルタイ語に関心を移していきました。

　日本語をあっという間に身に着けたラムステッド氏は、日本に着任後、通訳を必要としなかったこともあって、外交官のなかでも例外的な存在として目立っていたようです。

　「ラムステッド氏は、日本語能力のおかげで様々な催しにも招待されて、外交上、有利なことが多かったのです。他の外交官に嫉妬もされました」と言うハレーン氏の顔には、笑みがこぼれていました。日本語能力のおかげで、より親しい関係を日本人と築くことができたわけです。

---

(2)　伊集院彦吉（1864～1924）イタリア大使・外務省情報部長を務めたのち外務大臣。この男爵についてラムステッドは、「航海中に結ばれた知人関係は、後日、非常に近密な友情に深まって、私は外務省に所用で出向くときには、いつも、先ず伊集院男爵を訪ねた」（『フィンランド初代公使滞日見聞録』96ページ）と述べている。

(3)　(Ekenäs) ヘルシンキから西に90kmに位置する町。バルト海に面し、夏は観光客で賑わう。人口約15,000人で、81％がスウェーデン語系、17％がフィンランド語系。2009年、合併によりラーセポリ市（Raasepori）の一部となった。

(4)　(Turku) フィンランド南西部に位置し、国内で最初の都市とされる。1809年にフィンランドがロシア帝国下のフィンランド大公国となると、トゥルクはその首都となった。1812年に首都はヘルシンキに移された。

(5)　(C.G.Mannerheim,1867～1951) ロシア支配下のフィンランド大公国で貴族の家系に生まれた。士官としてロシア帝国軍に入隊し、日露戦争などの実績で将軍。第2次世界大戦勃発後の対ソ連戦争では、最高司令官としてフィンランドの防衛にあたり、1944年から1946年にかけて第6代大統領として旧ソ連との講和を成し遂げ、フィンランドの独立を保った。フィンランドで最も敬愛される人物の一人となっている。

「ラムステッド氏は、まるで家族の一員のように受け入れられていました」

自叙伝では、ラムステッド氏が「日本語ができる公使」として天皇陛下に謁見した際、皇后陛下と言葉を交わしたエピソードが描かれています。

皇后陛下が「日本語は難しくありませんか？」と問いかけたのですが、それに対してラムステッド氏は、率直に「ほんとうは日本語は、学ぶには非常に容易であります。世界でもやさしい部類に入りますが、それを書くこと、一般に書く技術が考え得るかぎり最も難しいものの一つです」（前掲書、136ページ）と答えたようです。

さらに続けて、「私の考えでは、日本語の正しい書法は現在使われている形では自由な書き方であり、多くの点でほんとうの正しい書法は不可能です」（前掲書、137ページ）と言ったのですが、この大胆な発言も、フィンランドと日本との外交関係に悪影響をもたらさなかったようです。それどころか、ラムステッド氏は皇后陛下に気に入られたということです。

ラムステッド氏の日本語能力のおかげで、1921年にフィンランドとスウェーデンが対立したオーランド諸島をめぐる紛争の時に日本を味方につけることができたのですが、先にも述べたように、もともと彼は外交畑の人間ではありませんでした。ボリシェヴィキ政権の極東での動きの報告を期待していたフィンランド外務省も、ラムステッド氏からの報告には不満をもっていたのです。

「フィンランドのことを知らせるためや、国を代表するための活動は、実際には文化面にとどまった」（前掲書、129ページ）と、ラムステッド氏は自叙伝において残念そうに思い出しています。

しかしながら、文化交流においてはラムステッド氏に並ぶ者はほか

にいませんでした。エスペランティストでもあった彼は、日本のエスペラントティスト達とも親交を深め、日本全国から講演会に招かれてフィンランドを紹介しています。社交的な性格の持ち主で、「国民の啓蒙」という思想に惹かれていた彼は、喜んで講演会に出掛けていったのです。

　ラムステッド氏が日本で知り合った人物のなかには、詩人として、童話作家としてよく知られていた岩手県生まれの宮沢賢治（1896～1933）もいます。彼は農業改革についての講演で聴衆を怒らせてしまったことがあるのですが、その際、一人残って講演を終わりまで聞いていた宮沢賢治と友人になり、のちに宮沢からサイン入りの本を贈呈されています。

　この本は、ラムステッド氏の死後、ヘルシンキ大学の「Japonica文庫」に寄贈され、宮沢研究者がわざわざ日本から見に来たほどです。ある研究者が『銀河鉄道の夜』を生き生きと暗唱した様子が、今でもハレーン氏の印象に残っているようです。

　優れた学問的な業績をもっていたラムステッド氏には、東京帝国大学（現・東京大学）で講義を行う機会もありました。その講義の内容は、彼が研究していたフィン・ウゴル語民族やアルタイ比較言語学などについてでした。フィンランドの民族文学、特に民族叙事詩『カレワラ（Kalevala）』[6]をテーマにした講義を聴いた学生のなかに森本覚丹[7]がいました。『カレワラ』に興味をもった森本は、のちに初めて日本語に翻訳しています。1937年に出版された森

Japonica文庫の一部分

朝鮮語の先生リュ・チンゴル氏と記念撮影

本による日本語訳（日本書荘より刊行）は、歴史上最初の全訳となったものです。

また、伝承の再話や俗語の研究も行っていたラムステッド氏の「日本語の方言も研究すべきだ」という発言は、民俗学や日本民間伝承研究の権威であった柳田國男(8)が自らの学生を方言採集に行かせる一つのきっかけになったと考えられます。

　外交官を務めながら、ラムステッド氏は研究に力を注ぎました。まず、日本語の起源に関心を抱くようになった彼は朝鮮語を学びました。その後、彼は朝鮮語研究の開拓者ともなり、1939年に朝鮮語の文法集、そして1949年には語源集を作成しています。朝鮮戦争が始まった1950年、ラムステッド氏の著作以外に英語で書かれた朝鮮語の教材がなかったため、出版元であるフィンランドの「フィン・ウゴル協会」(9)からアメリカ軍は、文法集を全部購入したと言われています。

　フィンランドに帰国後ラムステッド氏は、1938年の春学期、ヘルシンキ大学で歴史上最初の日本語の初級コースを開講しました。当時、ヘルシンキ大学に日本研究所を開設する話も出ていましたが、その背景には、教師派遣や図書寄贈を通じて欧州での日本に関する知識や肯定的な姿勢を高めたいという日本政府の政治的なもくろみがあったのです。このため彼は、困難な立場に陥ることになってしまいました。ラムステッド氏は、ヘルシンキ大学に朝鮮人の教師を招いて、日本語だけでなく朝鮮語も学生達に教え、自らも朝鮮語も学びたいと考えていたからです。

ヘルシンキ大学世界文化学科キャンパス入り口

　結局、この朝鮮人の教師は日本当局によって承認されず、フィンランドに来ることにはなりませんでしたが、その代わりにドイツで学んでいた桑木務という教師が派遣されてきました。桑木は1941年にフィンランドに到着し、当時の政治的情勢に沿って「日本史の底流」といった講演をヘルシンキ大学で行って一問着(ひともんちゃく)を起こしています。アジア諸言語の単一起源を論じてきたラムステッド氏の理論は、図らずも

---

(6) フィンランドの民族叙事詩。エリアス・リョンロート (Elias Lönnrot, 1802～1884) がフィンランド東北部地域に伝わる民間伝承を採集し、物語として編纂した。1849年の『カレワラ』出版は、ロシア支配下にあったフィンランド人の民族意識を刺激し、音楽や絵画にも影響を与え、1917年に独立を達成する原動力の一つとなった。
(7) (1896～1996) 山口県出身。早稲田大学でトルストイ・チェホフなどを研究。シベリウスの曲に感銘を受け、その源泉が『カレワラ』にあると知り、約8年をかけて翻訳。現在、講談社学術文庫にその上下巻が収められている。
(8) (1875～1962) 日本民俗学の祖とされる。日本列島各地を調査旅行し、民俗採集の重要性と方法を示した。主な著作に『遠野物語』、『蝸牛考』などがある。
(9) (Suomalais-Ugrilainen Seura) 1883年設立。会員数は約800人。ウゴル語・アルタイ諸語、およびそれらの言語を話す人々の文化や歴史の研究・出版活動を行っている。
(10) (1913～2000) 九州帝国大学卒業。哲学者。1939年ドイツに留学、マルティン・ハイデッガーに学ぶ。1941年、ヘルシンキ大学の日本学講座客員教授となり、1944年に日本帰国。戦後は、共立女子大学教授、中央大学教授を務めた。

日本の世界戦略を擁護する根拠を提供することになってしまったのです。

「ラムステッド氏は、政治に関してはどちらかというと無知な人で、人間の善性を信じていました」と、ハレーン氏は言っています。

　第2次世界大戦中、ドイツとの間にラップランド戦争が発生し（1944〜1945年）、フィンランドはドイツの同盟国であった日本との外交関係を断たなければならなくなりました。したがって、日本大使館とヘルシンキ大学の日本研究所も閉鎖され、研究室の蔵書は本棚ごと競売にかけられることになったのですが、司書を務めていたアールネ・ムストネン（Aarne Mustonen）氏がそのすべてを手に入れ、のちにヘルシンキ大学の「Japonica 文庫」に寄贈しています。

　桑木氏も帰国することになったわけですが、日本語教育はマルタ・ケラブオリ氏[11]に引き継がれ、彼女の自宅で続けられることになりました。

　ケラブオリ氏の遺文は、今でも世界文化学科で保存されています。そのなかには、日本のプロパガンダ写真や、彼女が著した『私はどうやって日本語の専門家となったか（Miten minusta tuli japanin harrastaja)』という本も含まれています。「遺文をここに引き取っていなかったら、おそらくゴミ処分場に運ばれていたでしょう」と、ハレーン氏は言います。

　当時のフィンランドでは、ケラブオリ氏とラムステッド氏以外に日本語の研究者はいなかったのです。とはいえ、ラムステッド氏の研究は日本語より朝鮮語やアルタイ言語が中心となっていて、日本語については2本の論文を執筆したのみなのです。それでも、フィンランドと日本の間にはつながりがあり、互いに関する関心が豊富にあったようです。ちなみに、ラムステッド氏も自叙伝で、フィンランドの作曲

家やスポーツ選手のことが日本でよく知られていることを指摘しています。

　また、フィンランドでは日露戦争の時からずっと日本に対する関心が高く、日本文化に傾倒している人のなかには、武士道に興味を抱いていた画家として有名なベンニ・ソルダン（Venny　Soldan,1863～1945）氏が、そしてその息子で仏教についての著作があり、作家で翻訳家のアンッティ・J・アホ（Antti J. Aho,1900～1960）氏などがいました。また、宣教師も古くから派遣地の言葉を身に着けようと努力していた人がいるようで、世界文化学科の現在の教授のなかにも、日本に派遣された宣教師を祖先にもつ人がいるぐらいです。

　1970年代、日本語の授業がヘルシンキ大学で改めて始まり、最初は日本から派遣されてきた講師が日本語を教えていました。「派遣講師はみな、日本語教員として教育を受けた、とても優秀な先生達でした」とハレーン氏は、温かい眼差しで当時のことを思い出したように話してくれました。もちろん、事務官を務めていた頃も、ハレーン氏はずっとその授業に力を注いでいたようです。

「日本語講師の席が設けられたのは、この学科にとって本当に幸運なことでした。それまでは、いつこのコースが終わるかという恐れがずっとあったからです。講師を派遣していた国際交流基金には、派遣先の機関が、10年の間に講師の席を設けるであろうという期待があった

⑾　（Marta Keravuori, 1988～1976）桑木務のもとで日本語を学んだ。日本の昔話や短歌をフィンランド語に翻訳している。著書に『Nipponin satusetä kertoo : valikoima japanilaisia satuja（日本の物語り：日本の昔話集）』(1952)、『Kirsikankukka：Japanin klassillisten runojen suomennoksia（さくら：日本の古典和歌のフィンランド語訳）』(1958)など。

⑿　ソルダンは、フィンランド最初の職業作家と言われるユハニ・アホ（Juhani Aho, 1861～1921）と結婚している。アホは、写実的な描写で、近代化するフィンランドを描いたことで知られている。

のです」と、ハレーン氏は事務官の立場に戻ったがごとく述べてくれました。
「日本語は、経済界において重要で大きな言語だと思います」と言うハレーン氏は、主専攻の学生達に実用的な言語学習をすすめており、「東洋学は、そこから始まってそこに終わるのです」と言っています。
「ラムステッド氏の出発点は、何よりも実用的なものでした」と、ハレーン氏は繰り返し述べ、今の状況を自身の学生時代と比べています。当時の言語学習は、実用より理論に比重を置いたものでしたが、実用的な語学研修ができるようになったのは1970年代になってからのことです。
「世界は未知の可能性を秘めた場であり、言葉によって多くの人々と近しい関係をつくることができるのです」

今でもハレーン氏の身近には日本語があります。「孫は、学校で選択科目として日本語を勉強しています」と言い、娘さんもかつて学生時代には言語を専攻していたとも言っている彼は、次のような言葉でインタビューを締めくくってくれました。
「この分野ではご飯は食べていけない、といつも言っていたのに、やはり言語に関する興味は受け継がれるようです」

9 狭い趣味のサークルから フィンランド全土へ

インタビュー・原文執筆：ハンナ・パルナ（Hanna Pärnä）
翻訳：カティ・マンテュサルミ（Kati Mäntysalmi）

ピルヨ＝リーッタ・クーシッコ
（**Pirjo-Riitta Kuusikko**）
1941年生まれ。1981年から2008年まで数多くの教育機関で日本語講師を務めた。フィンランド・日本語日本文化教師の会[1]設立時から2009年まで書記を務めた。『Japanin kirjallisuus suomen kielellä（フィンランド語による日本文学）』などを執筆。

「時々、新しく知り合った人に日本での経験の話をすると、『なるほど、だから何か日本っぽいところがあるのですね』と言われることがあります」と言って、日本文化・日本語教師を長年にわたって務めてきたピルヨ＝リーッタ・クーシッコ氏は笑いました。
「日本からどういうことを取り入れたのかについて自分で意識しているわけでもないのですが、私はある意味で、日本と結婚しているのかもしれません」
彼女が初めて日本に滞在するきっかけとなったのは、1972年のご主人の転勤でした。
「最初は、何とか生活できるくらいの日本語能力を身に着ければ十分

---

[1] （Japanin kielen ja kulttuurin opettajain yhdistys：JOY）フィンランドにおける日本語・日本文化教育の推進、教師たちの技能向上、この分野での国際交流を目的として1993年にヘルシンキで設立された。

だと思っていました。あまりにも難しいから、身を入れて勉強してもどうせ無駄だろうと思っていたのです。結局、私達の日本滞在は6年ほどになったのですが、実は1年目にはもう、私のやりたいことが日本語なんだということがはっきりしました。そして、日本語を通して、日本の文学や広い意味で日本の文化に夢中になってしまったのです」

　彼女は、日本に滞在していた後半、様々な日本語学校で日本語の勉強に専念したと言います。そして、その過程において重要だったのは、実際に日本で暮らさないと身に着かない実践的な知識だったとも言いました。特に、漢字の勉強に関しては、日本での暮らしが最も理想的な環境であったようです。

「どこを見ても漢字だらけ！　自分の漢字力が伸びるにつれて身の周りにあることがより深く理解できるようになっていくことは、とても素晴らしい経験でした」

　1970年代の日本は、フィンランドと比べるとまるで別世界でした。特に違っていたのは生活のリズムだったようです。

「日本に行った時は冬だったのですが、夏になるときっと、天気だけでなく生活のリズムものんびりとしたものに変わるだろうとその時は思っていたのですが、あいにくと違っていましたね。変化なんて、どこにも見えませんでした。冬も、暑い夏も、同じようにせわしない感じがしました」

　のちに、知人の日本人に、「フィンランド人はなぜ夏に休みをとるのか」、「フィンランドでは、冬より夏のほうが仕事しやすいだろうに」と不思議がられたこともあったようです。しかし、文化の違いは違いとして、共通点も多々あるというのが彼女の意見です。

「本質的な共通点をいくつか挙げると、自然観。そして、人間との関わり合いにおいてのある種の穏やかさや遠慮深さという点が共通して

いると思いますね」

　フィンランドに帰国してからクーシッコ氏は、まずフィンランドにおける日本研究の状況を把握したいと考えました。
「ヘルシンキ大学に行ってみると、アジア・アフリカ言語文化学科事務官のハリー・ハレーン氏（65ページ参照）がいろいろと教えてくれました。そして、何となくヘルシンキ大学では日本文化史の授業を実施する必要があるという話になって、彼が誰かいい人を知らないかと聞いてきたのです。当時すでに、日本語の授業はある程度実施されていました。私は少し考えて、『私がやってもいいですよ』と言ったのですが、『それじゃ、お願いします』となってしまって、そこから始まったのです。1981年の文化史の授業からです。その時は人数が少なくて、学生の興味の対象は明らかに古典文化にありました」
　彼女の仕事部屋は、今でもぎっしりと積まれた本棚に囲まれています。かつて使っていた教材もなかなか捨てられないようで、資料を集めたと思われるフォルダーの背表紙には、「茶道」をはじめ「演劇」や「女性の社会的役割」といった文字が書かれてあります。「何かを確認したいとか、時々必要になることもありますから」と言う彼女の顔は、なつかしそうでもありました。
　クーシッコ氏が教え始めた当時は、日本に関する誤解や先入観がまだ多かったようで、それを訂正するのが、日本での滞在経験のある彼女にとって一種の使命になりました。それが理由で、彼女は数多くの新聞記事などを執筆することになり、それらは〈ヘルシンギン・サノマット新聞（Helsingin Sanomat）〉や文芸雑誌〈Parnasso〉などに掲載されています。そして、勉強を続けるためでしょう、彼女自身もヘルシンキ大学やストックホルム大学が当時開講していた日本語コースを

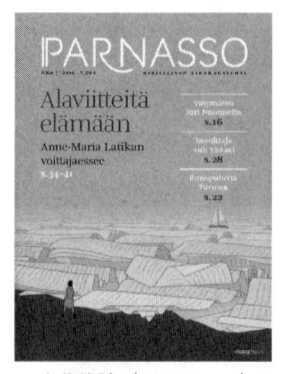

文芸雑誌〈パルナッソ〉

修了しています。
「初めて日本語を教えたのは、ケラバにある労働者教育センターでした。そこから徐々に広がっていって……」と、クーシッコ氏は当時を振り返りながら、次のように言ってくれました。
「私はずっとフリーランサーや非常勤講師の仕事をしてきて、どこかの専任になったことは一度もないのですが、仕事はいつも目いっぱい入っていました。キャリアの頂点となったのは、やはりヘルシンキ大学で日本研究の代理教授を務めていた頃でしょう。教授の席は1993年に設けられましたが、適任者がすぐに見つからなかったので私が頼まれて、結局、２年間教授を務めることになりました。忙しかったけれど、とてもやりがいのある２年間でした。1995年にはライン・ラウド先生が教授に選ばれたので、それ以後はヘルシンキ大学のほかに、ヘルシンキ商科大学や語学センターなどで非常勤講師として日本語を教え続けてきました」

長らく日本語を教えてきたクーシッコ氏ですが、自分の学生が日本の専門家として就職することを見守ることもできたと言います。そんな彼女の経歴は、フィンランドにおける日本語教育の歴史につながっています。

ヘルシンキ大学において日本語教育が始まったのは、初代駐日公使を務め、言語学者としても著名であったラムステッド氏（65ページ参照）がフィンランド史上最初の日本語初級コースを開始した1937年〜1938年でした。ラムステッド氏の時代には日本研究所もヘルシンキ大学に開設され、ドイツで勉強していた桑木務氏が1941年に客員教授と

して招かれています（73ページの注を参照）。

　桑木氏は、1943年に日本語の初級コースを開始していますが、その翌年にフィンランドとドイツの間で戦争が勃発し、そのコースは中止せざるを得ませんでした。ところが、桑木氏の学生のなかで最も優秀だったマルタ・ケラブオリ（75ページの注を参照）という学生が、自宅において自分で用意した教材を使ってコースを続けたのです。

　「その後、ケラブオリ氏は、詩や童話を直接日本語からフィンランド語に訳し、日本の勲章までもらったのです」とクーシッコ氏は、自ら著したフィンランドにおける日本文学の翻訳の歴史をまとめた論文を引用して語ってくれました。

　ケラブオリ氏のコースのあと日本語教育が再開されるまでに20年ほどの時間がかかりましたが、まず1960年代の半ばに小泉保[4]という客員研究員が日本語を教え始め、そして1970年から恒常的な形をとるようになったようです。

　ヘルシンキ大学においての日本語教育は、担当講師の席が設けられた1997年まで、非常勤講師によって行われてきました。1980年以降、日本語教育が日本の外務省の下にある国際交流基金からの派遣講師によって実施されましたが、その派遣講師も6人を数え、状況が安定するまでにかなりの変動があったとのことです。

　「1993年には植村友香子講師（監訳者）が日本語を教え始め、1996年からは彼女とともにフィンランド人教師も文法の授業を担当するように

---

(2)　(Kerava) ヘルシンキから北に30kmの所に位置する。人口は約35,000人。
(3)　(Rein Raud) レニングラード大学卒業。ヘルシンキ大学で博士号取得。ヘルシンキ大学世界文化学科教授（日本学）。エストニア出身。
(4)　(1926〜2009) 東京大学文学部卒業。言語学者。ウラル語圏が専門。フィンランド語を研究し、叙事詩『カレワラ』を完訳した。日本言語学会会長、日本音声学会会長を務めた。

なりました。私も、その仕事を1996年から2004年までしていました」
　当時使われていた日本語の教科書は、何の説明も翻訳も、単語の索引さえまったくないものであったようです。
「学生は、予告なしに、いきなり日本語で書いてあるテキストを読ませられることになります。そのため、私は文法や語彙の説明を含め、様々な教材を自ら用意しました。やはり、それがないと勉強することがかなり難しかったのです。これらの教材は、今でも多くの学校で使われているそうです」
　日本語の授業では、日本語と結び付いた文化的な要素も導入しやすいと言います。
「教科書に新しい文型が出てくる場合、それに関連する文化的な要素も含まれています。それを、文法とともに詳細に説明するといいと思います」

　1980年代になってから、日本語教育はヘルシンキ大学以外の大学でも実施されるようになりました。例えば、1983年にはトゥルク大学、ヘルシンキ工科大学、そしてヘルシンキ商科大学が日本語教育を開始しています。ヘルシンキ工科大学が1987年、すなわちヘルシンキ大学より10年ほど前に日本語講師の席を設けたということが、クーシッコ氏が作成した「日本語・日本文化教師の会史」で指摘されています。
　現在、日本語は、フィンランド全土にわたって国民教育センターをはじめとして労働者教育センター（コラム②参照）や応用科学大学（37ページの注を参照）といった様々な教育機関で勉強することができます。しかし、この成人教育の問題点となるのは、初級コースは豊富に実施されているものの、そのレベルを超える中級、上級コースがほとんどないという点です。日本語教育の推進には予算の問題が妨げ

となっているようです。

フィンランド人の日本語に対する考え方は、歳月を経て大きな変化を見せてきました。

「私がフィンランドに帰国したばかりの1970年代、1980年代は、日本はまだ何かとてもエキゾチックなものとして捉えられていました。しかし、フィンランド航空が1983年に日本への直行便を開設してからは日本が親しく感じられるようになり、エキゾチックさも薄れてきました。当時、私も空港で日本便の案内係を務めていたことがあるので、その頃のことはよく覚えています。といっても、1970年代末、1980年代初頭、お客様のためにお寿司を用意したりすると不思議がられることが多かったですね。フィンランドのどこでもお寿司を気軽に持ち帰ることができる日が来るとはね……」

町中の看板

彼女は、日本路線を重視したフィンランド航空のことのほか、フィンランド公共放送局の「YLE」が1992年に放映した日本語講座番組の『どうぞ（Dōzo）』や、2004年、ヘルシンキに茶室の「徳有庵」が設立されたことを話してくれました。アニメとマンガの人気も、日本語への関心が爆発的に高まった原因の一つになるだろう、また教育の分野においては、2005年から日本語能力試験がフィンランドで実施されるようになったことをとても喜んでいます。

日本語日本文化教師の会（JOY）が主催する「日本語による弁論大会」も毎年開催されていて、一種のイベントとなっています。とはい

---

(5) 2004年、スオメンリンナ（ヘルシンキから船で15分の所に位置する六つの島々からなる海防要塞。世界遺産に指定されている）に建造された数寄屋造りの茶室。

え、フィンランドの弁論大会は、他国と違ってコンテストの形をとっていません。

「日本語による弁論大会は、学生にとっても一つの目標になると思います。スピーチの準備をすることで新しく学ぶことも多くありますね。JOYの元会長である大倉純一郎先生がよくおっしゃっていたことですが、フィンランド人にはこのやり方が向いているようです」

日本語による弁論大会も能力試験も、JOYを中心として大使館と共同で開催されています。JOYが設立された1993年、すでに日本語教育は全国に普及し始めており、クーシッコ氏は会の書記を設立時から2009年まで務めていました。

会の設立目的は、当時はまだバラバラの状態だったフィンランドの日本語教育界で教師が連絡を取り合い、協力し合う場をつくることでした。会則には、会員の専門的知識を深めること、海外における日本語教育の現状を把握すること、フィンランドの日本語・日本文化教育の振興を図ることがうたわれています。

国際交流基金の後援で行われた会員のためのセミナーも、その活動の一つです。フィンランドでは正式な日本語教師の教員養成が実施されていないため、セミナーを開催する必要があったのです。国際交流においては、2000年にフィンランドで開催された「ヨーロッパ日本語教師会のシンポジウム」などがあります。また、フィンランドの様々な日本関連の協会と共同で各種のイベントに参加することで、JOYも日本語・日本文化に関する知識を高めるよう努力しています。

フィンランドにおいて日本語はどのような役割を担っているかという質問に、クーシッコ氏は「日本語は現在、仕事で使うことも含めて、フィンランド人にとって特別な言葉ではなくなってきている」と答えてくれました。

「日本語は、本当の意味でよくできないとあまり役に立たないものですが、言語能力は常に伸びていくものだと私は思っています。この前、〈ヘルシンギン・サノマット新聞〉でヘルシンキの公園にいる人がどんなものを読んでいるかについての記事が掲載されていたのですが、それによると、一人の青年が日本語で小説を読んでいたんですよ。原文を読んでいたのに、別に不思議な出来事としては扱われなかったんです。これにはびっくりしました」

経験豊富な教師としての観点から彼女は、フィンランドの学生は真面目で、真剣に勉強していると言います。
「母語がフィンランド語ということも、有利に働いているのではないでしょうか。ここの学生は発音もかなり正確だし、英語を母語としている人に比べれば、日本語の世界にも入りやすいかもしれません」

最近のトレンドとしては、インターネット上での学習コースの増加傾向が見られるということです。
「完全に教室での授業に取って代わることはないと思いますが、授業と平行してインターネットを利用すると効果も上がると思います。例えば、漢字の勉強については、授業であまり時間をとる余裕がありませんから」

また、彼女にとっては、子ども達に教えることもやりがいの一つとなっていたようです。当時を振り返り、「1990年代初頭、ヘルシンキのフランス学園で日本語クラブをやっていました。生徒もみんなやる気満々でとても楽しかったです。折り紙をやってみたり、ひらがなを書いて日本語のフレーズを覚えたりと、生徒達も楽しそうでした」と

───────────────
(6) (1948〜) アールト大学日本語講師。フィンランド語からの訳書に『スオミの詩：フィンランド現代詩選集』(花神社)、『ゴンドワナの子どもたち・自分をさがす旅の話』(岩崎書店) がある。

笑みを浮かべて話す彼女は、「初等教育で正規の科目として日本語が教えられるようになるのはまだまだ先の話でしょうが、できるだけ早い段階で勉強を始めることが望ましい」と未来を見据えていました。

クーシッコ氏は、2001年以降、新しい日本語・フィンランド語辞書の編纂プロジェクトにも関わっています。この辞書には30,000語が収録され、これまでにフィンランドで出版されたどの辞書よりも広い分野が網羅されていて、単語の意味が詳しく説明されているところが特徴ということです。

フィンランドでも日本語の教材が簡単に手に入るようになったことを、彼女はとてもうれしく思っています。特に、インターネットのおかげで、以前と比べればまったく新しい教材を利用することが可能になっていると言います。そして、特にうれしいことの一つとして、JOYのメンバーであり、ベテランの日本語教師でもあるピア・マティライネン（Pia Matilainen）氏と芹田ヴィルピ（Virpi Serita）氏によって著された日本語の教科書『道』（Otava出版社、2010年、41ページの写真参照）を挙げてくれました。

「『道』は、高校、労働者教育センターや国民教育センターを対象とする初級レベルの教科書で、独学用としても十分に使えます」

インタビューの最後にクーシッコ氏は、「日本語はもともととても狭いサークルの趣味でしかなかったのですが、それからするとずいぶん広がりました。もちろん、専門性もより高くなっています」と、フィンランドにおける日本研究は大きく変わったという現在の状況を述べたあと、ベテラン教師として、今の学生に対して次のようなアドバイスを送ってくれました。

「とにかく、手段を選ばずに日本に行ってみてください。行けば、日本語もまったく違ったように見えてきますよ」

10 アジアの諸言語を
フィンランドの学校にも

インタビュー:オウティ・スメードルンド、植村友香子
原文執筆:オウティ・スメードルンド
翻訳:カティ・マンテュサルミ

アンナ゠カイサ・ムスタパルタ
(**Anna-Kaisa Mustaparta**)
カレヴィ・ポホヤラ
(**Kalevi Pohjala**)
　教育参事官。ともにフィンランド教育庁(Opetushallitus)の外国語教育専門官。ポホヤラ氏は2011年に退職。教育庁は、就学前教育・基礎教育、高校教育、職業教育、成人教育、自由啓蒙教育をすべて管轄している。

アンナ゠カイサ・ムスタパルタ　　カレヴィ・ポホヤラ

「エスポーのクニンカーンティエ高校(Kuninkaantien lukio)[1]、ヘルシンキのレッス高校(Ressun lukio)、イタケスクス高校(Itäkeskuksen lukio)、エイラ成人高校(Eiran aikuislukio)」と、フィンランドで日本語教育を実施している高校をアンナ゠カイサ・ムスタパルタ氏が挙げてくれました。

「やっぱり、かなり限られていますね。授業数も少ないですし、あっても一つか二つのコースぐらいですね」

彼女とカレヴィ・ポホヤラ氏は、ともにフィンランド教育庁におい

---

[1] (Espoo) 人口約244,900人。ヘルシンキの西に位置し、ヴァンター(Vantaa)、カウニアイネン(Kauniainen)とともにヘルシンキ首都圏を形成している。

教育庁

て外国語教育専門官を務めています。二人とも教員として外国語を教えた経歴があり、ポホヤラ氏は英語とスウェーデン語、ムスタパルタ氏はロシア語、英語、そして外国語としてのフィンランド語を教えていました。ポホヤラ氏は大学入学資格試験委員会の外国語委員会の委員長を務めているほか、外国語の国家試験にも関わっています。一方、ムスタパルタ氏のほうは、教育庁が現在実施している外国語教育改革プロジェクトを担当しています。

「我々基礎教育課では、現在、外国語教育改革のための『Kielitivoli（キエリティヴォリ）（言葉のカーニバル）』という大きなプロジェクトを実施しています。このプロジェクトの目的は、英語以外の外国語教育を推進することです」と語る彼女ですが、同じようなプロジェクトが以前にも実施されたことがあり、その一つは、ポホヤラ氏が1990年代の後半に担当し、数年にわたって実施された『Kimmoke（キンモケ）（きっかけ）』というプロジェクトでした。

「状況は、あまり望ましくありません。ここ10年以上の間に、英語以外の外国語を学習する人がかなり減少してしまいました。実のところ、

この減少傾向は『Kimmoke』の終了後に始まったのですが、なかなか改善の兆しが見みられないようです」と、ムスタパルタ氏が現状に憂慮していることを述べると、ポホヤラ氏が次のように言葉を続けました。
「2002年から2004年にかけて、様々なことを試みてはみたのですが……」
　減少傾向に歯止めをかけるための対策として、教育庁はより多様な外国語教育の振興プロジェクトを開始し、70の自治体が参加したのですが、「その後、英語以外の外国語学習者がまた減り始めたのです」と、彼は残念そうでした。
　『Kielitivoli』には、創造力を活かして楽しく外国語を勉強するコンテストや、動物のキャラクターが登場して、フランス語、ドイツ語、スペイン語、ロシア語を使ってゲームをしたりするというカラフルなウェブサイトなどがあります。その他、フィンランドで多くの子ども達が使用しているチャットサイトの「HABBOHOTEL（ハッボホテル）」にも、四つの外国語室が設けられています。
　プロジェクトは政府主導のもとに始まったのですが、それまでのプロジェクトとの大きな違いは自治体に交付された補助金の額で、一番大きな自治体には10万ユーロを超える補助金が出ています。
　インタビューが行われた2010年５月は、ちょうど来年度の補助金の申請が締め切られる時でした。すでに申請書が100通近く送られてきており、そのなかには、今回日本語についての計画を立てている自治体もいくつかあると言います。中国語の申請は以前からあり、今回も日本語より多かったということです。
「日本語の授業もぜひ立ち上げてほしいですね」とポホヤラ氏は言い、「せめて、高校レベルで日本語が教えられるようになるといいです

ね」と言葉を続けました。これを受けて、ムスタパルタ氏が次のように説明してくれました。「このようなプロジェクトが高校レベルでもあれば大変いいと思うのですが……。『Kielitivoli』の申請ができるのは、義務教育に限るというのが教育文化省の方針なんです。つまり、高校は含まれていないというわけです」

　二人によると、教育庁を通して行われる政府補助金の交付においては、フィンランド教育文化省が主管している「アジア関連行動計画」(2)は考慮されていないそうです。「アジア関連行動計画は、主として高等教育を対象にしているので、その影響もあるかと思いますが」と、ポホヤラ氏は推測しています。

「しかし、私の印象では、アジアの諸言語に堪能な人材が必要だという声が様々な方面から挙がっています。アジア諸言語は、これまでかなり弱い立場にあったのですが、中国語だけは、その必要性が取り上げられるようになってきています」とムスタパルタ氏は言いますが、その背景には、中国と経済交流を行ううえにおいては英語だけでは無理であろうという考えがあるようです。それに対して、日本人の英語力は信頼されているようです。

「とはいえ、日本語も学校教育において推進すべき言語の一つとして取り上げられていますよ」とムスタパルタ氏が言うと、「日本語だけではなくて、中国語もアラビア語もそうだし、インドも無視するわけにはいきません」と、ポホヤラ氏が言葉を重ねました。

　これらはすべて、経済の面で世界的に影響力をもつ言語です。フィンランド経済団体中央組合（EK）(3)もその点を強調しています。現在、EKは教育庁と密接に連絡を取り合い、積極的に外国語教育をめぐる議論にも参加していますが、かつてはそうでもなかったようです。

「これは、まったく新しいことです。以前のEKは、言語教育のこと

EKの入っているビル

にあまり関心を示しませんでしたから」とムスタパルタ氏が言うと、「実は1980年代、1990年代はそうでもなかったんですが、その後は確かにしばらく後退していました」とポホヤラ氏が補足してくれました。「長い間、『学校で外国語はきちんと勉強するのだし、それに英語ができれば十分だから』という考え方が一般的で、語学学習に関しては学校に任せっぱなしになっていたようです。そして今、その考えが決して正しくなかったという状況に直面しているところです」と、ムスタパルタ氏は言います。

　ヨーロッパの言語以外の外国語能力の必要性は、EUレベルでも強調されています。ポホヤラ氏は、フィンランドを代表して欧州委員会内の言語多様性計画を策定した専門家委員会に参加していました。彼によると、委員会の発足当時から2009年夏に計画が発表されるまでの

---

(2) フィンランド教育文化省が2005年から2006年にかけて策定した。アジアに関する同省の見解を統括してまとめ、同時に、フィンランドにとってのアジアの意義を分析・評価し、今後どのような形で協力関係を築いていくべきなのかを明らかにしている。

(3) （Elinkeinoelämän keskusliitto）フィンランドの諸々の産業別組合を統括する組織。27の団体が加盟し、それらに属する労働者数を合計すると約95万人に上る。

間に、EUの方針にもかなりの変化が見られたと言います。いわゆる「移民言語」とヨーロッパ以外の言語が、議論のなかで新しい観点から取り上げられるようになったということです。

　ヨーロッパ以外の地域がこのように注目を集めるようになったことについて、景気後退の影響もあるのだろうとムスタパルタ氏は考えています。

「ヨーロッパは危機感をもって日々の活動を行っています。今、経済成長で著しい伸びを見せているのはヨーロッパ以外の地域であるため、いつまでもヨーロッパ内に籠もって、そのなかでのみ売り買いをしていればいいというわけにはいかないと考えるようになりました」

　専門家委員会が行った調査によると、経済界は不十分な言語力のせいで市場を失いつつあるということが浮き彫りになったとポホヤラ氏は言います。

「ヨーロッパ以外の言語と異文化に関する認識がもっと深ければ、経済もより活発になってくるはずです」

「私が思うには、最も重要なのは異文化理解ということです。私達が当然だと思っていることが、世界で唯一正しいことだと思い込んでいてはいけないのです」と言うムスタパルタ氏は、日本語がフィンランド人に教えてくれることの可能性について次のように述べてくれました。

「物事の考え方が私達とまったく異なる国があるかもしれないのですが、それはそれで貴重なことであり、そこから学ぶこともたくさんあると思います。そして、ビジネス界において日本語を使うこともちろん大切となります。日本と貿易をするなら、少しでも日本語ができる人がいるほうがいいのです。日本語には、フィンランド語にはまったくないような、なかなか理解しきれない概念も多いと聞いています

が、単なるアルファベットだけではなくて、数え切れないくらいある漢字も読めなければなりません。私が受けた印象では、発音はフィンランド人にとってそれほど難しくなさそうですが……」

　外国語を勉強する際には、それぞれの言語にあった進歩のペースがあるとムスタパルタ氏は言います。日本語の場合は、読解能力に関しては会話能力よりも時間がかかるわけですが、それについて彼女は、「日本語の場合は、他の言語と同じことを期待してはなりません」と述べていますが、それには「基準を下げる必要があります」とポホヤラ氏も同意しています。
　ポホヤラ氏は、中国の学校がフィンランドの教育機関と積極的に提携を進めているのに対して、日本の学校との提携については耳にしたことすらないということを指摘してくれました。とはいえ、アメリカもこのような提携はほとんどしていないようです。
「一度でも、小さなグループでもいいから、パートナー校を訪れることが期待されるので、距離のこともももちろん考えておかねばなりません」とムスタパルタ氏は言っていますが、外国語教育の実施推進にあたっては、各国の在フィンランド大使館も大きな役割を担っています。
「考えてみれば、スペイン大使館が積極的に教育に取り組んでいるせいか、フィンランドにおけるスペイン語教育が今急速な進展を見せています」と、ポホヤラ氏は指摘しています。新しくスペイン語教育を開始する自治体があり、学習者も増えつつあるようです。中国も、ヘルシンキで提携先を見つけようと熱心に動いています。
「こういうことを、日本大使館も考慮してみてはいかがでしょうか」と、日本側から直接、日本語教育を実施している教育機関、例えば高校などに連絡をとることをポホヤラ氏はすすめます。こうすれば日本

への連絡口ができ、日本語もB3言語(4)として確立させることが可能になるというわけです。

　学校で授業が実施されるためには、まず生徒が興味をもつことが不可欠となります。その点について、ムスタパルタ氏は次のような意見でした。

「興味をもたせるには、事前にコネクションを築いておく必要があると思います。何か言語以外のもの、日本人に来てもらうとか、それ以外の交流とか、何か面白いものがあるといいですね」

　今まで日本語を教えていない学校で教えるようにし、そして既に日本語教育を実施している学校ではさらにそれを発展させる必要があるということです。ポホヤラ氏が言う「高校も、日本語を自校の目玉とするといいのではないでしょうか」といった傾向は、大学入学資格試験（xiページの注を参照）の試験科目となったポルトガル語のほうで既に見られます。

　ポルトガル語の試験を受ける生徒の数は非常に少なく、2010年春にフィンランド全土でわずか数十人にすぎなかったのですが、試験を実施すること自体は不可能ではありません。同じように、A言語（xvページのコラム③を参照）としてのスペイン語は、試験科目となって2010年の春で3年になり、その年の受験者数は約30人でした。

「一度門戸を開けば、入ってくる人は必ずいるはずです」と、ポホヤラ氏は強調しています。

　日本語が大学入学資格試験と一般向けの外国語国家試験に含まれるようになるのは、ある程度のレベルに達した学習者が十分な人数になってからのことです。

「日本語がまだ大学入学資格試験の科目に含まれていないのは、誰も、それを求めすらしていないからです」と、ポホヤラ氏は当試験の外国

語委員会の委員長として積極的に働きかけていく態度が重要だと言っています。

そして、外国語の国家試験もアジアの諸言語の教育をフィンランドにおいて発展させるもう一つの方法として考えられるとして、「これに関しても、日本語の試験をするべきだという声がどこからも挙がってきていません。まずは、とにかく教育を実施することが必要ですね」とポホヤラ氏は助言しています。

大学・応用科学大学（37ページの注を参照）が実施している日本語教育も重要ですが、その基盤がもし義務教育・高校においてつくられるようになったとしたら、大学の日本語教育もより高いレベルを目指すことが可能となるはずです。

二人は、フィンランドの学校に日本語教育を定着させるための方策の一つとして、日本語を専攻している学生達が、例えばスウェーデン語か英語の教員資格を合わせて取得することを提案しています。こうすれば、日本語ができる人材が学校教育の世界に進出することになり、学校も日本語教育を実施しやすくなるだろうということです。

「高校も結局のところ、教師達ができる外国語の授業を提供しているのです。それが現実なのです」と言うムスタパルタ氏は、「スペイン語教育においては、いい結果がすでに得られている」と述べています。

フィンランドの教育制度においては、労働者教育センターや国民教育センターなどをはじめとする、いわゆる自由啓蒙教育（xiiページのコラム②を参照）の場で趣味としての外国語教育が豊富に実施されています。

「少しは興味がある、少しは勉強したことがあるという人のなかから、

───────────────
⑷　高校で勉強し始める外国語のこと。

本格的に日本語を身に着けようとする人達が出るようになるのには、かなりの人数が必要ですね。先へ進む基盤は学校がつくらないと、日本語教育が国民教育センターの入門コースのレベルにとどまってしまう恐れがあります」と、ムスタパルタ氏は日本語の将来性について述べています。

「どのような言語やその国について、少なからずイメージがあります。そのイメージづくりに影響を与えてみるのもいいでしょう」ともポホヤラ氏は述べています。そして、いくつかの国のイメージにポジティブな影響を与えた具体例として、フィンランド公共放送局のYLEが作成した、イタリア・フランス・スペインでホームステイしながらそこの言葉を学ぶという外国語教育番組のシリーズを挙げ、日本語についても同じようなことをやってみるといいのではないかと提案しています。

マルティ・ツルネン氏

「何か親しく感じられるものを紹介するのがいいですね。日本の暮らしぶり、または日本らしさとはどういうことなのか、そういうことについての意識を高めることには価値があると思います」し、寿司、格闘技、相撲、マルテイ・ツルネン氏と、二人は日本についてポジティブなイメージを連想させる、宣伝力のあるものを挙げていました。

「そして、若い人が夢中になるものと言えばもちろんスポーツ

でしょう。日本のスキージャンプの選手に憧れている男の子達がいっぱいいますよ。外国語学習は、単に女の子のものではなくて、男の子のものでもあるべきではないですか」とポホヤラ氏は言っています。もちろん、アイドルも学習のモチベーションを高めることがあります。二人の考えでは、日本のことに詳しい有名人、例えば芸能人やスポーツ選手が「日本語大使」としてアピールすることも効果的な方法だろうということです。

「こういう魅力のある人が日本のことを取り上げ、少し宣伝でもしたらどうでしょうかね」とポホヤラ氏が言えば、「『日本語大使』に相応しい人というのは、若いフィンランド人で日本語を勉強したことがある人。こういう人なら、日本語学習は楽しいし、無理なことではないという証明になるのではないでしょうか。しかも、年齢的にも生徒からそんなに離れていませんし。50歳を超えた人の話には、なかなか耳を傾けてくれませんから」とムスタパルタ氏が言葉を続けてくれました。

　仕事の関係や個人旅行で日本に3回行ったことがあるムスタパルタ氏は、「日本はフィンランド人にとって少し異質な国で、大変魅力のある国に見えます」と言い、さらに「今フィンランドで流行っているのは、マンガのような日本の若者文化ですよね」と笑っていました。彼女自身、日本の独特なヴィジュアル・カルチャー、建築、年中行事、食文化などに興味をもっています。

「日本は、その独特な文化を信じられないくらいよく維持してきたと

---

(5) （Marutei Tsurunen, 1940～　）日本名：弦念丸呈、フィンランド生まれ。1968年に宣教師として来日し、1979年日本に帰化した。1992年、湯河原町議会議員選挙に出馬し当選。2002年、繰り上げ当選で参議院議員となる。現在2期目。著書に『青い目の国会議員いまだ誕生せず』、『日本人になりたい』などがある。271ページにマルティ・ツルネン氏のインタビュー記事がある。

思いますよ。私が受けた印象では、日本人は自分達の伝統を大事にしているようです。それだけに、マクドナルドなんてもうこれ以上普及しないでほしいと思いましたね。和食とは比べ物になりませんから」と、健康的で伝統の存在を強く感じさせる食文化もムスタパルタ氏は賞讃していました。

一方、ポホヤラ氏が日本に関心をもつようになったのはずいぶん前のことのようです。

「1960年代、子どもだった頃、日本人の文通相手がいて、何年も何年も手紙を書き合っていたのです」と、彼は少し懐かしそうに語ってくれました。

「言われてみれば、私もそうでした。もっとも、長くは続きませんでしたが……」と、ムスタパルタ氏も子どもの頃を思い出してインタビューを締めくくってくれました。

11 外国語教育のベテランが日本語学習に挑戦

インタビュー：オウティ・スメードルンド、植村友香子
原文執筆：オウティ・スメードルンド
翻訳：カティ・マンテュサルミ

> **セッポ・テッラ（Seppo Tella）**
> ヘルシンキ大学教授（教員養成学）。
> **アンネリ・テッラ（Anneli Tella）**
> フィンランド教育庁において高校教育担当の教育参事官を務めていた。現在は退職している。セッポは、早稲田大学の客員教授兼研究員として、妻アンネリとともに2009年の秋から半年ほど日本に滞在した。夫妻は長年外国語教育に携わってきたが、早稲田大学では日本文化・日本語を勉強する学生の立場も経験した。

　フィンランドにおいては、過去30年、外国語教育の教授法としてコミュニカティブアプローチが注目を集めています。セッポ・テッラ氏が教授を務めているヘルシンキ大学教員養成学科では、この教授法が現在、フィンランドの学校においてどのような位置にあるのかを明らかにする『Kielo』[1]というプロジェクトにおいて実施されています。
　「文法だけにこだわるよりは、この教え方によるほうがよい学習成果が出ると思います。もちろん、コミュニカティブアプローチというのは文法を捨てるということではありません。文法もきちんと教えつつ、できるだけリアルなコミュニケーション場面を教室につくっていくのです。実際の言語使用の観点から、言葉の練習をするということで

---
[1] フィンランド語で「スズラン」を意味する。2009年から2012年にかけて実施された、外国語教育・外国語学習の研究・推進を図るプロジェクト。

す」と、この教授法についてセッポは説明してくれました。

　コミュニカティブアプローチがフィンランドで始まったのは、25年前、すなわち1980年代の半ば頃だったそうです。

「その時はまだ、生徒に自らの意見をなかなか言わせたがらない教師が結構いましたが、今では逆に、生徒自らが伝えたいことからすべてを始めるという考え方になっています」

　テッラ夫妻は、2009年の秋、毎週12時間ほど早稲田大学で日本語を勉強していました。

「外国語教師たる者、10年ごとに何か新しい言語を学ぶべし、と昔から言われていましてね」と言うご主人は、日本語の学習を通じて、言語について様々なことを新しく気付かされたと言い、「形容詞にも過去形がありうると知って驚きました」。

　一方、「日本語の文型そのものはそんなに驚くことではありませんでしたが……」と言うアンネリは、「フィンランド語も語形変化がかなり豊かですから、そういう言語には慣れています。もっとも、あれだけヨーロッパの言語と違っている言語を勉強するということはもち

早稲田大学のキャンパス

ろん大変難しいことでしたし、自らの視野を広げることにもなると思います」と、教育者らしいコメントを述べてくれました。

　日本語学習は、夫妻にとって刺激的なものだったようです。「まるでスリラー映画のようで、大変面白かったです」と言う夫妻は、新しい単語や文型を覚えるたびに、以前から知っている言語の知識を使って作文をしたようです。

「先生には少しびっくりされましたね。『ちょっと、それはダメですよ』と。じゃあ、どうすればいいのかと質問をすると、『それは来週の授業でやりますから』という返事でした。それから、動詞の練習に入ると、私達は勝手にそれもつないでみましてね。先生は絶望して、『来週です！』と言っていましたね」と、セッポは笑っていました。

　このようなことを繰り返して、接続詞の「と」は、どんな文でもつなげるというわけではないこと、そして形容詞と動詞をつなぐこともできないということが分かったということです。もちろん、別の面白い文型がいろいろとあったからです。

日本の同僚達と昼食（左から、浦野義頼教授、西村昭治教授）

大隈庭園を散策するセッポ　　早稲田大学の学園祭を見物するアンネリ

「学んだこともたくさんありますが、忘れたこともたくさんあるような気がします」と、セッポは2010年夏の日本滞在の経験をまとめました。

　夫妻は、早稲田大学の日本語教師は大変よかったと言うのですが、同時に、使われていた教科書が文法に偏重しており、しかも読めないと言ってもいいくらい小さなフォントで書かれていたことを少し不思議に思っています。

「あまりコミュニカティブな教科書ではありませんでした」と言うアンネリは、「ただし、教師達はビデオを見せたり、他の教材も提供してくれました」と付け加えています。

　特に、新しい単語を覚える時に大変だったのは、ヨーロッパの諸言語の単語のように連想できるものがほとんどなかったということでした。それに対して聴解練習をする時は、10か国から集まってきた日本語学習者を手伝うために授業に参加していた日本人の学生が助けになったということです。

　日本で夫妻は、いくつかの学校の外国語授業を見学する機会もありました。それらの授業における教え方は現代的で、教材も最新のものだったと言います。教師は生徒のやる気を出させるようにし、生徒達

自らも積極的に授業に参加していたようです。セッポは、これは典型的な状況であり、教材面では高等教育が初等・中等教育より劣っていることが多いと言います。

彼は半年にわたる日本滞在を通して、日本で実施されてきた英語教育は、つい最近まで文化的な要素に注意を払わずに文法を重視していたという印象を受けています。言葉と文化は切り離せないものであるため、これはテッラ教授にとっては驚くことでもありました。また、日本が日本語と英語という二つの言語の共存を目指しているということも多くの分野で見られた現象だそうです。

フィンランドの言語教育界においては、言語、言語能力、言語教育や外国語の位置などに関する考え方は、2000年代になって大きな変化を見せています。1990年代初頭では、言語にはまだ道具としての価値しか認められず、「もっといいもの、もっと高度なもの、もっと貴重なものを得るための道具でしかなかったんです。しかし、やがて、言語はそれだけではないということが実際に意識されるようになりました。言語は、技能そのものでもあるのです」とセッポは言います。

今では考え方も変わり、言語科目も知識・技能・文化を身に着ける科目として見なされるようになりました。セッポはさらに、言語には社会的な面も結び付いていると言います。なぜなら、言語は社会と密接につながっているからです。

「言語は、広い意味で生き方を学ぶための手段のようなものです。新しいコンテキストや世界をつくり出し、世界のことも自分のことも自らの手に収めていくことができるのは、まさしく言語のおかげなのではないでしょうか」

このことに気付くと、言語と言語教育に関する考え方も変わらざるを得なくなります。セッポは、語学教授法の専門書によく出てくる学

習環境という概念は、部分的なもので狭い見方だと批判しています。

　彼にとっての学習環境とは、頭の中で起きること、つまり外の世界を精神的に再現することを意味しています。学習者の頭の中で起きていることに、教師は影響を及ぼすことはできません。それに対して、教室の室温や照明、机・椅子の使い易さや教室での位置、そして教材とその使い方などといった教育環境には影響を与えることができます。要するに、教師が担っている役割が非常に重要になるということです。
「このような環境そのものは、何も教えてはくれません。学習プロセスを指導する人が必要なのです」と、セッポは強調します。

　また、教師を中心とした教授法に対するものとして、学習者を中心とした教授法があるという認識は大きな誤解であるとも言います。
「いい授業とは、教師によって指導されるものです。教師が指導するということには、学習者を中心にすることが含まれているのではありませんか」と論じる彼にとっての教師の役割は、学習言語や教育段階に関わらず、学習者が中心となる学びの場を常につくることです。
「教えることは習うことにつながり、習うことを通して学びとっていくのです」

　制度的な教育が直接学ぶことにつながることは滅多にありません、と言うセッポは、自らの日本語学習の経験に関連づけて次のように笑いながら述べていました。
「私達は本当に楽しみながら勉強していたのですが、問題もいろいろありました」

　先ほども述べたように、教科書の文字がとにかく小さすぎて、書いてあることが見えないということもあったようです。
「やる気は山ほどあったので、何とかしてこの問題も乗り越えようとはしましたが、苦労しなくても読めるような教科書さえあればどんな

に助かったことか……」と、残念そうに言っています。

　フィンランドの学校における外国語教育が英語偏重の傾向を強めていることに、テッラ夫妻は深い憂慮の念を感じています。
「フィンランドは悲喜劇的な状況にあります。外国語教育の多様化促進ということはよく話題にされているし、外国語能力の必要性は誰もが認めていることなのに、現実には、外国語教育は語学センターや成人教育機関に移行されつつあります」と言うセッポの言葉に続いて、アンネリは次のように話してくれました。
「法律上では、初等・中等教育において一つの外国語科目が必修とされています。何語かということは定められていませんが、現実には英語になっている場合が圧倒的に多いのです。生徒が勉強したがるのが英語だからです。教育を実施する自治体も、必修外国語としては英語しか提供しなくなっており、ほかの外国語を勉強するとしたら選択科目になるというのが一般的です」
　この現象は、ヨーロッパ全体にわたって見られるものです。EUの方針としては、欧州市民の全員が二つの外国語を身に着けることを目指しているにも関わらず、このような現象が多々見られるのです。
「フィンランドでは、英語はもはや外国語ではないと私は考えています。英語は学校以外の場で触れられ、身に着けることがあまりにも多いので、外国語教育としてはドイツ語やスウェーデン語と同じように扱うことができないのです。スウェーデン語、ドイツ語、フランス語と違って、英語はインフォーマルに学ぶ機会が本当に多いのです。つまり、非公式な学習（インフォーマル・ラーニング）が鍵となっているというわけです」と、セッポは言います。
　これは将来、教授法や授業時間数にも影響を与えることにもなりえ

ます。現在、英語に使われている授業時間が、将来はほかの外国語の授業に使われることも考えられるのです。ただし、「果たして政治家にこうするだけの勇気があるでしょうか」ということも考えられますが。

　つまり、法律上では、より多様性のある外国語教育の実施の妨げとなるものはないというわけです。実施する意思、学習者、教師さえ自治体に存在すれば、日本語を教えてもよいということです。

「我々、教員養成担当学科では、中国語、日本語、アラビア語が学校に進出するのは時間の問題だと思っています。中国語とフィンランド語を併用して義務教育を実施する学校も設立されましたし、日本語に対しても関心がとても高くなっています」と、セッポは言います。

「一般的な話として、フィンランド人は日本のことにかなり興味をもっているようですね」と言うアンネリの言葉から、日本文化への関心の高まりに伴って日本語への関心も生まれていることが分かります。そして、言語を通して文化もより深く理解することが可能となり、産業界においても、それぞれの文化特有の慣習などが外国語学習において大切な一部となっています。

　世界の文化的な重心がアジアに移りつつあるとも言われている現在、アジアの諸言語の重要性が、将来より、大きくなるとされています。また、一般の人の観点から見ると、観光も重要なこととなります。

「観光客が増えているのは、日本文化に関心があってこそのことです」

　テッラ夫妻によると、「日本には、文化として、面白い要素が信じられないくらいたくさんある」ということです。夫妻が特に惹かれているのは、美と効率のよさ、つまり感性と合理性が混在しているところです。セッポによると、このことを科学的に説明する研究があるそ

うです。

「カナダ人の脳科学者が、日本人の脳について調べたのです。もし、脳機能局在論[(2)]を信じるとしての話ですが、私達ヨーロッパ人はロゴス、つまり言語野は左脳にあり、そして芸術的創造性と空間認識は右脳が担うとされています。しかし、日本人はどちらも同じ側になっているそうです。こうなると、美と効率のよさを合わせることも無理な話じゃなくなりますね」

　ここには、日本語の読み書きの影響もあるかとアンネリは考えています。日本人と中国人の精神世界では、視覚が重要な役割を担っていてビジュアル的だということです。

　テッラ夫妻は、その例として漢字による認識世界の捉え方を挙げています。例えば、「水」に点をつけると「氷」になる。「氷」と「山」を合わせると「氷山」になるように、その発音はそれぞれ元の単語と異なってしまうところです。

「これは、私にとっては大発見でした。アジアの人は、いかに世界を視覚的に見ているかということが分かったのです」と、セッポは語っています。

　また、日本語の「職歴」という単語には「歴史」という意味を表す漢字が含まれていますが、夫妻はかつて、フィンランド語に基づいてそれを一つの概念としてしか考えていなかったのです。このようなことの例として、セッポは漢字が手話にたとえられると言います。手話のように、漢字もたった一文字で細かいニュアンスを付け加えることができ、品詞が一つに限られていないということです。

---

(2)　脳が部分ごとに違った機能を担っているとする理論。

セッポは、現在、『CoCuTel』(3)というフィンランド・日本協同研究プロジェクトに関わっています。このプロジェクトでは、日本、フィンランド、インドにおけるコミュニケーション・スタイルや文化的な慣行について調査研究が行われています。理論的な根拠としては、文化人類学の権威であるエドワード・T・ホール(4)の「低文脈文化（低コンテキスト文化）」と「高文脈文化（高コンテキスト文化）」という概念が用いられています。

「日本がなぜ高文脈文化かという一つの理由として、日本語そのものが高文脈を支えているということがあります。少し曖昧な表現をするので、文脈から意味を読み取る必要があるというわけです。はっきりとすべてを言い切ってしまわないのです」とセッポは言い、アンネリが愛読する松尾芭蕉（1644～1694）の俳句のなかからその例を挙げてくれました。

「『古池や蛙飛びこむ水の音』には10種類の異なった翻訳があります。原文から思い浮かぶイメージは、それほど多様なものなのです」

　ホールの理論をベースとして、ヨーロッパのなかで、コミュニケーションにおいて唯一高文脈文化なのはフィンランドだとセッポは指摘しています（ただし、これも変わりつつあるそうです）。

「だから、日本人がフィンランドに来ると、コミュニケーションの仕方などがどこか似ていると無意識に気付くのではないでしょうか。自分達の様式を、あまり変えなくてもやっていけるということですね」

---

(3)　「Communication, Culture and University Teaching and Learning in Finland, Japan and India（フィンランド・日本・インドにおけるコミュニケーション・文化・大学教育）」の略。ヘルシンキ大学と早稲田大学の共同研究プロジェクト。

(4)　(1914～2009)　アメリカの文化人類学者。主著に『かくれた次元』(1966年)、『沈黙のことば』(1959年) などがある。

12 オーロラとデザイン

インタビュー・原文執筆：エリナ・ユヴォネン
翻訳：トゥーリ・ヴィヒコ

アルト・アシカイネン
（Arto Asikainen）
　フィンランド政府観光局（Matkailun edistämiskeskus：MEK）の東アジア担当マネージャー。MEKは、外国人観光客に対してフィンランドの魅力を発信する事業を推進している。現在は、スウェーデン・ロシア・ウクライナ担当に異動。

　夏のヘルシンキ、フィンランド人なら誰でも日本人観光客の集団を見かけることでしょう。彼らは、シベリウス公園、マーケット広場、テンペリアウキオ教会を席巻し、イッタラ(1)やマリメッコ(2)の店では、在庫を空っぽにせんばかりに買い物に勤しんでいます。日本人は、いったいフィンランドの何に憧れているのでしょうか。そして、どうしてあんなにも多くの日本人がフィンランドにやって来るのでしょうか。
　フィンランド政府観光局（MEK）に勤務するアルト・アシカイネン氏の業務は、日本でのマーケティング活動を通して、日本人のフィンランドに対する興味・関心をかき立てることです。

---

(1)（Iittala）フィンランドのデザイン企業。家庭用ガラス器等を製造販売している。フィンランド人建築家のアルヴァ・アールト（Alvar Aalto）がデザインしたガラス器で有名。
(2)（Marimekko）フィンランドのアパレル企業で、同社が展開するブランド名でもある。1951年にアルミ・ラティア（Armi Ratia）とその夫ヴィリオ（Viljo Ratia）によって創業された。鮮やかな色の大胆なプリント柄で知られる。

テンペリアウキオ教会

「他国では必ずしも興味をもたれないことが、日本人にとっては面白いということがあります。このため、日本の市場は、他の国とはまったく違ったものになっています」と彼は言います。アシカイネン氏によると、日本人を対象としたフィンランド・プロモーションで成功したければ、既存の考え方をすっかり変えなければならないということです。言葉の壁や文化の違い、なかでも日本人の休暇に対する意識を理解することが難しいと強調します。

彼の担当地域は、東アジア、ロシア、スカンジナビア諸国と広い地域にわたっています。アジアでは、MEK は積極的にインド、中国、日本を対象にプロモーション活動を行っており、一般の国民をはじめとして、旅行業者や報道機関、そして他の海外メディアもその対象となっています。

特にこれまでアジアと関わりがなかったアシカイネン氏が、日本関係の業務を担当するようになったのは偶然のことでした。
「しかし、私は以前からアジアに興味がありましたので、私にとっては面白くてやりがいのある仕事となっています。アジアのなかで日本人は、我々にとって一番重要なターゲットとなっています」

今の業務に就くまでに10年ほど彼はモスクワの MEK で働いており、これまでに様々な文化のなかで働いた経験をもっています。日本の担当となって約2年が経ちますが、当然のことながら、日本への出張は仕事の一部となっています。
「最初にとても印象に残ったことは、日本ではすべてがきちんと整っ

ていて、どこも非常にきれいだったということです。エレベーターの中にもスタッフがいて、ボタンを押してくれますしね」

彼はまた、日本人と英語でコミュニケーションをとることが難しいということにも気が付きました。

「初めて、仕事上で付き合いのある日本人と一緒に食卓を囲んで、夕食をともにしながら雑談しようとした時のことを今でもよく覚えています。英語ではこれは無理だなーと、あきらめざるを得ませんでした。国際的な業務に関わっている人でも、英語ができることは一般的ではありません」

MEKは、日本の支局では日本人を雇っているので、日本におけるマーケティング活動で言語は問題となっていません。しかし、言語の壁が様々な関係づくりに影響し、日本人との付き合いが表面的なものにとどまってしまうことが多いと言います。そして、言葉の壁に加えて、日本人を対象にしたマーケティング活動において文化の違いが問題になると指摘しています。つまり、日本人の休暇の捉え方が、西欧人のそれとはかなり違っているということです。

「以前私は、日本人は働いてばかりいて休みがないと思っていたのですが、ごく最近になって、実は日本には年次有給休暇制度が整っているということを教わりました。しかし、実際には休みをなかなかとらないのですね。休みの時はもちろん休むというのが、私達にとっては当たり前ですよね。まず休む日を決めてから、旅行に行くかどうか、行くならどこにしようかを決めます。ヨーロッパ人の場合、その際にはフィンランドに行こうか、となる可能性が結構高いと思っています」

日本では、この過程がこれほど単純ではないため、マーケティングにはもう一段階が付け加えられることになります。「まず、お客さま

に休みをとってもらい、それから海外旅行に興味をもってもらうという段階が必要になる」と彼は言います。さらに、世界の国々のなかからフィンランドを選んでもらわないといけないわけですからと、その手間について次のように話していました。
「それを可能とするには、単にフィンランドへ来てくださいと言うだけでではまったくダメです。そうではなく、何かしっかりとしたコンセプトをまずつくって、それにあった人達をフィンランドに呼ぶということが必要になります」
アシカイネン氏によると、日本人相手のマーケティングは容易なことではありませんが、ターゲットとしてはとても面白いものだそうです。
「ターゲットが細かく分かれているのです。細かく分かれたそれぞれのグループに、特定のプロモーションを展開するようにしています」
日本のような物価の高い国で大規模なグループをターゲットにすることは、費用もかかりすぎるし、難しいために、MEKではそれらを対象としたプロモーションは行っていません。一例を挙げると、地下鉄に広告を出すというキャンペーンを日本でしても、費用がかかるばかりで、それに見合うだけの効果はないということです。その代わり、既にフィンランドに興味のある人達を対象に定めてプロモーションを行っているということです。
「我々のターゲットは、いわゆるフィンランドファン達です。その人達をフィンランドに呼び込みたいのです」
では、このいわゆる「フィンランドファン」とはどんな人達のことで、フィンランドの何に興味をもっているのでしょうか。
「最初に挙げられるのは、やはりオーロラとデザインです。どちらも、特に日本人には興味があり、他国ではほとんど取り上げられていない

ことです」と、彼は言います。特に、日本人の興味のあることに合わせてつくられたパッケージ旅行が用意されているとのことです。

「オーロラ旅行は、フィンランド人には滑稽に聞こえるコンセプトかもしれません。確かにオーロラはきれいですが、地球の向こう側まで、それを見るためにわざわざやって来るほどのものなのかと思いますよね」

MEKによるフィンランド宣伝のDVD「世界の頂にて」

だが、実際、この自然現象を観察するためだけにフィンランドを訪れる日本人が毎年たくさんいるのです。夜、空を見張っている「オーロラ番人」までがいて、オーロラが出たら、それを見逃さないようにお客さまを起こしに回っているのです。お客さまはそれを見るためにフィンランドまで来ているわけですから、当然と言えば当然のことです。

「オーロラは日本人にとって何か神秘的な意味をもっていて、それを見ると幸せが舞い込むらしいんです。今でもオーロラは、フィンランドに観光客を引き寄せていますよ」

一方、フィンランド・デザインは、各国からの旅行客が関心を示していますが、特に日本人にはその関心度が高いようです。フィンランド・デザインを日本人に紹介するため、日本で2010年の秋、「ヒラメキ・デザイン・ウィーク」が開催されました。

「ちょうど会場を見てきたところなのですが、どれくらい大きなイベントになるのかを実感しましたよ。デザインショップがたくさん入っている大きなビルが会場となっています。イッタラ、マリメッコ、ア

雑誌〈Tori〉

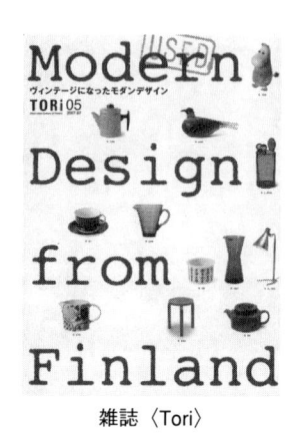

ルテックは、日本で本当に知名度の高いブランドとなっています」

ところで、日本人はどうしてフィンランドのデザインを好むのでしょうか。この点について、アシカイネン氏は次のように話していました。

「おそらく、シンプルさが日本人にとって魅力があるのでしょう。生活のなかの美が大切にされているからだと思いますよ。それらは、生まれた時から身の周りにあるものなのです」

MEKの日本でのキャンペーンは、能登重好氏が担当しているということです。

「能登さんは昔からフィンランド関係のプロでいらっしゃって、フィンランドのことをよくご存知です。実は、ご自分の会社を始めたばかりで、MEKはそこにマーケティングをお願いしているのです」

日本には「フィンランドカフェ」があり、またフィンランドに行く旅行客を対象とした〈Tori〉という雑誌が出版されています。この雑誌では毎号違ったテーマを取り上げていますが、最新号のテーマはデザインでした。面白い観光スポットを選ぶためのヒントが、いつもたくさん掲載されています。

さらに、MEKは日本の旅行業者とも協力して活動しているようで、「我々がお客さまにプロモートしているものは、実際には日本の旅行業者がつくったものなのです」と彼は言っていました。

フィンランドの観光産業にとって、日本人は東アジアのなかで最も重要なターゲットであり続けているようです。

「他の分野ではよく中国のことが言われていますが、旅行客の数はま

だ増えそうにはありません。何と言っても、かなり閉じられた国ですから。実は、インドからの旅行客数のほうがかなり増えているのです」

　日本人の旅行者と言えば、バスに乗って1分刻みのスケジュールで移動し、ずっと写真を撮っている団体旅行者というスレテオタイプ的なイメージを多くのフィンランド人が抱いていますが、アシカイネン氏はそうではないと言い切ります。

「あるコンセプト、例えばオーロラでフィンランドを売り込んだのなら、もちろんそれを保証しなければなりません。でも旅行の間、四六時中、彼らが何かをしているということではありません」

　彼によると、日本人の旅行客とはコミュニケーションの点でも問題があると言います。というのは、仮に何かのトラブルがあっても、日本人はその場で文句を言わずに、逆に「万事順調に進んでいる」と言うのだそうです。

「問題があったら、例えばホテルの部屋でお湯が出なかった時など、彼らは日本に帰ってから旅行会社に文句を言います。これでは、その場でトラブルを解消することができないのです」

　日本人がコンセプト旅行でフィンランドを訪れた場合、フィンランドについて現実的なイメージは得られるのだろうか、と聞いてみました。

「もし、ラップランドでオーロラを見るのであれば、その印象は絵葉書のようなものにならざるを得ないのではないでしょうか。フィンランドでの生活についての経験はかなり限られたものとなります。そも

---

(3) （Artek）フィンランドの家具メーカー。建築家アルヴァ・アールトが妻アイノらとともに1935年に設立した。名前の「Artek」には、Art（芸術）と Technology（技術）を融合させるという意味が込められている。

そも、短い旅行でその社会のなかに入っていくことはできませんよね」

いずれにせよ、日本人のフィンランドに対するイメージは非常によく、フィンランドでの滞在を楽しんでくれているとアシカイネン氏は信じています。

「フィンランドとフィンランド人らしさとはどういうことか、十分伝わっていると思いますよ」と言う彼によると、日本人の旅行の仕方は変わりつつあり、若い世代の旅行に対する姿勢は古い世代のそれとは違うそうです。

「最近の日本人は、ヘルシンキでアパートを借りるかホテルに泊まるかして、できるだけ現地の人々と同じような生活を送ろうとしています。このような新しい旅行の仕方は、特に若い女性に人気があります。前もって計画を立てるというより、町をぶらぶら歩きながら現地の生活を見て、そこに自分をあわせていくのです。こういうグループは、私達にとっては興味深いグループで、この人達にあった新しい旅行スタイルを考えていかなければなりません」

このような旅行の仕方は、フィンランドが舞台となった『かもめ食

映画『かもめ食堂』の一シーン
©Sandrew Metronome

映画『かもめ食堂』の一シーン
©Sandrew Metronome

堂』という映画がきっかけとなって生まれた、明らかに新しいトレンドです。この映画では、日本人の女性がフィンランドにやって来て、ヘルシンキのプナヴオリ⁽⁵⁾で食堂を開いています。観客はヘルシンキの美しい景色をたくさん見ながら、二つの文化の衝突に笑うのです。この映画のおかげで、たくさんの日本人がフィンランドとフィンランドの生活に興味を抱くようになったと言えます。

プナヴオリ・エリア

　フィンランドはこれからも、日本人旅行者にとっては興味のある所であって、観光における日本との将来的な見通しはよさそうだとアシカイネン氏は信じています。とはいえ、みんなが興味をもつ、何か新しいものがなければ大きな変化は期待できないとも言っています。
「第2のムーミンのようなものとか、フィンランドのバンドが日本でとても人気があるようになったら、フィンランドへの興味はさらに増すことになるでしょう」
　現在でも日本人は、北欧の国々のなかでも、最もフィンランドに興味をもっていると彼は思っています。そして、「我々には、何か似たところがあると思います。お互いに警戒心が強く、慎重です。たぶんそのことがあって、日本人はフィンランドに来やすいのかもしれませ

⑷　2006年。荻上直子監督。小林聡美、片桐はいり、もたいまさこのトリプル主演で、ヘルシンキの「かもめ食堂」を舞台に交流を繰り広げるというストーリー。
⑸　(Punavuori) ヘルシンキ市内の南西部に位置するエリア。かつては労働者階級の居住地区だったが、近年おしゃれなデザイン用品の店やブティックなどが増え、若者に人気のトレンディエリアとなっている。

ん」と言いますが、観光産業においては、日本語能力のある人に対して大きな需要があるとは思っていません。

「もちろん、多くの日本人が来るスポットならば、日本語でのサービスが受けられることはうれしいですよね。でも、団体旅行には、日本語ができるガイドが必ずついていて、すべてがうまく運ぶように世話をしています。日本の外で日本語ができることは珍しいことと日本人は認識していますから、旅行者が日本語でサービスが得られることは期待もしていません。それゆえ、日本語に力を入れている観光地はフィンランドにはほとんどありません」

言語より大切なのはサービスコンセプトだ、と言います。使われる言語が何であれ、旅行についての取り決めだけは守られなければならないのです。

MEKのような職場では、外国語の能力より他の能力・技術が重視されるとアシカイネン氏は感じています。例えば、マーケティングの場合、マーケティングに関する知識が一番重要で、外国語の能力はボーナス的なものとなっています。そのマーケティングに関することとして、「矛盾するようですが、接客サービスの場合はやはり外国語の能力は大切となります。何と言っても、文化に対する理解においても非常に役に立ちますので」とも言っています。

MEKでは、彼自身がそうであるように文科系の出身者が職員に多いのですが、この状況は変わりつつあるとして、最後に次のように言ってくれました。

「今では旅行関係の教育機関が増え、そこで学んだ人達が一般的なものになりました。様々なバックグラウンドのある人が職員としていることは、もちろん大いなる強みになります」

13 フィンランドの企業には、多面的な外国語能力が必要

インタビュー：オウティ・スメードルンド、植村友香子
原文執筆：オウティ・スメードルンド
翻訳：トゥーリ・ヴィヒコ

マルック・コポネン（Markku Koponen）
フィンランド経済団体中央組合（Elinkeinoelämän keskusliitto：EK）[1]の教育・労働力課の教育担当者（2011年10月、定年退職）。2010年春、EK は「産業界は、より多面的な外国語能力を必要とする」と題する調査結果を発表した。

（撮影：Marjut Hentunen）

　2010年の春、フィンランド経済団体中央組合（EK）は、フィンランド企業の観点から見た外国語能力の必要性についての報告書をまとめています。コポネン氏は、フィンランドで重視されてきた外国語以外の言語、例えば日本語についても、上級レベルまでの教育が提供されることをとても大切だと考えています。
　「企業の観点から見ると、国際化の進展とともに、ますます多面的な外国語能力が必要になっていることをこの報告書では指摘しています。我々が懸念しているのは、少なくとも小・中高校では外国語科目の選択肢が減らされており、それが理由で多面的な外国語能力が退歩しつ

---

[1] EK は、社会・労働政策に影響を与えることで、国の内外におけるより良い事業環境の構築を目指している。EK の加盟企業によって、フィンランドの輸出の95％以上、国民総生産の70％以上が担われている。91ページも参照。

つあるというか、一面的になっているということです。『英語化』、こんな用語があるとしたらですが、それが現実のものとなっています」
　過去20年間で英語以外の外国語ができる人数が減少している現状について、コポネン氏は次のように続けました。
「それは、もちろん残念なことですし、そのためこの報告書に、企業の立場から見たいろいろな外国語の果たすべき役割をまとめたのです」
　フィンランドの産業界全体を視野に含めて、最も重要とされる市場・ビジネス相手・企業の業務活動がどこに位置するかが、この報告書においては重視されています。日本は、EU以外の国のなかでフィンランドにとって3番目に重要な貿易相手国であるにも関わらず、日本語は報告書のなかでさほど取り上げられていないと言います。その理由は、フィンランドの企業で日本に支社や支店をもっているところが少ないからだそうです。
　日本に支社などのある会社は、数十社ほどでしかありません。もちろん、日本に進出しているフィンランド企業は数百社に上るのですが、そのほとんどが提携先となる日本の会社に業務を任せる形をとっているのです。一方、中国マーケットに進出した企業では、支社を開設したうえに生産まで行っているところが何百社もあるということです。
　彼によると、報告書のなかでは、中国が将来の市場として大きく取り上げられているそうです。これは、企業が将来の経済成長の可能性が最も大きい所として、アジア、ロシア、ラテンアメリカを考えているということを反映しているからです。これらは経済的に成長しつつある地域で、その地域の言語の重要性は明らかに高まっていくとコポネン氏は推測しています。
「これからますます大きくなるであろう課題に取り組んでいくために

は、多面的な外国語能力がなければなりません。英語のような、当事者達にとっての共通の外国語を用いるにしても、企業には現地の文化や習慣についての知識が必要となります。もちろん、外国語能力は文化を理解することに役立つわけですが、さらに進んで、本気で現地の市場に参入したいなら、現地の言葉で契約交渉ができる人物が必要となりますね」

　外国語能力が EK で取り上げられたのは、グローバル化が進む一方で、フィンランドの学校で教えられる外国語の選択肢が減ってしまったからです。EK は多面的な外国語の教育推進に積極的に取り組むようになったのですが、その背景にはフィンランド企業のニーズがあります。

「誰もが 5 か国語を習うべきだと言っているのではなく、他の人と異なる外国語が勉強できる機会を与えるような教育制度であるべきだ」ということを言っていると、コポネン氏は強調しています。そうすることで、「幅広い人材資源が生まれてくるわけです」と。

　EK には、義務教育において多様な外国語教育の妨げ、つまりスウェーデン語が必修となっていることを廃止すべきだという考えがあります。英語を学びたいという生徒は多く、90％以上が第一外国語として学んでいます。英語は国際語で、英語ができればどこでも通じるという考えがあるからです。

　法律の定めるところによると、第二外国語はフィンランド語を母語とする生徒の場合はスウェーデン語になっています。「それに加えて、小・中学校で第三外国語を習うことはかなりの負担となります」と残念がるコポネン氏は、次のように力説していました。

「我々は、この点を変えたいのです。もちろん、誰でもスウェーデン語が学べる環境は維持されなければなりません。これは国語の一つな

のですから。しかし、それと並んで、選択肢がいろいろとあり、様々な外国語のできる人を養成できるよう、義務教育の段階から他の外国語も提供する必要があります」

　彼は、義務教育の早期段階において始まる外国語学習は非常に重要だと考えています。そういう外国語は、さらに学習を続けていけば高いレベルに達するからで、のちにどのような仕事に就くにせよ、その語学力は必ず仕事に活かすことができるからです。

　2008年から、ヘルシンキにあるメイラハティ（Meilahti）小学校では、1年生に第一外国語として中国語が教えられるようになりましたが、その原案をつくったワーキング・グループに、コポネン氏はEKの代表者として参加していました。

　高いレベルの外国語能力を生み出す場として彼は、ドイツ学園、フランス学園、ロシア学園といったバイリンガル校を重視しています。これらの学校を卒業するフィンランド人の数は毎年わずかであるにしても、そこで十分な外国語を身に着けた人材が必要となるというのが

ヘルシンキのビジネスマン達

その理由です。また、国際化する世の中では、英語だけでは足りないというのがEKの明確なメッセージとなっています。
「企業が事業を拡大したい時、あるいは新しい市場に進出したい時に、英語だけですべてのことを成し遂げるのはとても難しいことです。文化は場所によって非常に異なっているのですから。もちろん、英語は大切ですが、仕事でいい関係を築くためには、現地の言葉や文化に対する理解も必要となります」

これは、スウェーデン語の場合も同様で、EKの報告書にはスウェーデン語教育に反対する意図はないとコポネン氏は強調しています。
「スウェーデンはとても大切な市場で、そこでは、もちろんスウェーデン語が使われます」

スウェーデン語は第二の国語であるうえに、スウェーデン企業の言葉でもあります。それゆえ、スウェーデン語ができる人は必要なのですが、彼はフィンランドにおけるスウェーデン語力の現状を憂いています。必修科目として教えられているのにも関わらず、生徒のスウェーデン語のレベルが非常に低いということです。
「我々が訴えてきたことは、スウェーデン語を選択科目にしたうえで、誰もがフィンランドのどこでも学習できるような科目になったら、これまでと同様、多くの人がスウェーデン語を選択するに違いないということです。その場合、自分の意志で選んだわけですから、もっと気を入れて勉強するようになるでしょう。そうすれば、スウェーデン語力がまちがいなく向上します。人数が減る代わりに質が高まる、というわけです」

---

(2) メイラハティ小学校では、2008年から第一外国語としての中国語を教えるコースに加えて、フィンランド語と中国語を併用して算数などの教科を教えるコースが設けられている。

そうなれば、多様な外国語教育のための選択肢も増えることにつながるということです。事実、企業が人材を採用する場合は、外国語能力は評価の対象の一つとなっています。
「企業がマーケティングの専門家を探している場合、もちろんその企業の商品を知っておく必要がありますが、その業務を遂行するための知識やマーケティングに関する知識もなければなりません。そして、プラスアルファとして文化と言語の知識もあることが望まれているのです」
　コポネン氏によると、最近、企業は業務に直接関係のない分野を勉強してきた人も採用するようになってきているようで、文科系の採用が増えているということです。現実に、外国語を必要とする業務以外のために外国語能力のある人や文科系の人を雇うということは、最近まで例外的なことでした。そのような職場の変容状況を、次のように説明してくれました。
「多様性のある企業文化を求めて、各企業とも多様な能力をもった人が出会うような場をつくろうとしています。それが企業の強みになるからです」

　現在、修士課程を修了した学生が全員、自ら励んできた教育に応じた仕事が得られるわけではない、とコポネンは言います。[3]
「多くの人は、教育を通して得た知識や能力を必要としないような、ずっと簡単な業務に携わることになります」
　もっとも、この点については分野によって違いがあるようです。学生の興味の対象と企業の要求が常に一致するわけではありません。それは、人気のある分野を勉強してきた人であればあるほど、その分野での競争率が高くなるということです。コポネン氏は、企業のニーズ

が教育に反映されるように、EKの教育部では教育内容や教育制度に影響を与えようと努力しているとのことです。

「これからの教育制度をどう改革すればいいかということについて、企業の観点を議論に導入することが我々の仕事となっています。それはもちろん、多くの意見の一つでしかありませんが、かなり大切な見方だと私は考えております」

それを支えているのは、EKの教育・労働力課で行われる短期・長期のニーズ研究や予測です。毎年、フィンランドの企業が近い将来必要とする、教育・労働力に関するニーズが調査されています。これは、短期予測と言われるものです。

「企業はどんな業務を行っているのか、どんな知識や能力が必要なのか、どんなことに対する教育が必要なのか、どんな人材が足りないのかなどを明らかにします。その情報はもちろん、人材不足にならないように、近い将来に行われる教育内容を定めるために教育関係者に伝えています」

さらにEKでは、長期的な視野に立った人材ニーズの変容についても調査しています。現在、「Oivallus（気付き）」と呼ばれる3年間のプロジェクトが進行中です。現代的なネットワーク系の経済が求める人材と、企業の将来ニーズに関する展望を明らかにするためだそうです。

「こうして、教育制度がそのニーズにあわせて発達していくように、影響を与えようとしているのです」

オイバッルス・ミーティング

---

(3) 日本で言えば、大学卒業の感覚。

将来の仕事を予測するのは不可能だから、オイバッルスでは必要になると思われる能力を予測することを出発点としています。つまり、技能・知識がどう革新していくのか、そのことは教育のなかにどのように取り入れていくべきかということです。
　2009年秋、オイバッルスの最初の中間報告書が発表されました。「基本的なポイントは、将来の業務の形は、国の内外を問わずネットワークを中心としたものになるだろうということです。企業は、さらに様々なネットワークのなかで活動を展開していくことになると思われます」と言うコポネン氏は、「そこには、ソーシャルメディアにおけるネットワーキングと、それが将来の人材のあり方や働き方に与える影響も関わってくるでしょう」と補足してくれました。
　彼によると、既に発表されている EK の報告書の多くでは、ネットワーク技術やその知識の必要性が取り上げられているということです。国際化している環境のなかで、それは実際に何を意味することになるのかをオイバッルスは明らかにしようとしており、それに企業経営者、教育機関、大学、研究者も参加しているとのことです。ネットワークはますます国際的になっていくから、そこでは、当然外国語の能力も関わってくることになります。

　2010年5月、コポネン氏は、個人的に日本に触れる機会を得たようです。休暇を利用して初めて日本に行き、10日間にわたって東京とその周辺、および京都を回ってきたそうです。短期間だったが、自らの文化と非常に違った文化に触れられた旅行だった、と彼は言います。
「フィンランドのような人口密度が低い国から日本に行くと、最初はやはりカルチャーショックを受けてしまいましたが、それはすぐに乗り越えられました。日本は技術が高度に発達した国で、どこもかしこ

京都タワーからの眺め

も自動化されていますね」

　日本人の親切、おもてなしの心、人に対する思いやりや自らの行動に対する責任感は、コポネン氏にとても強い印象を与えたようです。日本に着いてすぐに、日本人は相手を嫌な目にあわせないように心がけていると感じたそうです。それに比べて、「フィンランド人は、やはり自分の言いたいことはためらいなく言うし、はっきりと『NO』も言いますよね」と言っていました。

　旅行している間に、彼は和食を好むようになったようです。「すべてとても美的できれい、なおかつシンプルです」と言い、東京での4日間で、日本の食文化をほんの少ししか味わえなかったことが残念だったと言っています。そして、最後の日の夕食のために、彼はインターネットで京都のレストランを予約したようです。ホームページには「スタッフは英語ができない」と書いてあったうえに、そのホームページも日本語のみの案内でしたが、メールでの予約はできたそうです。

日本料理を楽しむ

　ホテルを出る前に地図をざっと見ただけで、レストランの名前を日本語でどのように書くかということも覚えておらず、「Nanba」としか思い出せなかったと言います。
「少しウロウロして、レストランの名前を何回も繰り返したのち、古い京都の町の狭い路地奥にやっと見つけました。予約はとれていましたし、スタッフは外に出てきて私を迎えてくれました。彼らは英語がまったくできませんでしたし、私達も日本語は単語が一つか二つ分かる程度でしたが、非常においしい伝統的な和食を食べさせてもらうことができました。もちろん、サービスもとてもよかったです」と笑って言い、「その国の言葉で挨拶ができ、わずかな単語が分かれば物事はうまくいく」と語ってくれました。
　コポネン氏は、旅行に行く時、それが世界のどこであれ、現地の言葉を少しでも覚えておくようにしているそうです。「ありがとうさえ言えたら」と微笑んで言い、「お互いに対する思いやりがあれば何とかなるものですよね」と付け加えていました。

14 日本との貿易に関わりたいなら、日本語能力が重要だ

インタビュー・原文執筆・翻訳：トゥーリ・ヴィヒコ

ペッテリ・コステルマー（**Petteri Kostermaa**）
　ヘルシンキ商科大学修士課程修了。フィンエアー（Finnair）の運航ネットワーク担当重役。航空業界で30年以上勤めてきたが、半分は海外で過ごしてきた。1984年から1990年にかけてフィンエアー日本支社にマーケティング担当として赴任し、東京で暮らした。フィンランド日本商工会議所会長を務める傍ら、フィン日協会でも活発に活動を行っている。(1)

　ペッテリ・コステルマー氏の仕事は、フィンエアーの運航ネットワークです。つまり、どこへ、いつ、どのように飛ぶのか、それは儲けになるのかといったことを考えるのが仕事となっているのです。
「日本であれ、どこであれ、私は新しい行き先をいつも探しています。これは、すべての方向に目を向けるべきグローバルな仕事なのです」
　1980年代にフィンエアーの「ヘルシンキ ― 東京便」が就航して以来、彼は日本に関わってきました。フィンエアーは日本を市場国として考えており、フィンランドをはじめとするヨーロッパ全域へ日本人乗客を運ぶことを目指して、ヨーロッパにある40の都市に向けてフライトを提供しています。
　日本支社では約20人が働いていますが、ヘルシンキへの便が就航し

---

(1) 現在、コステルマー氏はシンガポール支店に異動している。したがって、フィン日商工会議所会長は務めていない。

ている東京、名古屋、大阪の各支店にそれぞれが勤務しています。

　日本に赴任中にコステルマー氏は、隠れた需要の存在を認識するようになったようで、フィンランド―日本間の路線拡充に力を入れてきました。彼が日本に来たばかりの頃は週1回しか運航されていなかったのですが、今日では週に20便が運航されています。この25年間での変化には大きいものがあります。

　フィンエアーの日本でのビジネスは1970年代に始まっています。きっかけとなったのは、当時社長を務めていたグンナル・コルホネン（Gunnar Korhonen）氏の思いつきでした。地球儀を眺めていて、「フィンエアーは東へ進出すべきだ」と思い立ったようです。

　フィンランドはヨーロッパの僻地にある国だと考えられてきましたが、日本からすればとても便利な所に位置しているとひらめき、ヘルシンキ経由で欧州への航路が開設できるのではというのがコルホネン氏の考えでした。

　市場調査の結果、需要が見込めるとなったので、日本の運輸省

フィンエアーの機内から見たフィンランド

（現・国土交通省）との交渉が始まったのですが、日本側は既存のヨーロッパ路線をもつ日本の航空会社と乗客の取り合いにならないかと懸念を抱いていました。そのため交渉は難航し、何年もかかりましたが、最終的にはフィンエアーは週1便を就航することになりました。

その後、20年近くフィンエアーは週2便しか日本に運航できない状況が続いていましたが、大阪に新しい空港（関西国際空港）が開港されると大阪便を就航させようと動き、地元からの支援もあって運輸省から大阪便を運航する許可が得られました。

「ビジネスは、日本の国内政治と関わっている」と、コステルマー氏は説明します。地元大阪には、欧州および全世界へのコネクションを増やしたいという要望が前からあり、東京経由ではなく関西からの直行便を望んでいたのです。

名古屋にも新しい空港（中部国際空港・セントレア）が開港されると、三つ目の航路として名古屋便が飛ぶようになりました。名古屋でも、地元からの支援が得られたこともあって許可は早くに下りました。さらに、念願であった東京便の増発も実現したのです。

「2010年の夏、東京と大阪には毎日、名古屋に週6便あります。来年の夏には、これら三つの空港に毎日運航できるようになるかもしれません。ヨーロッパで、こんなにも日本への便が多い会社はフィンエアー以外にありません。我々のビジネスは、成功したと言っていいでしょう」

彼は日本に赴任する前、ニューヨークで5年間、北米エリアのマーケティングを担当していました。東京便が開設される少し前に遠距離航路の経験があるスタッフが社内で募集され、「日本で働かないか」という打診がコステルマー氏にされたのです。日本には行ったことがなかったそうですが、とりあえず一度訪れてみたところ、「この国な

ら住めそうだと思った」と話してくれました。

　日本に赴任した時、その後、何年にわたっていることになるのかは分からなかったようですが、日本語は必ず習おうと決め、週2回、日本語の個人レッスンを受けたと言います。

「日本人の日本語教師は、言葉を教えながら文化についての説明をするのがうまいと思いますよ。日本に住んでいるので、授業が終わったらすぐ、会社か街中で習ったことを実際に試してみました。ビジネスについての交渉は日本語ではなかったのですが、日常生活に関することは会社でも結構日本語で話しました。とてもいい練習になりましたよ。日本語には、様々な話し方があると徐々に分かってきました。同僚の間で使う言葉は、お客さまと話している時とまったく違います。授業では、丁寧な言葉を教えてくれたのでよかったと思っています」

　これから日本に行く人に対するアドバイスとして、「初めは、いろいろなことで失敗した」とコステルマーは言っています。誰でもそうでしょうが、本人の人となりも周りの人の態度に影響を与えるようです。日本の文化では、年長者とそれに伴う経験の豊かさが高く評価されているとのことです。

「日本に行った時、私はわりと若かったのですが、日本のビジネスのやり方は何とか分かってきました。若い外国人は、失敗しても大目に見てもらえたと思います」

　コステルマー氏は、「日本語ができるスタッフがいなければ、日本で仕事はできない」と言い切ります。

「現地の言葉ができることは、日本においては非常に大切となります。できない人と比べて、物事への対処の仕方がまったく違ってきます。日本語能力が高まるにつれて、文化に対する理解も深まります。外国

ヘルシンキ国際空港に駐機中のフィンエアー機

人の日本語能力は、日本においてかなり評価されています。日本語ができればできるほど、深く日本社会に入れるようになります」

また、「企業が、日本語のできない、もしくは習いたくもない人を日本に派遣した場合、日本でのビジネスに悪影響を与えます」と彼は断言しています。

「もちろん、英語だけでもやっていけますよ。日本にも英語ができる世代が育っていますし、そもそも、国際的な分野の仕事に就いているのは外国語が得意な人が多いですから。それでも、日本語ができれば非常に役に立ちます。言語を通じて文化のルールが分かってくると、失敗も少なくなります。少し冗談を言うとか、ミーティングでの休憩時の雑談などを日本語でするとかなり有利になります。それから、ボディーランゲージが日本でとても大切です。それの意味することが分かれば、あまり苦労せずにずっと多くのことができます」

フィンエアーには優秀な日本人スタッフもおり、そのなかにはもう何十年間もフィンエアーで働いている人も多く、フィンエアーの日本における業務でとても大切な役割を果たしています。ビジネスでの交

渉では、彼自身は英語を使っていたそうです。
「公式なことについて話している時の言葉は英語でした。お金、乗客数、契約の条件などについて話している時は、誤解が起きることがないよう、自分が完璧に分かる言葉を使ったほうがいいのです。食事の時や仕事以外のことについて話している時は、もちろん日本語を使っていました」
　ビジネス交渉では、現地の文化の様々な面が浮かび上がってきます。それについて、彼は次のように説明してくれました。
「日本の文化では、交渉には社内の様々な地位の人が出席します。1人がドアを開け、次がブリーフケースを持ち、3人目は会議中ずっとメモをとって、4人目が実際に話をします。特に、相手が日本人の場合、うちの会社からも日本人社員が加わっていることが大切となります」
　上下関係を認識することが非常に重要です。つまり、誰と交渉するか、どの席に就くか、誰と向かい合って座るのかといったことに注意を払う必要があるわけです。参加者のなかで、実際に決定を下すのは誰なのか、それとも、そもそもそういう人が出席しているのかということを知っておくことが大切というわけです。
　日本人側は、ただ情報を集めたいと思っているだけで、まったくコメントしないということもあり得ます。会議のあと自社に戻ってから検討し、そこで初めて実際に決定が下されることが多々あるので、そのような場合は、相手側に決定権をもつ人がいるのかどうかを見極めることがこっち側の出席者の役目となります。
「日本では、急いで結論を出すことはほとんどの場合しません。まず、あらゆる事実を抑え、その後、再び交渉を続けます。たいていの場合、再び連絡が来ますから、ビジネスのやり方としては信頼できると私は

思いますよ。アメリカでは、『あとから連絡します』と言っても何の連絡もないことがありますが、日本では、普通、連絡のできる段階に入り次第連絡があります。それに、ビジネス交渉においては、文化の影響が前面に出てくることを強調したいですね。顔を潰されないこと、つまり笑い者になるとか、逃げ場のないような場面に陥るということがないよう気を付けることが大切となります」と、彼は日本でのビジネスにおいては文化に敏感であることの重要性を説いてくれました。

日本人は面子（めんつ）を失うことを嫌うので、「考えさせていただきます」あるいは「もう少し交渉する必要があります」という言い方をして、問題（支障）になっていることをはっきりとは述べません。だから、何が問題で、その解決のためにはどうすればいいのかについて、昼休みにでも尋ねてみることも必要でしょう。

今述べたような正式な場でなくても、交渉プロセスの一部となっている場面では日本語の能力が特に大切になります。日本と同じような場面は、他のアジア人、例えば中国人と関わる時にも出くわしますが、コステルマー氏によると、日本ではその傾向が特に強いそうです。その背景には、儒教とそれに基づいた人間関係があるということです。

コステルマー氏は、日本語力のおかげで私生活がとても豊かになったと言っています。もし、日本語ができないままだったら、日本での滞在はとてもつまらないものになっただろうとも言っています。
「日本語ができない人の多くは、東京の都心部から離れたがりませんでした。しかし、私と妻は、日本に着いたばかりの頃から、レンタカーで山や海に行きました。6年間、ずっとそんな感じでしたよ。日本は二つ目の母国のようなものだと感じられるくらい、私は日本での生活を楽しんでいました。日本人は素敵な人達が多く、こちらが少し

でも日本語を話せば、驚くほど心を開いてくれます。そんな日本ですから、関係のよい、緊密な友人関係がつくれました。日本人は、自分にできることであれば、いつでも、どんなことでも手伝おうとしてくれます」と懐かしそうに語り、ビジネスだけではなく、文化、自然、料理の面でも日本はとても豊かなものを与えてくれたと言います。

だが、「中国の影響力が強まるにつれて、日本の立場が弱くなってきた」ともコステルマー氏は言っていました。

「中国とのビジネス、中国語、中国文化。フィンランドでは、これらの言葉しか耳にしないと感じることがあります。中国の市場や経済が成長する現在、それらに関係していくこともちろん重要ですが、中国を重視するあまり日本を忘れるということがあってはいけません。フィン日商工会議所とフィン日協会（iiiページの注を参照）では、日本にも関心の目を向けてもらうように活動しています。日本はまだ世界第２の経済大国でもあり（2010年現在）、フィンランドにとっては大切な貿易相手なのです」

コステルマー氏は、アジアへの玄関口としての日本という、興味深い視点を紹介してくれました。

「日本での経験があれば中国でもやっていけます。政治体制は異なっていても、儒教、仏教などのイデオロギーがほぼ同じですから。日本から中国に進出したフィンランド企業では、日本で得た経験がとても役に立っています。また、韓国もぐんぐんと国力を伸ばしてきており、フィンランド企業も韓国へ進出しつつありますが、そこでも日本での経験は貴重なものとなります。日本語も役に立ちますので、アジアを知る出発点として日本はいい国だと思います。住みやすくて、万事支障なく動きますし、人はとても優しくておもてなしの心がありますから」

日本語に加えて勉強する分野は、芸術、通訳、ビジネスなど、自分が将来就きたい仕事を考えて決めるべきだ、とコステルマー氏は強調します。国際ビジネスの場合、どこの国の言語でも流暢にできるということは考えられませんが、中国語であれ、日本語であれ、英語であれ、自分が主として使う言語はしっかり身に着けなければなりません。例えば、日本の会社に就職したというような場合は、上級レベルの日本語能力がもちろん有利になりますが、日本が貿易相手の一つにすぎないフィンランド企業であれば、そこまでの日本語能力は必要とされないでしょう。

　ビジネス界に就職を希望する人で、日本語はできても経済についての知識がまったくない人がいますが、そんな人に対して彼は、「経営学を専攻しておらず、なおかつビジネス界で働きたいという人は、ビジネスのことを知るために日本と取引のある企業でインターンシップをしてみるといいのではないでしょうか」と助言していました。就職活動では、インターンシップや勉強を通して身に着けたビジネスの知識が非常に役に立つからです。

　また、コステルマー氏は、日本語を学んでいる学生の就職先として、フィン日商工会議所に所属する70社を一通り見ておくといいとも言っていました。これらの企業は、すべて日本と何らかの形で取引があるからです。それに、日本語で読み書きができる人は、聞いたり話したりすることができる人よりずっと少ないということです。

「日本語の読み書きができる人を探そうとしても、なかなか見つからないことが多いと感じています。日本語の学習では、それが一番難しいですからね。話すだけではなく、読み書きもできる場合はその点をしっかり強調するといいですよ」

　雇う側は、留学などの日本経験をとても好意的に見るから、それを

ヘルシンキ空港のロビー

強調しておくことも忘れないようにしなければなりません。「夏季のバイトを探す時は、フィンエアーとフィナビア⁽²⁾を忘れないでくださいね。免税品店をはじめとする空港のサービスでは、できるだけ日本語で応対できるように務めていますから」とコステルマー氏は言って、話を締めくくってくれました。

---

(2) (Finavia) 航空機の離発着や通関など、空港における業務を管理する会社。

15 美を共通語として

インタビュー・原文執筆：ヨハンネス・ケーンズ
翻訳：トゥーリ・ヴィヒコ

エリセ・コヴァネン（Elise Kovanen）
フィスカルス・グループ(1)で、イッタラおよびアラビアブランドのコミュニケーション担当主任。コヴァネン氏の業務には、日本マーケットへの対応、日本との協力関係促進なども含まれる。

　大学で美学を専攻したエリセ・コヴァネン氏は、自然から得たインスピレーションがデザインにも著しく影響される点で、日本人とフィンランド人は共通していると考えています。
「自然には、神秘性とともにある種の単純さもあります。そこに、日本人もフィンランド人も強く惹かれるものがありますよね」
　コヴァネン氏は、東京から日本の友人が来た時の話をしてくれました。雑誌記者であるその友人は、コヴァネン氏に「東フィンランドにある実家を撮影させてほしい」と依頼しました。実家のある土地は湖に面しており、その友人は、森、自分達で建てた家、ベリー摘み、サウナといったものを高く評価していたようです。
　彼女は、フィンランドのスモークサウナ(2)と日本の茶室には共通点が

---

(1)（Fiskars）1649年にフィンランドのフィスカースで設立される。オレンジ色のハンドルがついたハサミで知られているガーデン用品分野では世界一。Fiskars, Iittala, Gerber, Silva, Buster などのブランドをもち、従業員数3,800人の多国籍企業である。
(2)　サウナの原型は「スモークサウナ（SAVUSAUNA）」と呼ばれるもので、普通のサウナのように煙突がないため、サウナに入りながら追い焚きすることができない。温度は低く、薪で温めるので、適温になるまで8時間もかかる。多くのフィンランド人が、様々なサウナのなかで一番気持ちのいいサウナだとする。

あると思っています。どちらも背の低い入り口から中に入り、薄暗い部屋の中で、静かさを楽しみながら自分を清めるという点です。
「常に自然とともにあるということが、両国人に共通していることではないでしょうか。もちろん、そのあり方には違いがあると思いますが」
デザイン分野においては、早くから、両国に共通する美的な感覚がお互いに興味を誘ってきました。
「例として、カイ・フランクの仕事に詳しいカティ・トゥオミネン＝ニーットゥラ（Kati Tuominen-Niittylä）氏(3)は、『カイは日本に行って日本人から想像力を取り入れた』とよく言っていましたよ」
すでに1930年代から、フィンランドのデザインは余分なものを削ぎ落としたシンプルなものとなっています。例えばそれは、クルト・エクホルム(4)による「シニヴァルコ（Sinivalko）」の食器シリーズに現れています。
なぜ、フィンランドのデザインは機能的なのでしょうか。コヴァネン氏はその理由を過去に求めます。ニーズがあるからデザインが生まれてくるわけですが、この点について彼女は、アラビア社(5)の果たしてきた役割が大きいと言っています。
「特にアラビア社は、フィンランドの発展に大きく関わってきました。最初は家を暖めるための陶器ストーブをつくり、やがて建物に配管が設置されるようになると便器の製造が始まりました。もちろん、食器類も、その間ずっとつくってきました」

カイ・フランクがアラビアで仕事を始めたばかりの頃は、フィンランド人口連盟(6)からの依頼を受け、戦後の生活を営むための食器をデザインすることでした。その際、組み合わせて使える食器が望まれ、食

器の数を抑えられることが求められたのです。というのも戦後は、多くの人達がたくさんの食器を買い求めるだけの余裕がなかったのです。
「シンプルな美」という美意識は、1950年代に「キルタ（Kilta）シリーズ」をデザインしていたフランクに影響を与えました。他社のものにはたくさんの飾りが付いていましたが、キルタでは、様々な色の釉薬そのものが飾りになる、とフランクは言っていたようです。
「この考え方が、現在でも基本となっています」と言うコヴォネン氏は、日本文化との共通点がここにあるのではないかとも言っています。
「これは私の想像なのですが、日本でも、まず空間があって、そこから物事が生まれています。また、食器はたくさんなくてよいという考え方があるんじゃないでしょうか。本質的なもの、大切なものしかないと、考えるための空間が生まれるものです」

21世紀に入って、フィンランドのデザインに関する日本人の関心はますます高まったようです。
「ミラノでフィンランド人記者のインタビューを受けた深澤直人さん[7]

---

(3) （Kaj Franck,1911〜1989）1945年、アラビア社にデザイナーとして入社。フィンランドのデザイン文化に大きな影響を与えた。
(4) （Kurt Ekholm,1907〜1975）1932年、アラビア社のアート・ディレクターに就任し、アート部門を設立してデザイナーが芸術作品としての陶磁器を自由に制作できる体制を整えた。フィンランド初のアート陶磁器専門のアラビア博物館（1948年開館）も、彼のアイディアによる。
(5) イッタラグループに属する陶器ブランド。キッチンウェア、テーブルウェア、陶器、衛生陶器を製造。最初に建造されたアラビア社の陶器工場はヘルシンキにある。
(6) （Väestöliitto）家族、若者の厚生およびバランスが取れた人口動態を目指す団体。連盟の活動には、社会問題について発言、家族計画に関するサービスの提供、研究・開発などがある。「健康で安全で安定した生活は、家族から始まって全社会に影響を与える」がモットーとなっている。
(7) （1956〜 ）山梨県生まれのプロダクトデザイナー。人が普段、意識なくしている行動に着目したデザインを得意とする。アメリカの雑誌〈Businessweek〉によって、世界の一番影響力のあるデザイナーの一人に選ばれている。

映画『かもめ食堂』の一シーン　　©Sandrew Metronome

は、日本では今、フィンランドがとてもポップな存在だと言ったそうです」

　2006年に制作された映画『かもめ食堂』の影響もあるでしょう。この映画では、イッタラの食器が数多く使われています。

「映画の撮影に参加できて、とても興味深かったです。心を込めてこの映画をつくっているスタッフの様子を、直接目にすることができました」と、コヴァネン氏は懐かしそうに語ってくれました。

　2002年のフィスカルス・グループのブランド戦略では、イッタラの海外展開を進める一方で、アラビアは国内販売を重視する、とあります。日本からの要望で、2000年代に入ってからは日本でもイッタラの店舗が開店しました。その際、日本では、ガラス製の鳥のデザインで知られているオイヴァ・トイッカ（Oiva Toikka）の作品展も開かれて、多いに関心を集めたそうです。

「オープニングの時には、お客さまの列ができるほどだったと聞いています」

　国内販売を重視するという方針になったからといって、アラビアに

イッタラ銀座店

対する海外からの関心がなくなったわけではありません。アラビアのアーティスト達の作品は、日本の美濃地方で開催された「国際陶磁器フェスティバル」で成功をしています。

「日本側から積極的に、『アラビアの食器シリーズを日本で売りたい』と言ってきたのです」と、コヴァネン氏は驚きつつもうれしそうでした。「パラティーシ（Paratiisi）シリーズ」は特に人気があるほか、2009年の春に発売された「ルノ（Runo）シリーズ」も好評だということです。

彼女によると、モノづくりの伝統とそれに関する歴史や物語が日本では高く評価されるそうです。例えば、「アイノ・アールト（Aino Aalto）グラス」は、水に投げられた石が生み出す水紋から名前を与えられました。様々な組み合わせができる食器も日本人は好むということです。

---

(8) 「国際陶磁器フェスティバル美濃」が正式名称。陶磁器のデザイン・文化の国際的な交流・陶磁器産業の発展を目的として、1986年、「土と炎の国際交流」をテーマに第1回が開催された。以後、トリエンナーレ（3年に一度）として開催されている。

「これも日本文化に合うのではないかと思います。私達は同じ食器を四つも六つも持ちますが、彼らは五つの異なる食器を使うこともあります」

異なるシリーズの食器を組み合わせて使われることは、イッタラが当初から重視してきたことです。例えば「テーマ（Teema）シリーズ」の食器は、「オリゴ（Origo）」、「サトゥメツァ（Satumetsä）」、「タイカ（Taika）シリーズ」と組み合わせて使うことができるし、基本的にはどんな飾りのある食器にもよく合います。

コヴァネン氏は、イッタラの日本での成功の影には、日本人の買い物の仕方もあると思っています。

「誰かがどこかの店でいいものを見つけたら、多くの友達が同じ物を買いに行きます。ある意味集団的で、それぞれのグループに同化しようとするようです」

日本におけるイッタラとアラビア人気は、フィンランドにまで及んでいるとのことです。

「一般的に言って、日本人は、ブランドが実際に生まれた場所を訪れたいと思っているようです」

アラビアの工場を訪れる外国人のほとんどが日本人ということです。工場ではムーミン食器の製造過程なども見学することができます。ムーミンの人気も手伝って、ムーミン食器は日本で最も売れるイッタラ製品の一つとなっています。

コヴァネン氏が初めて日本人の「デザイン観光客」（デザインを目的に来る観光客）に出会ったのは、学生時代にヘルシンキのエスプラナディ（Esplanadi）通りにあるイッタラの店舗でアルバイトをしていた時でした。その時、特に日本人の礼儀正しさが印象に残ったようです。

イッタラ店舗のディスプレイ

「いつも『Please』と言ってくれることは、素敵な人柄を表していると思います」

　会話がうまく進まない時、彼女は、自分が日本人の話し方を真似していることに気が付いたとも言っています。そうすると、話にそれなりのリズムが生まれて、コミュニケーションがうまくいくのだそうです。
　コヴァネン氏は、観光旅行が文化輸出を促進すると考えています。フィンランドで経験した様々なよい出来事は、日本でのイッタラの売り上げに貢献するだろうから、フィンランドの店舗では日本人のお客さまに対して配慮をし、日本の店舗ではフィンランドおよびスカンジアビアン・デザインを提供しているのです。
　日本のマーケットには、フィスカルス・グループのいくつかの部門が関わっています。輸出に関しては輸出課、販売に関しては個々の店舗、ビジュアル面ではブランド課というようにです。そして、コミュ

ニケーション課は、アーティストとのインタビューなどを手配しています。
「仕事は、いろいろな協力があって成り立つものです」と言う彼女は、店舗で起きていることの陰にはたくさんの人の努力があること、そして仕事力は人脈と経験から生まれると強調していました。
「日本のことを特別に勉強することはありませんが、日本には様々な所で出合っています」
　長年にわたって培われた知識が次から次へと伝達されていきます。お客さまとの関係を長く保っていくためには、それなりのノウハウが必要となります。日本人とどうやってビジネスを行うかについては、輸出課が必ず知っておかなければならないことです。店舗では、細かなことに気を付けることが大事です。その例として、日本人は商品がきれいに包装されていることを重視します、と言っています。
「日本人がくれる贈り物は、必ずとてもきれいに包まれています」
　また、気を付けるべきこととしては、日本人は決して食器を4客買うことはなく、普通は3客か5客を買うということです。日本では、「4」という数は「死」や「不運」を連想するからです。文化に基づくこのようなことも、接客の際には注意する必要があります。

　イッタラとアラビアで日本語能力が必要とされるのは、何よりも接客サービス、つまり自社製品についてお客様に説明する場合です。デザイン観光客のためには、日本語の説明書がつくられています。また、フィスカルス・グループでは、鳥取大学で20年以上英語を教えていた経験をもち、日本語ができるクリスティーナ・小林（Kristiina Kobayashi）氏が働いています。
　彼女は、フィンランド語から日本語への翻訳や、日本のメディアと

のやり取りを担当しているほか、日本から取材が来ると、アラビアの本社工場、ヌータヤルヴィ（Nuutajärvi）のガラス工場、イッタラ発祥の地であるイータラ（Iittala）のガラス工場などを案内しています。また、観光客も、予め予約しておけば、アラビアの工場とイッタラ博物館も彼女の案内で見ることができるようになっています。

イッタラでは、様々なジャンルにわたって日本語の翻訳が行われています。日本の店舗にはもちろん日本語で書かれた資料が置いてありますし、フィンランドでも一部の資料は日本語になっています。そのほか、新製品のお知らせも、日本で販売される場合は日本語に翻訳されています。さらに、例えば『Muumit Arabiassa（ムーミンがアラビアで）』という本の日本語版まであります。

「ムーミンは日本でとても大事にされていますから、この本を翻訳して、日本人に提供したいと考えました」

翻訳に際しては、今は特定の翻訳家に頼んでいるとのことですが、将来、翻訳家の必要性は増すかもしれないということです。事実、コヴァネン氏は、日本語に翻訳する機会が増える傾向にあると言います。

「日本語での資料の必要性が増えるにつれて、翻訳家もさらに必要になります」

それぞれの製品には、その製品なりの物語があって、お客さまから

イッタラ本社

色鮮やかなテキスタイルデザインのマリメッコ店内

もその物語が知りたいという希望が寄せられています。
「日本人が物語を読み、その話をしてもらえるように、次は日本の翻訳事務所に物語の翻訳を依頼することになるかもしれません」
　彼女は、ヘルシンキ大学と協力してフィンランド語から日本語に翻訳することも興味深いことだと言いますが、メッセージを正しく伝えることの重要性を強調していました。陶器、ガラス、鋼(はがね)関係の専門用語が正確に翻訳されなければならないため、日本語ができるだけでなく、それらの分野の知識も必要になると言います。日本語・日本文化の学生は、この点についてもっと勉強することが求められます。
　翻訳のほかに日本語ができる人は、日本人との協力を進めるために必要となるようです。コヴァネン氏はまた、ヘルシンキ大学の学生との協力も可能だろうと言っています。
　ヘルシンキは2012年に世界デザイン首都となりますが、そのための準備として、学生の知識や能力を生かせる場があるようです。例えば、イッタラ、マリメッコ（Marimekko）、アルテック（Artek）が協力し

て、家具、テキスタイル、食器などを含めて、日本人にフィンランドの住まいを紹介するというのはどうでしょうか。基本的に彼女は、大学との協力関係を深めたいと言っています。
「日本に留学し、そこでのネットワークがあるということはいいことだし、文化に対する理解は貴重な資本となります」
　文化交流は、大学と協力するほかにもデザイナー交流によっても豊かになるし、イッタラもアラビアもそこには常に関心をもっています。コヴァネン氏は、イッタラにしばらく滞在して制作を行った陶芸家である葉山有樹[10]のつくった装飾品の素晴らしさについて語っています。
「あのように美しくて繊細なものがどうすればつくれるのか、理解できないほどです」
　ほかにも日本人デザイナーが参加したプロジェクトとしては、つぼいねねのマグ・プロジェクト[11]などがあります。また、1980年代からイッタラで働いている石本藤雄[12]の作品には、フィンランドと日本の要素があわせて見られます。
　コヴァネン氏は、将来の可能性として、フィンランドと日本のデザ

---

[9]　国際インダストリアルデザイン団体協議会（ICSID）が選定する「ワールド・デザイン・キャピタル（WDC）」のこと。2012年～2014年のWDCには、27か国から46の都市が名乗りを上げ、オランダのアイントホーフェンとヘルシンキが最終候補地となっていた。ヘルシンキは、イタリアのトリノ（2008～2010）、韓国のソウル（2010～2012）に次いで3番目のWDCとなる。

[10]　（1961～）佐賀県有田市出身。15歳で陶芸を始め、20代で自身の「窯」を開く。作品の絵柄は「圧倒される緻密さ」、「革新的な文様」などと評される独特のスタイルが特徴で、一部の作品にはアニメーションの様式も見られる。

[11]　（1976～）フィンランド在住の日本人デザイナー。グラフィックデザイン、イラスト、インテリア、家具デザインなどの分野でデザイン活動を行っている。

[12]　（1941～　）愛媛県生まれ。東京芸術大学卒業。1974年にマリメッコ社のテキスタイルプリントデザイナーに就任。以後、同社のヒット商品を発表してきた。1989年からは陶芸も始め、現在アラビア社（アート部門）の客員アーティストとして作品制作にあたっている。各国で作品展を開き、数多くの賞を受賞している。

イナーがそれぞれの想像力を組み合わせるといったプロジェクトを考えています。
「このプロジェクトは、言語の面からも興味深いことでしょう。なぜなら、言語を越えて『芸術』という言葉を手に入れて、それを通じて共通の言葉を生み出すことが可能となります」と言い、「それが人間らしさについて何を語るのかということは、興味深い問い掛けとなります」と続けてくれました。

16 まちがえて成田便に乗ってしまった

インタビュー・原文執筆：ライサ・ポッラスマー
翻訳：ヨーナス・キリシ

サミ・ヒルヴォ（Sami Hilvo）

日本語翻訳家・通訳。日本の香を輸入・販売するリスン（Lisn）・ヘルシンキ店を2006年に開店し、2011年までその経営にあたった。その前は、東京のフィンランド大使館で報道・文化担当を務めた。2010年に『Viinakortti（ヴィーナコルッティ）』で作家デビュー。

（撮影：Pertti Nisonen/Tammi）

　2010年の春に出版された『ヴィーナコルッティ』(1)がメディアに温かく迎えられたことについてヒルヴォ氏は、「読者のみなさんがこんなにも気に入ってくれてうれしいです」と、あくまでも控えめなコメントをしています。彼は、4年半にわたって少しずつこの小説を書き上げました。〈ヘルシンギン・サノマット新聞〉の批評を読んだ時、初めて作家になったという実感がわいたと言います。

　ヒルヴォ氏が初めて日本語に触れたのは、1984年、高校を卒業したあとに日本へ留学した時です。

「その年にフィンランドから留学した僕ら2人は、言ってみればパイオニアでした。フィンランド人で日本へ留学する人は、その当時、ほとんどいなかったのです」

　そもそも留学は、彼の両親が言い出したことでしたが、彼らは息子

---

(1) ヴィーナコルッティとは、第2次世界大戦後、食料品が乏しかった頃、政府から各市民に割り当てられた酒類を購入するための引換証のこと。

がイギリスかアメリカに英語を勉強しに行くと思っていたようです。その息子が日本を選んだのは、まったくの偶然でした。

「便を乗りまちがえて成田に着いてしまった、といつも冗談で言っています」と笑いながら彼は言っていました。偶然で選んだ１年間の留学は、大変なこともあったようですが、多くのことを学んだ非常に貴重な経験となったようです。

日本では、困ったことがいっぱいあったと言います。例えば、ホームステイ先の末の娘が「スキ」という言葉を使って、彼に様々な質問をしたようです。そのたびに彼は、どうしてこの子はこんなにも「スキー」の話をしたがるのだろうと不思議に思ったようです。既に習っていた「好き」という言葉の発音だったということが分からなかったのです。「しばらくしたら、『スキー』の話もさすがに飽きてしまいました」と、ため息をついていました。

ヒルヴォ氏は、日本で体験した完全な「よそ者」、そしてどこにも属さない感覚が何とも心地よかったと言っていますが、それは非常に興味深い発言です。

「日本を学んで入り込みたかったけれど、その一方で、自分がずっと『外の人』のままだということが分かりました。そのことで、すごい開放感を感じたのです」

インターネットがまだなかった1980年代、日本語を勉強するためにはとても高いモチベーションが必要でした。彼は、日本の新聞の購読申し込みを検討したこともあったようですが、あまりにも高かったので諦めたそうです。

「当時は、どんな文章の一切れでも貴重な宝でした。今では勉強に必要なものは簡単に揃います。それは、とてもよいことだと思います」

フィンランドに戻ってきたヒルヴォ氏に、すぐ通訳の初仕事が舞い

込みました。ラフティ（Lahti）で行われた「サルパウッセルカ（Salpausselkä）競技会」[2]に参加した日本チームの世話を任せられたのです。「まあ、いわば食事つきのボランティア活動みたいなものでした。でも、楽しかったです」と懐かしそうに語ってくれました。

その後、彼はヘルシンキ大学のアジア・アフリカ言語文化学科（当時）に進学し、日本の大学にも１年間留学しています。大学に入学した当初から、できるだけ高い日本語能力を身に着けることを目指していたと言っています。

具体的な目標は、電話で話した時に日本人だと思われることだったようですが、最終的にこの目標は達成しています。さらに、フィンランドの公認翻訳士の資格を取って翻訳家として働くようになり、その仕事を今も続けています。

翻訳・通訳の仕事のほかに、彼は様々な日本関係のプロジェクトに携わってきました。2000年、ヘルシンキが欧州文化首都だった時[3]には、テーレ（Töölö）湾のアートガーデン計画のプロデューサーを務めています。北欧諸国に加えて日本からもアーティストが参加していたので、日本語能力が非常に役に立ったようです。

2000年から2003年にかけて、ヒルヴォ氏は日本のフィンランド大使館で報道・文化担当を務めています。そこで広報活動や日本のメディアとの交渉を任せられたわけですが、この仕事はまったくもって新しい経験となりました。

「今度は、観察者の立場を取らなければならなかったのです。日本を

---

(2) 1923年以来、毎年フィンランドのラフティ市で行われているノルディックスキーの国際大会。そのうち６回は、ノルディックスキー世界選手権を兼ねて行われた。
(3) EUが指定した加盟国の都市で、１年間にわたって各種の文化行事を展開する事業。1985年にアテネを最初の指定都市として始まり、2000年には９都市が指定され、ヘルシンキもその一つだった。2011年には、フィンランドからトゥルクが指定された。

外から見つめる仕事でした」

　彼はメディアのなかでも特にテレビを活用し、何本ものテレビ番組の制作に関わってきました。彼の仕事に対する態度は、例えば、松任谷由実（ユーミン）がスタッフを連れてフィンランドに取材に来た時の話を聞くとよく分かります。

　ユーミンは地元に伝わる伝統音楽の影響を取材するために北欧諸国を回ることを計画したのですが、その時、ヒルヴォ氏がフィンランドでのコーディネートを任されたのです。彼は日本語力を活かして取材クルーと一緒に取材内容を考え、フィンランドでの取材先も、すべて日本のフィンランド大使館を通して手配をしたのです。このようなフィンランドのきちんとしたやり方を気に入ったユーミン達は予定を変更し、他の北欧諸国への訪問を取り消してフィンランドだけの取材になったということです。

　彼は、「リスンの仕事も、京都の事業部と日本語で連絡が取れるからこそできます」と強調しています。京都には1705年創業の「松栄堂」があり、リスンはその一部なのです。リスン・ヘルシンキは、フィンランドに香や香立てなどを輸入して販売しています。リスンの店舗は世界に三つしかありません。京都、東京、そして2006年に開店したヘルシンキです。

　リスン・ヘルシンキ店の話も面白いものです。2000年、ヒルヴォ氏が大使館に赴任するため東京に到着し、部屋を借りたばかりの時のことです。新生活に必要な鍋やフライパンを探すために、たまたま「アクシス」という名前のビルに入っているリヴィング・モチーフ店に寄ったのですが、その時、見ただけではよく分からない黒い玉がテーブルの上に置いてあったのです。「恐る恐る」近寄った彼が蓋を開けると、それは線香立てでした。

16　まちがえて成田便に乗ってしまった　155

リスン青山店　　　　　　　　　　リスン京都店

リスンヘルシンキ店

(4)　1705年創業の京都の香舗。各種薫香（線香、練香、匂い袋等）を製造販売している。住所：京都府京都市中京区烏丸通二条上ル東側。
(5)　ヘルシンキ店は2011年1月に閉店している。

「探していた鍋もフライパンも、頭から吹き飛んでしまいました。その場で８種類の香を買って、家に帰ってその１本に火をつけました」
「お香の常習者になりましたよ」と冗談めかして言っていましたが、彼の目は真剣そのものでした。香の世界が、目の前に開かれた瞬間でした。

それから７年後、リスン・ヘルシンキ店と Huippu Design Management（フイップ・デザイン・マネジメント）社が協同で展示会を開催し、７組のフィンランドのデザイナーがつくった香立てを紹介しました。この展示会は、フィンランド外務省およびフィンランド貿易産業省が後援し、京都のリスン本店および東京のアクシスギャラリーでも同時に開催されています。このコンセプトをもとにした製品は、2010年の秋に発表されました。

香そのものは、今でも京都で300年にわたる技術を用いてつくられています。天然の香りのほか、自然にはない香りもリスンのコンセプトの一部となっています。

「何の香りかよく分からないけど気持ちがいい。そんな効果を狙っています」

香のテーマは年々変わっています。例えば、２、３年前は香りを放たない花々の「失われた香り」を製品にしたようです。

「これは、果たして新しい香りをつくったのか、それとも昔失われてしまった香りを花に戻してあげたのか……考えてみると面白いですね」

ヒルヴォ氏は、一度「マウステ」(6)という香に東京で出合ったことがあると言います。ディル、パセリに山椒(7)を混ぜた香りですが、「ヘルシンキに行ってきた日本人が言うには、夏の海沿いのマーケット広場はそんな匂いだそうです」

リスンのその年のテーマは、世界の様々な都市の香りを楽しむこと

夏のマーケット広場

でしたが、「マウステ」は、スウェーデンを代表する「クリッダ」とインドの「マサラ」と並んで、そのテーマにあった一品でした。製品の開発にあたった人達は誰もフィンランドには行ったことがなかったようで、香りは調査だけに基づいてつくられたそうです。

　2010年のテーマは、世界各地にある有名な都市の雰囲気を呼び起こしてくれるものでした。例えば、京都の香の一つは「梅見」と言い、初春の梅の香りを漂わせたものでした。そして、レモンとバシルを合わせたイタリア風の「CANALE」はヴェネツィアを思い起こさせるものでした。

「これらの香りは、その都市の雰囲気を一瞬に捉えたものです」と、ヒルヴォ氏は説明してくれました。フィンランドのデザイナー達による香立て（インセスホルダー）は、国旗である白と青のパッケージに包まれています。

---

(6)　(Mauste) フィンランド語で「香味料」の意味。
(7)　地中海沿岸原産のセリ科のハーブ。魚料理によく合う。フィンランドでは、ジャガイモを茹でる時にもよくディルを入れている。

「最近は、お金を稼ぐこと以外にも日本語を何かに使いたくなりました。もちろん、日本へ行くたびに、まさにその何かができるわけで、文化のなかにあっさりと入っていくという感覚はなかなかいいものです」と、彼は考え込んだ顔で言っていました。

　日本語に対する関心はフィンランドにおいて増す傾向が続いており、日本語教育も盛んになってきています。フィンランド・日本語日本文化教師の会（77ページの注を参照）が主催して毎年開催されている日本語による弁論大会のコメンテーターとして、彼は毎年その傾向をじっくりと見る機会をもっており、その変化を実感しているのです。参加する若者のレベルが年々高くなり、特に発音のいい人が多くなったということです。それは、言うまでもなくアニメや映画、そしてＪポップのおかげだとヒルヴォ氏は確信しています。

「しかし、いくら日本語能力が優れていてもそれだけでは足りません。大事なのは、その能力をどう活かすかということです。話すということは周りに働きかけることですから、話す内容がしっかりとしたものでなくてはいけません」と、彼は強調しています。そして、その内容となるものは、幅広い教育を受けてこそ得られるものと言っています。

「外国語のほかに、母語もちゃんと身に着ける必要がある」とも、翻訳家でもあるヒルヴォ氏は主張しています。「英語は母語の代わりにはなりませんから」と、この点においては妥協しません。確かに、学習した外国語で物事を考えることができなければいけませんし、複雑なことを処理しなければならない時もあります。それらは、母語の基礎がしっかりとしていなければできないのです。

「それに、大切ではない言語なんてないのです。だから、学校で教える言語の種類は多様であるべきだと私は思います。それに、人間の頭

にとって、複数の言語を使いこなすことは、決して無理なことではありません」

彼の意見では、母語以外に世界の共通語となった英語を身に着けることも必要だが、それに加えて三つ目の、例えば日本語のように完全に異なった言語を学習するのもいいのではないだろうかということです。外国語を学習している子ども達の親には、何を根拠にして子どもが勉強する外国語を決めるのかについて考え直していただきたいとも言っています。例えば、政治や経済の現状に基づいて判断をしても、将来、社会情勢が望んだ方向に発展するとは限りません。つまり、将来を予測することは難しいのです。

では、日本語学習をすすめる根拠とは何でしょうか？　彼の答えには躊躇がありませんでした。
「日本語は、世界にしっかりとした位置を占め、精神を豊かにしてくれる素晴らしい日本文化への入り口なのです」

日本語ができれば、日本において研究を行う機会もずっと得やすくなると彼は指摘しています。
「国は貿易だけでは成り立ちませんよ。研究も大切ですし、それがまためぐって経済発展のためにもなります」

文化の勉強は、特に日本語の場合は欠かせません。
「フィンランドと日本では、言語学習そのものが違っているということにおいてすら文化の影響が見られます」

例えば、場面によって敬語を使わなければならないという時の言葉遣いの関連性や、ある種の規範意識の強さが日本では強調されています。
「心と目を大きく開いて」というのが、将来の日本語・日本文化の専門家に対するヒルヴォ氏からのアドバイスです。最も大事なことは、

幅広い教養を身に着けることなのです。
「あまり興味のないことについても、何かを学んでおくといいですね」
　彼自身は、学生時代に古典日本語を勉強し損ねたことを今は後悔しています。「実は、次の作品の話なのですが、古文の知識の足りなさを感じています」と明かしてくれました。次のヒルヴォ作品は、特に日本愛好者が気に入ることでしょう。
「日本語の学習者が多ければ多いほど、そのなかから、日本－フィンランド間の交流において自らの仕事や居場所を見つける人も出てくるでしょう。将来の形は、それをつくる人が決めるのです」

　ヒルヴォ氏は、初めて留学した時の最初の誤解を今でも懐かしく思い出すようです。
　飛行機や電車に何時間も乗りっぱなしで、くたびれ果ててホームステイ先に着いた彼のところに、英語のできないお父さんが辞書を手にして何かを伝えに来たということです。
　結局、彼に分かったことは、「明日は仕事が朝早く始まるが、お前は疲れているだろうからゆっくり寝ていろ」ということぐらいでした。それで、自分はただでこき使われることになるのかとすっかり思い込んでしまったのですが、とりあえずその夜は、この状況を冷静に受け入れて眠りに就いたと言います。
　翌朝、洋服工場を兼ねた自宅の機械音で彼は目が覚めました。１階に下りて、台所でお昼の準備をしているおばさんに「働く準備ができました」と言うと、おばさんは大変驚いてしまったのです。つまり、お父さんが伝えたかったことは、「工場は朝が早いが、音を気にせずにゆっくり休んでください」という気遣いだったということでした。

17 感情の表し方が似ている日本

インタビュー・原文執筆：レーナ・エーロライネン
翻訳：ヨーナス・キリシ

アニタ・イェンセン（Anita Jensen）
1985年フィンランド美術大学（Suomen taideakatemian koulu）卒。ササカワ財団の後援で1990年代半ばに初めて日本へ。その後、日フィン両国で日本伝統美術を学び、現在はアールト大学芸術デザイン大学校（Aalto-yliopisto, Taideteollinen korkeakoulu）で教鞭を執っている。

　アニタ・イェンセン氏は映画が大好きです。美術家として言葉に頼らないビジュアルな表現を重視する彼女が、映画を通して日本に出合ったのも無理のないことかもしれません。
　「1970年代後半に通っていた映画サークルで日本映画を初めて観たのですが、そこには完全に異質な文化と美術概念の世界が描かれていました。この異質な存在としての日本が、この時、心に深く刻み込まれたのです」
　母方の親戚は、「少しですが、日本との縁がある」と彼女は言います。イェンセン氏の祖父は、19世紀が20世紀に変わる頃にカリヤロヒヤに住んでいて、画家であるシグルド・ヴェッテンホヴィ＝アスパのもとで働いていたそうです。ヴェッテンホヴィ＝アスパは絵を描くか

---

(1)　（Karjalohja）ヘルシンキの西80kmに位置する。人口は約1,500人。
(2)　（Sigurd Wettenhovi-Aspa, 1870～1946）彫刻家、作家、音楽家など様々な顔をもつ。独特の言語観に基づく言語研究を行い、古代エジプトの言語とフィンランド語は類縁関係にあるなどの説を唱えた。

たわら、フィンランド人は日本人・エジプト人と血がつながった民族だという論を立て、本まで執筆しています。

「母方は、日本とはこうした薄くて奇妙なつながりがありました。もっとも、当時思ったことは、こんな奇論をどこの馬鹿がこねているのだろう、というくらいでしたが」と、イェンセン氏は笑って説明してくれました。

彼女が本気で日本に夢中になったのは1990年代の半ばで、ササカワ財団の助成金を友人と一緒に申請しようと決めた時でした。当時、日本は、フィンランド人にとっては今のような日常生活のなかで見かけられる存在ではなく、まだ好奇心を刺激する未知の国だったのです。その当時、２人には日本に知り合いもいました。京都精華大学で長い間木版画を勉強していた版画家のトゥーラ・モイラネン氏[3]で、彼女が２人を様々な分野の芸術家に会わせてくれました。

日本文化に初めて直接触れたことは、イェンセン氏にとっては身体的にも精神的にも圧倒される経験だったそうです。よく分からないことばかりで、新しいことをすべて消化することができないと気付いた彼女は、体調を崩してしまったと言います。しかし、この新しい環境に対して感じた魅力があまりに強く、何も理解できないままに終わってしまうわけにはいかないと強く思ったということです。そして、日本から受けた影響について次のように語ってくれました。

「芸術家として私は、いつも自分の奥深くへと辿り着こうとしています。そのためには、私自身を映してくれる様々な場面、人間や現象が必要なのですが、今ではそのほとんどを日本と日本文化から求めるようになっています。自分でも知らないうちに、私の作品のすべてが様々な面で日本と関連しているような状況になってしまっています」

美術作品を通して彼女は、西洋と東洋、フィンランドと日本の相違

点と共通点を探りたいと言います。もちろん、新しい何かに出合うとまずその異質性に打たれるのですが、すぐに続いて共通点を探し出すことが始まるということです。

　個人的なレベルで彼女は、日本人の典型的な感情の表し方に親しみを感じると言っています。例えば、フィンランドの形式を重んじない文化に対して日本の礼儀正しさが自分に向いていると感じたようです。

　彼女自身は感情の起伏が激しい性格なのですが、決してそれを外に出そうとはしません。この精神構造が、日本人と非常に似ていると言うのです。日本人は、外見はあくまでも冷静ですが、恐怖などの激しい感情はすべて日本文化固有の表現を通して表されています。「しかも、極めて芸術的にですよ」と、彼女は感心しています。

　この洗練された表現が、イェンセン氏の心に深く突き刺さったのです。人目にさらしたくないことがたくさんある、と自覚しているからです。

「日本人は外面的には冷静なのですが、感情や価値観を様々な象徴に託して表していると分かったんです。つまり、私自身にぴったりあった表現の仕方を見つけたというわけですね」

　彼女は長きにわたってアールト大学芸術デザイン大学校で教えていますが、近年の日本ブームはそこでも見られると言います。1990年代では、ほとんどの学生が洋風のものを描いていたのに、現在では日本風に描く学生も多くなったようです。日本ブームと、それに関連する日本のアニメとマンガの人気といった状況に、自らが日本に夢中になったことと同じ原因を感じています。それは、自らの文化の枠組みのなかで異文化に出合い、この二つの関係性を探ることなのです。

---

(3)　(Tuula Moilanen, 1959〜) 版画家・和紙作りの専門家。北部フィンランドにあるクオピオ市の出身。1989年以来、日本に在住している。

「マンガの人気には、気持ちの伝え方、そして時には教訓も織り込んだ物語の面白さということも関わっている」と、彼女は考えています。

フィンランドでは、宮崎駿(4)のアニメが大人気となっています。彼女が観る宮崎氏の作品にはある種の寓話的なところがあるのですが、それをきっかけに、もっと広く日本文化に関心をもち始める若者が多いとも言います。世界規模の天災や戦禍などをテーマにしているのに、終わりはハッピーエンドに、異国趣味を少し盛り込んだ話なのだから人気が出ないわけがない、ということです。「ディズニー映画よりよっぽど面白いですよ」と、彼女は笑っていました。

日本のアニメが西洋の人々の心を奪ったのは、背景にある人生への理解が深く、それがより良く表されているからです。アニメを観ると、人生そのものがより大きく感じられると彼女は思っています。

日本のアニメは、いつも現代的な要素と歴史的な要素が器用に組み合わせられており、自然や地球とつながっています。個人中心に偏るのではなく、いつもより大きなテーマを扱っています。しかし、ここでイェンセン氏は、観ている人自身の文化が映画の理解の仕方に影響していることに注意を払う必要があると指摘しています。

「もちろん、我々は常に自らの歴史を通してものを見ています。だから、日本人とは違う目でアニメを見ているはずです」

イェンセン氏が描いた作品に、昔の歌舞伎や能役者の写真が使われてきたことは、彼女のパフォーマンス・アートやその視覚性に対する親近感を物語っています。そのほかには、韓国の現代映画にも興味を抱いているとのことです。

日本人と韓国人は違う民族ですが、両国の映画には「身体性」や「死」といったテーマが、フィンランドのポピュラーカルチャーでは

版画作品「Curtains of Life（人生の幕）」

版画作品「Memoirs of Peony（ボタン花の回想録）」

めったに見られないような形で描かれているのです。マンガにおいては、たとえぞっとするような話でも、そこにはある種の無邪気さが見られると彼女は言っています。

「マンガは、人生のあらゆる領域を取り扱っているのですが、それは筋が通ったことです。日本では、セクシュアリティに関する価値観がまったく違っているんです。フィンランドにはキリスト教思想が背景にあって、議論がいつも良いか悪いかという対立に帰着します。ところが日本は、セックスにある種の無邪気さを含有させているために、性的倒錯にもそれなりの無邪気な面が表れるのです」

つまり、彼女によれば、マンガは西洋にこれまでなかったまったく異質な美学があるということなのです。

フィンランドと日本の文化の間には共通点もあります。一般的には

---

(4) （1941〜 ）アニメーション作家、映画監督。作品に『風の谷のナウシカ』、『天空の城ラピュタ』、『となりのトトロ』『魔女の宅急便』など少女が主人公のものが多い。『千と千尋の神隠し』で2001年ベルリン国際映画祭金熊賞、2003年アカデミー賞長編アニメーション部門作品賞を、『ハウルの動く城』でベネチア国際映画祭、ニューヨーク映画批評家協会の賞を受賞するなど、国際的にも高く評価されている。

意識されていませんが、フィンランド人はいまだにシャーマニズム、アニミズムや自然の神々を身近なものに感じています。日本の山奥にある温泉に連れていかれたフィンランド人は、たぶん親近感を感じることでしょう。山奥で温泉に入ることの本質が、理解できるかもしれません。「日本文化に対する親近感は、肌触りから生まれるものですよ」と、イェンセン氏は微笑みながら言っていました。

そして逆に、フィンランドに来た日本の観光客は、フィンランド人の日常生活の場で過ごす時間を素晴らしい体験と捉えているそうです。「ここフィンランドには、日本人が求める異質な何かがあります。それは同時に、何となく馴染みを感じるものなのです」と、迷わず断言していました。

「だから、観光客のほとんどがヘルシンキしか見ないことがとても残念なのです」

イェンセン氏は、自分が「とても言語の勉強には向いていない」、視覚的な人間の典型だと言います。しかし3年前、日本への興味があまりにも高まり、ついに労働者教育センター（xiiページのコラム②を参照）で日本語の勉強を始めました。この2年間は夏期大学にも通っています。勉強の成果も最近は現れてきて、この前（2009年）の秋の日本旅行では、初めて日本語が話せたおかげで分かったこともあったようです。

「少しでも、何かを読めるようになれた気分がとてもよかったです。今でも難しいことは分からないけれど、以前は、一切分からないよそ者でしかなかったのです」

日本語を話せることがどれほど大切なことか、彼女はすぐに実感できたということです。日本語を話す努力をするだけでも、以前とは比べ物にならないくらい人とコンタクトを取ることができたとも言いま

す。かつては、相手が英語の上手な人でないとコミュニケーションは表面的なままで終わってしまっていましたが、今彼女は、「簡単な話しかできないけど……」と謙遜しつつも、その簡単な話ができることを満喫しています。
「10年もの間、日本語の勉強は難しいと思い込んできたし、読み書きなんかは一生無理と確信していたんです」と言うイェンセン氏は、「クラスでは、若者のなかに50過ぎの自分が混じっているのですが、まったく平気です」と付け加えたあと、次のように言っていました。
「例えば、レストランでメニューが読めるようになった時のうれしさに比べたら、どうということはないです」

　日本語の教師がフィンランドではもっと必要だ、というのが彼女の意見です。そして、日本語教育は今まで以上に文化教育と結び付けるべきだとも言っています。
「言語を実際に使って覚えることはいい方法だと思います」
　教え方としては、特にサジェストペディア(5)を初級段階から使ってみればいいのではないかとイェンセン氏は言っています。
　現在、サジェストペディアの授業は、参加者がある程度の日本語能力に達していなければついていけないようになっています。彼女はさらに、日本のマンガなどをテーマにした授業を開催することもいいのではないかと提案しています。しかし、そのためには、日本語以外の分野も得意とする日本語教師の人数を増やす必要があるだろうと指摘

---

(5)　ブルガリア人の精神医学博士ゲオルギー・ロザノフによって開発された外国語教授法のこと。五感とサジェスチョンを通して、知識・技術・体験を全面的に受け入れ、学習者がそれを自身の経験・体験・理解などを通して身に着けるというのが基本となっている。

しています。
　イェンセン氏は、日本でいわゆる「活動しながら学ぶ」形式の言語講習も話題に挙げてくれました。「そういうのがあったら素晴らしいではないですか！」と言う彼女、「1～2か月間日本で勉強すれば、日本語が上達するに違いないでしょう」とも強調しています。
「画家なんかは大喜びだと思いますよ。作品制作をしながら日本に2か月間くらい暮らせたら、私が知っている限り、10人くらいはいつでも喜んで行くでしょう。みんな日本文化に興味をもっている人達で、日本で作品をつくりたいと思っています。それに加えて日本語の基礎も勉強できるのであれば、もうそれ以上望むことはないでしょう」
　もう一つの言語習得法としては、イェンセン氏は交換留学制度を挙げていました。
「フィンランド人が日本に行く代わりに、日本の美術家もフィンランドに来られる機会がもてるとなれば、興味をもつ日本人も多いでしょう。このような制度なら、フィンランドからも日本からも出資してもらえるのではないでしょうか」
　実は、こういった交流はすでに行われていて、フィンランド人画家が日本に滞在し、小さなグループでワークショップを行って、参加者同士が製作技術を見せ合うなどの活動が行われています。しかし、こういうプログラムでは日本語学習の面が充実していないのです。それについて彼女は、「こういう形に基づいた新しい留学制度を構築すればいいかもしれませんね」と言っていました。

　この15年ほどの間、フィンランドでもほかの国でも美術家は日本に興味を抱いてきました。彼女によると、日本では豊かな伝統工芸技術が学べる一方で、最先端の技術を応用した芸術も見られるから、多く

の芸術家が日本に行きたがるそうです。しかも、日本の美意識は西洋のそれとはまったく異なっています。どうやら、現代デザインや現代美術では、日本らしさとフィンランドらしさの区別がつかなくなっているようです。

「20代の画家の作品には、将来、ますます日本の影響が強くなっていくでしょう。そして、30代～40代の画家の作品にはこの傾向が既に見え始めています」

　特に大きな国際的な展覧会などで日本の美術家の作品を目にすると、その影響を自分の作品に反映させてもいいかなと思うようです。もちろん、美術のなかでも様々なサブカテゴリーがあります。例えば、日本の木版画は、カリ・ライティネン（Kari Laitinen）、トゥーラ・モイラネン、アンッティ・タンットゥ（Antti Tanttu）の３人による、世界的にも有名な『木版画の方法（Puupiirroksen　taito）』（Taideteollinen korkeakoulu, 1999）という本のおかげでフィンランドにおいて有名になりました。

　日本風の版画は、そもそも、アクセリ・ガッレン＝カッレラ[6]とヒューゴ・シンベリ[7]が中央ヨーロッパからフィンランドに伝えたものです。日本の伝統的な和紙も、10年～20年前から様々な講座や展覧会を通して知られるようになりましたし、現在では、フィンランド人の和紙づくりと和製本の専門家さえいます。

　日本の写真家もまた、この20年の間にフィンランドで知られるよう

---

(6)　(Akseli Gallen-Kallela, 1865～1931) フィンランドの最も有名な画家の一人。国民的叙事詩『カレワラ』をテーマにして多くの国民ロマン主義的絵画を描き、フィンランドの民族主義の形成において重要な役割を果たした。

(7)　(Hugo Simberg, 1873～1917) 画家。ガッレン＝カッレラに美術を学んだ。当時は時代遅れだと思われた象徴主義画を極め、パリ美術博覧会賞をはじめとして多くの賞を受賞した。夢の世界を描いたような絵や、天使や悪魔や死を人間的な存在として描いた絵で知られる。

になり、イェンセン氏が思うには、彼らの作品がフィンランド人の表現の仕方に影響を与えているとのことです。その特徴として、暴力やセクシャルなテーマが強力に描出されています。

「日本には、古くから芸術に残酷さを描出する伝統、いわゆる『酷の美学』がありますが、フィンランドではようやくこの10年ほどの間に始まったことなのです」

彼女は、東アジア研究ではどんな勉強をしているのか実はよく分からないと、笑いながら明かしてくれました。しかし、美術の分野では、フィン日両方の文化が分かる人材はこれから大いに活躍の場があると見ています。美術について、特に詳しくなくてもいいそうです。

「フィンランドの美術界は、日本との関係を強めるための人材を必要としています。今はトゥーラ・モイラネン(前掲書の著者)がいて、本当に様々なことに貢献してくれていますが、そんな人が10人もいたらどんなに素晴らしいことができるかしら。他の分野では別の能力が必要でしょうけれど、我々は特にカルチャーコーディネーターが欲しいのです。本当の交流が始まるのはこれからなのです」と、イェンセン氏は断言しています。

アールト大学芸術デザイン大学校は、毎年日本から多くの留学生を迎えて、フィンランド美術大学と協力して日本に送る留学生の数を増やそうとしています。現在では日本に送られる美術系の留学生はまだ少ないのですが、もし自分で決められるものならば、このような現状を将来は変えていきたいと彼女は考えています。

アールト大学芸術デザイン大学校

18 日本という謎に惹かれて

インタビュー・原文執筆：ライサ・ポッラスマー
翻訳：ヨーナス・キリシ

セッポ・キマネン（Seppo Kimanen）
　チェロ奏者。世界的に有名なクフモ室内楽音楽祭[1]を妻の新井淑子とともに始めた。ヘルシンキ市で毎年行われる最大の文化イベント「ヘルシンキフェスティバル」の監督を務めたほか、フィンランド芸術中央委員会から「芸術学教授」の称号を授与されたのをはじめ、数多くの賞を受賞している。
　ロンドンのフィンランドセンター長（2005年〜2007年）、駐日フィンランド大使館の報道・文化担当参事官（2007年10月〜2010年9月）を歴任。2010年からカウニアイネン音楽祭[2]およびドイツで行われるオレグカガン国際音楽祭[3]の芸術監督を務めている。

　セッポ・キマネン氏が初めて日本に渡ったのは1973年で、それ以来、訪日はおよそ80回に及び、5年ほど日本に住んだこともあります。そのなかで徐々に、「日本人のように空気を読む能力」が少しは身に着いたと彼は言っています。それでも、毎回日本に行くたびにまだ見ぬ

---
[1] （Kuhmo）クフモは、東側の国境沿いに位置する、人口約9,500人の町。1970年から、フィンランドで最も大きい室内音楽祭が毎年7月に2週間にわたって開催されている。国際的にも有名なこの音楽祭の期間、1日に五つの海外各地からの有名な室内音楽団の演奏を聴くことが出来る。レベルの高さのほか、その独特な雰囲気で知られている。
[2] （Kauniainen）2010年から、毎年カウニアイネン市で開催されているクラシック音楽祭。カウニアイネンはヘルシンキの西に位置し、人口約8,600人のうち40％弱がスウェーデン語を母語としている。
[3] バイオリン奏者オレグ・カガン（Oleg Kagan）と妻のナタリア・グットマン（Natalia Gutman）が、1990年に初めてドイツのクロイスという所で開催した室内音楽祭。カガンがその年44歳で死去したあと現在の名前に変わり、規模も拡大してきた。

側面に出合い、驚かされてばかりいるそうです。
「日本と関わりのある誰もが、日本の文化や社会についてようやく何かが分かったと納得した途端に何か予想もつかなかった状況に出合って、また振り出しに戻ってしまうんですよ。まだまだ何も分かっていないという辛い事実を、飲み込むしかないんですね」
　もっとも、経験を重ねるにつれて、その驚きの幅も小さくなってきたそうです。
「『日本に１年間住めば日本が分かったと思い、10年間住めば何も分かっていないと悟る』という名言があるのですが、私はこの言葉が現実をよく表していると思っています」と彼は言い、自らはそろそろ「何も分かっていない段階に入りつつある」と付け加えていました。
　日本は1000年以上もの歴史を誇り、あまりにもたくさんの層が重なった文化であるため、それを全体として把握することは不可能だそうです。それは、日本語も同様だということです。
「日本語はとてつもなく豊かで、ニュアンスに満ちていて、話す相手や状況に応じて、ぞんざいな表現から敬語まで言葉遣いを様々に変える必要があります。だから、外国人は言うまでもなく、日本人にさえ完璧にマスターすることは不可能なのです。音楽の追究に果てがないように、日本文化も日本語も同じく果てがないのです」
　そして、有名な作曲家のセルゲイ・ラフマニノフ[(4)]の名言を借りて、日本語・日本文化に対する関係を次のようにまとめてくれました。
「音楽は生涯をかけても尽くしきれないのですが、そう考えると、一生涯は音楽を尽くすには短すぎます」

　妻の新井淑子氏とは、1968年にパリ国立高等音楽院で出会ったということです。２人ともフランス政府の奨学金を得て留学中で、国費留

キマネン氏と奥様の新井淑子氏　　　©Stefan Bremer

学生のためのコンサートで初めて顔を合わせたようです。

　1970年に結婚し、それから3年後にピアニストの舘野泉氏と3人でコンサートを行うために初めて日本に渡りました。そして、主に子どもの日本語取得のために約1年間日本に住み、娘のマリを幼稚園と、その後1年間は北九州の小学校に通わせました。娘さんは、のちにヘルシンキ大学の旧アジア・アフリカ言語文化学科で日本学を勉強しています。

　日本の社会および日本語について話す際、キマネン氏は特に「本音」と「建て前」の概念の重要性を取り上げました。

「初めて日本に渡った時、日本人には私のことがまるで開らかれた本のようにさっと読めるような気がしました。私が何を考えているのかを、先読みされることも珍しくなかったのです」

---

(4)　(Серге́й Рахма́нинов, 1873〜1943) ロシア人の指揮者、作曲家およびピアニスト。20世紀前半の最も有名なピアニストの一人として知られる。
(5)　(1936〜　) ピアニスト。1964年よりヘルシンキに在住し、フィンランドの近現代作曲家の作品に取り組み続けている。2002年に脳溢血で倒れ右半身に麻痺が残るが、その後は左手ピアノ曲の普及に努めている。
(6)　現在は改組されて世界文化学科となっている。

音楽祭の会場の一つクフモタロ（Kuhmo-talo）（撮影：Caj Bremer）

彼が思うに、これは、相手の気持ちを読み取る能力が日本人は非常に発達しているからということです。

「それに対して私は、当初、相手のことが少しも分かりませんでした。私にとって日本人は、まったくの謎だったんです」

しかし、妻を通してすぐに日本の親戚関係に関わった彼は、深いレベルの話は無理でも「表面的な交流はスムーズにできた」ので安心出来たそうです。

キマネン氏は、本音と建て前の区別は日本の農村生活に由来すると考えています。フィンランドの農村部は家々が離れて点在しており、隣人との関わり合いを避ける傾向がありましたが、日本の場合の米づくりは親密な共同作業で行われていました。丁寧で、時にはきれいごととも言えるような建て前の言葉遣いは、隣人とよい関係を保つためには不可欠なものでした。

その後、都市化した日本では建て前がビジネスの世界へと移っていき、その形も変わってきました。現在では、「雰囲気を和ませ、交渉をよりスムーズに進めることを目的として建て前は使われている」と彼は説明してくれました。

日本語を勉強する時、本音と建て前について理解することが欠かせません。

「外国人にとって、日本人の言っていることのどこが本音で、どこが

建て前なのかを区別することは非常に難しいのです」

　それは、日本人にとっても難しいようです。日本人同士の会話で、「今のは本音だったのですか？　それとも建て前ですか？」と半分冗談で聞いて、相手を困らせている光景を見たことがあるとも言います。しかし、「話の内容の多くは、相手の解釈に任されるのが普通です」と言っていました。

　やり取りは、いくつもの解釈が可能になるような形で行われることが多いようです。日本人は相手が何を言ったのかではなく、何を意味したのか考えることに時間を費やすことがよくあるそうです。「フィンランドはその反対で、自分の意図をはっきりと伝えようとして解釈の余地をなるべくなくすことが、正直で信頼できる印象を相手に与えることになるのです。まさに、フィンランド人は『牛は角、人は言葉』[7]なのですよ」

　つまり、日本語を勉強するだけでは、日本に対する理解は得られないということです。言葉はそのための大事な道具となりますが、日本語を西洋の諸言語のつもりで使って、物事をはっきり言いすぎると相手の気持ちを傷つけてしまう恐れがあります。

　また、馴れ馴れしい物言いにならないようにも気を付けなければなりません。キマネン氏は、相手の事情を把握するほか、相手から見た自分の立場も念頭に置かなければいけないと言っています。自分は相手より年上か年下か、専門家としてそこにいるのか、家族なのか、観光客なのか、あるいは単なる他人なのかといったことが、すべて重要なこととなるのです。

　もちろん、フィンランド大使館の参事官としての仕事においても建

---

[7]　牛の価値や性質はその角を見れば分かるし、人間の人となりはその人の言うことに表れる、という意味。

フィンランド大使館の入り口

て前は重要だったようです。
「厳密に言うと、勤めた仕事で仕事外だと思えるものは一切なかったですね」と、キマネン氏は前の仕事の思い出を語ってくれました。毎日、数時間が様々な人からの質問に答えることだけに費やされたようです。答え切れない質問も多く、一つの質問に15分以上は使わないというルールを守ることも難しかったそうです。

そして、送られてくる質問に答えを見つけることがとても大変だったようです。聞いてくるのはたいてい研究者か記者で、ネットを探しても答えが出なかったから大使館に連絡してきたというケースが多かったとのことです。聞かれることも様々で、フィンランドの田舎のコテージのペンキの成分から、フィンランドの戦艦の写真やエネルギー政策の現状まで、つまり「フィンランドに関連していることなら何でもだった」と彼は笑っていました。

そのほかにも、双方の国への取材旅行を手配したり、自然災害などの時の報道を彼は担当したようです。また、日本でいろいろとフィンランドをアピールし、大使館の出版物の製作にも関わったとのことです。

フィン日関係の発展は、キマネン氏の仕事においても大きな影響がありました。彼が言う最近の「フィン日交流の膨大な拡大」は、彼にとって、週末を含めての１日15時間以上にも及ぶ勤務時間を意味していました。関係の強化は、現在の日本語学習の人気にも見られます。「日本語がフィンランドでどれほどポピュラーなものになっているかを見て、驚かずにはいられません」

フィンランドで日本のポピュラーカルチャーの人気が増していますが、それらは特に若者が受け入れています。彼が思うに、フィンランドはやっとアジアの文化の豊かさに気付き始め、その豊かさは、ポピュラーカルチャーのなかにも多く汲み取られているのではないかということです。
　アジアの諸文化における長い歴史とアメリカ文化の若さを比べて、アメリカ文化がなぜフィンランドで圧倒的な人気となっているのかについて、「あれだけ歴史の浅い文化がなぜ強い支配力をもっているのか」と、キマネン氏は不思議がっています。例えば、中華料理屋に行けば、4000年前に生み出されたレシピに基づいてつくられた料理を注文することもできるし、インドの美術展では5000年の月日を経た彫刻が見られるし、日本では1300年も前に中東で生まれた雅楽の演奏を耳にすることもできると彼は言っています。
「それに対してアメリカはどうですか？　存在すらしてなかったじゃありませんか」
　そのせいでしょうか、彼は最近の日本文化に対する関心の高まりを歓迎しています。
「世界は一つの文化だけを中心に回っているのではないということに、若い人達が気付いてくれるのは大変にいいことだと思います」
　キマネン氏は、開催地の「ダヴォス」の名で呼ばれている世界経済フォーラムの発表を引用してくれました。現在の経済危機をきっかけに、世界の経済および政治の中心はますます東アジア諸国へと移動しつつあるとのことです。
「世界最大の勢力圏は、上海、ソウル、東京、香港を結ぶ軸を中心に生まれつつあるのではないかと、私は個人的に思っています」
　経済力のほかに、軍事力、そして事によると文化的な中心もこの軸

に存在するようになるだろうと、彼は予想しています。これを「新しい時代の始まり」と言ってもいいでしょう。韓国と中国も、今後、自国の文化的な影響力を増していくだろうし、「日本は、これらの国々への架け橋となっています。そして、ファッションなどの面ではアジアの先頭に立っています」と強調していました。つまり、日本の技術力が、韓国や中国における技術発展を促進する基ともなっているということです。

キマネン氏の意見では、フィンランドのマスコミの態度にはどうも日本を軽視する傾向が見られ、「日本は、英米の論評を鵜呑みにするフィンランドのマスコミが伝えるような取るに足らない国では決してないのです」と批判しています。

「最近は中国のことばかりが話題になっていますが、日系企業が合計700～800万人もの中国人を雇用していることを忘れてはなりません。中国の国民総生産には、これらの日系企業も貢献しているということなのです」

「中国の利益は日本の利益にもなるのです」と言うキマネン氏によると、アジアでは現在、EUと少し似たような共同圏が生まれつつあるようです。しかしそれは、政治的な連合ではなく、「各国の利益になるような緩やかなビジネス同盟のようなもの」だろうということです。

今の日本にとって、最大の問題は少子高齢化です。中国と違って、経済が拡大する見込みは乏しいのですが、日本はヨーロッパ以外の国々のなかでフィンランドにとっては第3の貿易相手であり、その重要性はこれから先も揺らぐことはないだろうと彼は断言しています。

日本語を勉強している学生にキマネン氏は、「日本の歴史文化と社会を理解することなくして高いレベルの翻訳と通訳はあり得ない」と

いうメッセージをくれました。まず、文化全般を理解して基礎をつくることが大事で、その後、何かの専門を決めることが望ましいとも言っていました。

また学生に、ササカワ財団がヘルシンキ大学のトペリア図書館に寄贈した100冊の日本に関する書籍をすべて読むことをすすめています。このコレクションは日本と海外の専門家によって選ばれたもので、それらを読むことで、日本に対する正確で幅広い知識を身に着けることができるということです。「読破すれば、少しは日本の文明について何らかのイメージをもつことができるのではないか」と、言っていました。

音楽家としてキマネン氏は、日本の伝統音楽のなかで特に唐から伝えられた雅楽が好きなようです。また、仏教の声明(しょうみょう)(8)にも大いに興味を抱いており、「声明では、独特な声の出し方を通して幻想の世界が

ヘルシンキ大学の学生図書館（中央の建物）。2012年夏に新装開館。トペリア図書館もここに移される

(8) 日本の伝統音楽の一つ。仏典に節をつけたもので、儀礼の際に用いられる宗教音楽である。

つくり上げられ、聞いている自分が、神秘的な幻想の、普段のコミュニケーションとは根本的に違う音楽のなかに流されていくという感じがします。この音楽に読経する声が混じり合い、声とリズムと色の世界が開くのです」と、遠くを見つめるように言っていました。

　音楽のほかにも、漢字とそれに基づく表現力を見事なものだと思っています。奥様の親戚にも書道の達人がいるとのことです。彼が思うには、漢字を勉強することは、西洋人に比べて日本人と中国人が共通にもつ利点の一つになっているということです。漢字を書くことは、子どもの頃から手と目のコーディネーションを養い、そして辛抱強さを培う練習にもなります。

「これがあるからこそ、アジア人は多面的で文明も豊かなのだと思います」という言葉で、本日のインタビューを締めくくってくれました。

19 「松田らいこ」が「東京パーヴォ」のところにおじゃまします

インタビュー・原文執筆:エリナ・ユヴォネン
翻訳:ヨーナス・キリシ

レーッタ・メリライネン
(Reetta Meriläinen)
　1991年から、フィンランド最大の〈ヘルシンギン・サノマット (Helsingin Sanomat)〉新聞の編集局長。同社のジャーナリスト養成所の所長を務めていたこともある。2011年春に定年退職。

　〈ヘルシンギン・サノマット新聞〉(以下、HS紙)の編集局長を務めているレーッタ・メリライネン氏は、アジア諸国のなかで日本は注目を集める重要な国だと言います。HS紙には日本語のできる記者がいて、日本に関して日本語でも情報を得ています。彼女自身にとっての日本は、30年前から音楽や日本語の勉強などを通じて縁のある国となっています。
　メリライネン氏が初めて日本に触れたのは、ヘルシンキ大学での日本語の初級コースに出た時でした。
「日本語は非常に面白いと思っていただけに、ほかの勉強が忙しくて仕方なく辞めなければならなくなった時は本当に悔しかったです。授業ではひらがなの書き方、漢字の歴史、文法の構造、日本語の音声学、話し言葉と書き言葉の関連性などについて教わりました。日本の習慣にも触れ、お互いに理解しあえる細い糸を紡いでいたのです。学生達には日本語の名前が付けられていて、私は『松田らいこ』でした」

のちに HS のスポーツ部記者を務めるようになった時、彼女は日本に行く機会を与えられました。

「ちょっと特殊な陸上競技会の取材でした。1980年、旧ソ連のアフガニスタン侵攻に抗議して、西側諸国はモスクワ・オリンピックをボイコットしました。そして、ボイコットした国のために別のオリンピックが東京で開かれたのです。そこでの雰囲気は実に独特なもので、特別なものとして思い出に残っています。取材のための出張ではありましたが、それでも東京を見る機会ができてとてもうれしかったです」

日本人の空間に対する捉え方が、メリライネン氏の印象に強く残ったそうです。

「日本人の自宅に招待していただくという機会があったのです。他人を自宅に招待するということは日本ではなかなかないと知っていましたので、とてもラッキーなことだと思いました。私を招待してくださったのは、オリンピックのフィンランドチームのバスの運転手さんで、チームのみんなからは『東京パーヴォ』(1)と呼ばれていました。その人の家族ともお会いできて、すっかり友達になりました。今でも、クリスマスカードを送り合っています。とにかく、あの時に見せていただいた家のことですが、何と言っても自分の目で確認できたことは貴重な体験となりました。フィンランド人の目から見ると、部屋は狭くて天井は低く、家具もとても小さいし、そのうえ床に座らされたのですよ。それでも居心地よく座れて、まったく窮屈な感じはしませんでした。なぜだか分かりませんが、空間にある物を置く時、日本人にはそこの『空間』が消えたり狭くなったりしてしまわないようにするだけの能力があるようです」

日本人の人に対する接し方にも、フィンランド人としては親近感が

感じられると彼女は言います。
「日本人は肩を抱いたりして見知らない人を歓迎することはないのですが、不信の目でもって初対面の相手を睨んだりすることもしません。攻撃的でも防御的でもなく、むしろ相手を静かに観察すると言ったほうがいいでしょうね。相手に、空間を与えるのです。人で混雑している場所でも狭さを感じなかったのは、そのためだったかもしれません。外国にいる時に生じがちな疎外感は、日本ではまったく感じなかったのです。表面的には、日本人とフィンランド人にはまったく共通点がないように見えるのですが、空間と音の捉え方が似ていると思わざるを得ません。フィンランド人は自分の周りに空間と静けさを必要とします。日本人も、そこが同じなのではないかと思うのです。もちろん、こういう面ばかりがいつも表に出てくるわけではなくて、フィンランドでも日本でも、その反対の効果を生み出すように出来ているものもあります。両民族の基本的な特徴には、やはり恥、控えめな態度、遠慮深さという共通点があるのではないでしょうか」

　スポーツ部を経て、メリライネン氏はHS紙の編集局長となりました。編集局を率い、新聞の紙面とウェブサイトを発展させることが仕事でしたが、時には自らコラムを書くこともあったようです。記者として長い経験を積んできたメリライネン氏は、その仕事において、特に日本語力が何らかの役に立つと考えているのでしょうか。
「どんな外国語能力も、記者という仕事においては大いに役立つものだと思います。逆に、外国語能力が重要な仕事の道具となる職業と言えば、何と言っても記者と言えます。もちろん、地理的にも遠いですし、日本からのニュースが第一に優先されるとは限りません。それに、

---

(1) パーヴォはフィンランド人男性の一般的な名前。

ヘルシンギン・サノマット紙の社屋ロビー。大統領選挙（2012年1月22日）に合わせてパネルが展示されている

最終的に新聞とは、国内ニュースを中心に回っているものなのですから」

しかし、HS 紙では常に1人か2人は日本語のできる記者がいるようにしているとのことです。

「そうすると、日本語の生の情報をそのまま入手することができますし、日本語のウェブサイトも読むことができます。必要があれば、日本に電話をして直接事情を聞くこともできるのです。そうでないと、人から人に伝わっている間に歪んでしまった情報しか得ることができないのです。言うまでもなく、そういうことは避けたいものです」

英語の新聞や通信社に頼りっぱなしになるのではなく、現地から直

接情報を集められることが望ましいということです。では、フィンランドの観点から見て、日本は報道される対象として重視される国だと言えるのでしょうか。メリライネン氏によると、この意味において現在アジアで最も重視されている国は中国で、HS 紙の特派員も派遣されているとのことです。

「しかし、中国の次は日本です。日本は世界経済の牽引力の一つとなってきましたし、政治的にも軽視することができません。安定した民主主義国家として、アジアの政治的な安定において重要な役割を果たしているのです。日本の周囲の国々では、混乱が起きたりすることもありますから」

彼女によると、報道の対象としてインドが日本に追い着きつつあるそうです。インドは現在、急激に発展しつつあり、地政学的にはパキスタンとイランの隣国という難しい位置にあります。そのほか、面積や人口の大きさから見ても注目すべき国となっているのです。とはいえ、今日、アジアにおいて中国の重要性を否定することはできません。

「数十年くらい前は日本の動きを細かく追っていましたし、当時、HS 紙もそこにアシスタントを派遣していました。日本はアジアの中心で、その隣には閉鎖的で不可解な中国という存在がありました。状況は、当時と大きく変わってきました」

HS 紙では、国際報道局がどの国についてどんなことを報道するのかという基本方針を決め、特派員の派遣先もこの部署で決められています。現在は、モスクワ、ストックホルム、ブリュッセル、ドイツ、イギリス、北京、ワシントンに特派員が派遣されています。これらのほかにも、新しくインドに巡回特派員が派遣される予定になっているそうです。

ヘルシンギン・サノマット紙

「報道においては、地理的な距離が最も重要な要素になります。フィンランドに近い国や地域、つまり北欧諸国、ヨーロッパ、ロシアで起きていることが最も関心を集めます。加えて、政治的および経済的に重要な位置にある国も注目されます。しかし、これらとは別に、どこかの国で政治的な混乱などが起きると、当然そこに赴かなければなりません。そういった出来事は、私達の方針などと関係なく起きるのです」

世界ではいつも何かが起きており、新聞はそのすべてを報道することはできませんが、HS紙では重視される国々のほかにも、世界各地について報道されるように注意が払われているそうです。

「我々の読者にとって、まったく情報が入ってこない盲点のような地域がないように報道されるように努力をしています。かつて、いつ、オセアニアとか南米とかアフリカとかの記事を載せたかを常に確認しているのです。これらの地域は、すべてフィンランドから見て、文化的にも地理的にも遠い国だということにも関わらずです」

今日では世界各地からの情報がすぐ入手できるようになりましたが、

「同時に得られる情報が一面的なものになってしまった」と、メリライネン氏は言っていました。
「特派員一人を派遣するのにお金がたくさんかかりますので、多くの質の高い新聞社でも特派員を置かなくなりました。通信社もネットワークを縮めていっており、その結果、世界に流れるニュースは多面性を失いつつあるのです。多くの人がますます国から国へと渡るようになった、というのにですよ」

　一般の読者は、日本について、技術や経済、政治などより日本文化のほうに興味をもっているのではないかとも彼女は言っています。
「私自身にとっても、日本で一番面白いのはやはり文化です。私達の周囲には、日本のシンボルとなるものが実は毎日のように見られるのです。最も一般的でステレオタイプとなっているものとしては、桜や芸者、そして日本庭園でしょうね。こういった記号論的な存在として、日本に関連したものを多くの所で目にしているのです。それに加えて、日本人とフィンランド人は民族として不思議なつながりがあって、いわば魂の血縁関係があるという迷信もありますが、それもまったくのまちがいというわけではないようです。美意識の面でも、簡素な空間づくりや調和を求めたりする点など、共通点はいっぱいあります」

　彼女の考えでは、こういった調和と穏やかさは、あくまでも単なるイメージでしかないそうです。
「とはいっても、ステレオタイプにも何らかの元があります。カウリスマキ監督(2)が描くフィンランドは本当のフィンランドではないと思うフィンランド人もいますが、そういうフィンランドも実はちゃんと存

---

(2)　アキ・カウリスマキ（Aki Kaurismäki）フィンランド人の映画監督。簡素なスタイルと無口なフィンランド人描写で世界的に知られている。

ヘルシンキ市立美術館

在しているのです。ヘルシンキの中心部を少しだけ離れれば、それは見つかります。繰り返しますが、ステレオタイプは現実に基づいているのですが、だからといって現実のすべてではありません。現実とは、いわばイメージというきれいな表面に凹凸を付けるようなものなのです。日本のポップカルチャーも、調和性を表すどころか、暴力の美化がその重要な一部となっていますよね。それで、外国人が驚くことがよくあります」

　日本のポップカルチャーの人気を、メリライネン氏はフィンランドにとって健康的でよいこととして歓迎しています。

「アメリカ以外の国からの若者文化が注目されることは素晴らしいことだと思います。それがアメリカ文化に対抗することになりますから。今はまさにサブカルチャーが盛んな時代を生きていますので、日本のサブカルチャーもフィンランドに定着してくるでしょう。その土台は十分にあります」

　2005年にヘルシンキ市立美術館で行われた『ジャパン・ポップ（Japan Pop）マンガ展』には、HS紙も後援者となっていました。当時は、

マンガについての記事も新聞に載せていたようです。つまり、HS 紙が日本のポップカルチャーの人気の高まりを公認したということです。
「新しくて、以前からあったものと違うものですから、つい惹かれてしまうのですね。もちろん、どの流行現象もいずれはメインストリームになってしまうのですが、その時はまた何か新しいものが現れてくるでしょう」

　メリライネン氏は、主に音楽を通して日本文化に触れてきました。
「日本のよい音楽をたくさん聴く機会がありまして、大変素晴らしい歌手や指揮者の演奏も聴いてきました。聴いている日本の音楽は主に現代曲とクラシック、そして伝統的な楽器で演奏される曲です。日本の伝統的な曲の構造は実に興味深く、まったく西洋のものとは違っています。このような音楽には、誰にも訴えかけてくるものがあるというわけではなくて、心を静めて聴かなければなりません。どの音楽もそうだとは思いますが、こういった音楽は、決してバックミュージックとして聞き流すべきではないと思います。そうすることは、とんでもない音楽の悪用です」

　世界が狭くなるにつれて、多くのフィンランド人が日本と個人的なつながりをもつようになっていると彼女は考えています。
「私自身は、チェロ奏者のセッポ・キマネン（Seppo Kimanen）とその妻であるバイオリン奏者の新井淑子と知り合ってから、日本に対する親しみが増しました。2人のおかげで、日本を新たな観点から見れるようになったのです（173ページ参照）。30年前に大学で日本に興味をもち始めた頃に比べると、今はかなり日本についての知識が増えたと自分でも思います。こういうふうな日本との個人的な関係をもつことが、フィンランド人の間で一般的になったのではないかと思います」

人と人との関係は、もっと大きな何かにつながっているから軽視するべきではないと言うメリライネン氏は、「文化も民族をつなげる大きな要因ですし、スポーツももちろんそうです」と強調していました。

　今の時代では、外国語能力と文化に対する知識は絶対に強みとなると彼女は考えています。
「この世界は、あまり寛大な感じがしません。人間というのは、異質の人や物を前にすると、どう捉えていいか分からないものなのです。一緒に暮らし、お互いに寛大な気持ちをもち合うことに、外国語の能力がどれほど大きな役割をもつことになるでしょう」
　彼女の意見では、一般の人がすぐに手を出そうとは思わないような言語をマスターすることはすごいことのようです。
「そうすると、別の世界への大きな窓、つまり無限の可能性が開かれます。日本語のできる人は、ここでも日本でも貿易や文化の領域で仕事をすることができるでしょう」
　ただ、「外国語能力＝職業」というわけではありませんと、メリライネン氏は指摘しています。
「それ自体は道具にすぎないのです。その道具を使える仕事を見つけるのも、また大変な仕事となります。しかし、何をするにせよ、そこでの文化知識の役割は強調してもしすぎることはありません」

20 日本の国のスナフキン
ひのもと

執筆およびインタビュー：アンッティ・リーコネン
翻訳：ヨーナス・キリシ

ヘイッキ・マエンパー（Heikki Mäenpää）
ハルユラ・プロダクション（Harjula Production）のプロデューサー。作曲家・演奏家としても活動するほか、日本画家東山魁夷展覧会のプロデュースなどを行っている。ムーミン関連の音楽やパフォーマンスで、大人にも子どもにも幅広く知られている。

　小学校の教師でもあったヘイッキ・マエンパー氏は、現在は演奏家やプロデューサーとして活躍しています。また、学習環境やソーシャルメディアを改良し、複数のメディアを併用して仕事に活かしています。
　音楽は以前から仕事にしていましたが、教師になったのは音楽のほかに何か別の仕事もしたかったからです。教師として働きながら様々なメディア系のプロジェクトに関わってきた彼は、1995年以降、教育系のITサービスも主な仕事の一つとして活動しています。
「それ以前、1980年代からすでに私は様々なクロスメディアの形で、子ども達のための文化コンテンツの制作に関わっていました」と、マエンパー氏は言っています。
　本格的に日本が彼の人生に入り込んできたのは、2004年の春、日本人記者のグループから『カンガサラの夏の日（Kesäpäivä Kangasalla）』という歌の取材を受けて、彼自身のことが記事に書かれてからです。この曲はフィンランドのカンガサラ（Kangasala）地方の歌であり、1960年代にフィンランドを訪れた東山魁夷夫妻は、この曲[1]

を聴いて心を奪われたと言います。
　マエンパー氏はカンガサラ在住で、この曲をテーマにした多くのメディア作品を制作してきたことから、『カンガサラの夏の日』をよく知る人として評価されています。彼と同様に東山夫妻も、必ずしも誰もが気付かないような文化と自然の深い対話をその曲に感じていました。
　東山魁夷氏が1999年に亡くなったあと、妻である東山すみさんは、２人の物語、そしてフィンランドへの旅が夫妻にとっていかに大切な経験だったかを機会があれば語りたいという気持ちをずっともっていました。マエンパー氏についての記事を読んだすみさんは、「一緒にその物語を語りませんか？」と彼に問いかけてきたということです。
　「いったい自分がどういうことに関わっているか、それがちゃんと分かった頃にはすでに心が開いていました。私はいつも文化活動を大事なものとして評価してきましたし、日本文化には独自の何かがあると思っています」と、マエンパー氏は説明しています。
　「あとになって、どんな方々と一緒に文化、多文化性、お互いを理解し合うこと、文化の懸け橋といったテーマについて話し合う機会を与えられたかに気付き、とても光栄なことだと思いました」
　言葉と多文化コミュニケーションは数年前からマエンパー氏の仕事の一部になっており、敬語など日本語の奥深さ、そして日本語と日本文化のつながりを理解することは、彼にとっては世界で最も興味のあることの一つでした。しかし、自らの日本語能力については、基本的なコミュニケーションはとれるが決して流暢とは言えないようです。
　「言葉と文脈のつながり、つまりどのような場で何を話すかは、僕が５年前から１年の何か月かを日本で仕事するようになってから、ずっと努力してきたことです」

名古屋での東山魁夷展にて。東山すみ氏と

　マエンパー氏は、これが読み書きと並んで日本語の一番難しい面だと感じています。とはいえ、上記のすべてのことが彼の仕事のなかに活かされているのです。

　彼が取締役を務める会社では、東山氏や関連する会社と共同で文化コンテンツの製作をしたり、旅行関係の事業を展開しています。製作されるものはコンサートや映像などのコンテンツが多く、YLEテーマで2008年に上映された『白夜の旅（Matkalla valkeaan yöhön）』というドキュメンタリー番組はその一例となります。この番組では、東山魁夷氏の生涯と仕事、そしてフィンランドへの旅のことが主題となり、マエンパー氏は脚本家の一人として製作に参加していました。

　これら以外にも彼は、タンペレ市立美術館のムーミン谷博物館にも

---

(1) （1908〜1999）昭和を代表する日本画家。文化勲章受賞。1963年に妻とともに北欧4か国を巡った。この旅のことは『百夜の旅』（新潮社、1963年）に記されている。
(2) ドキュメンタリー、科学番組、映画、音楽番組を中心にしたテレビ番組チャンネル。決まった時間帯に同じテーマに関連したものを連続放送している。
(3) トゥオマス・サッリネン（Tuomas Sallinen）監督。このドキュメンタリーは東山魁夷の人生と美術、そして東山夫妻のフィンランドへの旅のことを語っている。ちなみに、この旅は夫妻にとって初めての海外旅行で、新婚旅行のようなものでもあった。東山プライベートコレクションからの作品もこの映画で紹介されている。

関わっているほか、諸外国への教育ノウハウの推進も行っています。このような様々な仕事をするようになった過程を説明するなかで、日本社会で事を進めるためには人脈が重要であることを強調しています。

タンペレにあるムーミン谷博物館

マエンパー氏は何十年も前からムーミンと縁が深く、ムーミン谷博物館と共同でコンサートなどのイベントを行っているのですが、その際、彼はスナフキンを演じています。フィンランドでも上映されたムーミンのアニメは、日本で製作されたことからも明らかなように、ムーミンが日本で大人気だということを彼はずっと以前から知っていました。フィンランド人と同様、日本の今の世代もムーミンを見て育ってきたので、親近感が強いことも理解していたつもりだったのですが、2005年、愛知万博でムーミンのイベントプロデューサーを務めた時、そのあまりの人気に圧倒されたそうです。

「こんなに受け入れてもらえるとは、夢にも思いませんでした。たった2日間に12万人の人が北欧館を訪れ、3,200万人もの人達がテレビ放映などを通してイベントを見てくれました。そして、公演が終わったあとも観客が外で1時間も待ってくれているので、その間はずっとバックステージを出られないままでした。とても、現実のことだとは思えませんでした」

スナフキンとして出てくると、「日本人の雰囲気がすぐに開放的になって、相手の緊張感が和らぐことに気付いた」と彼は言います。

日本とフィンランドの関係についてのマエンパー氏の考えは、日本での経験を経てさらに確信を帯びることになりました。彼の意見では、フィン日の協力関係は、産業と文化の両面で人口500万人のフィンランドにとって大きなチャンスをもたらすものなのです。

愛知万博でムーミン達と舞台に立つマエンパー氏

「時々思うのですよ。日本人とフィンランド人は、心が自然に響き合うんじゃないかって。ただ、そう思わざるを得ないことが多いのです」と、彼は言います。

協力の幅を広げる余地はいっぱいあって、そうすることは極めて重要なのですが、フィンランドではこのことがまだ十分に認識されておらず、日本についての専門家の能力も十分に活かされていません。特に、文化の懸け橋をつくること、そして日本の活動様式を研究して応用することはフィンランドのためにもなるかもしれないと、マエンパー氏は考えています。

「経済界をはじめとする諸分野で日本語能力と日本語教育は、インターネットコミュニケーションにおいても現在以上に活用されるべきです」と、彼は言っています。

日本とフィンランドの関係をより深めるためには、特に労働許可をもっと簡単に取得できるようにするべきだと考えています。現在、両国の間では活発に交換留学が行われていますが、マエンパー氏の意見では、若者が留学するだけでなく、お互いの国で働けることがますます重要になりつつあるということです。

このようなワーキングホリデー制度は、日本とアメリカの間ではすでに実施されていますが、同じような制度がEUと日本の間にも設けられるべきだということです。
「日本側にもその気はあるし、特に教育の面で、今、フィンランドとの協力を促進したいという気持ちもあります」と、彼自身の経験から言います。
　フィンランドは日本で評判がいいそうです。それは、「フィンランド人です」と言った時にうかがえる一般の日本人の反応からも明かです。もっとも、その人達がムーミンやキシリトールはフィンランドのものだということを必ずしも知らないそうですが、しかし、そのブランド名が知られていること自体は、それらがちゃんと定着しているということの証と言えます。
　中国がアジアで力を伸ばしていることに話が及んだ際、マエンパー氏は日本との関係のさらなる重要性を強調しました。
「引き続き日本との関係を大事にし、さらに深めていくべきだと思います。中国と日本の間にも友好関係があるし、フィンランドは両国といい関係を保ってきたのですから」
　日本語というのは、フィンランドだけではなく全世界で評判のよい文化的輸出品とでも呼べるものであって、他の日本文化とあわせて広まっている、と彼は考えています。
「とても成功したと思います。日本人は戦後の復興・変革を進め、そこから日本について何か面白いことを語るものを生み出し、それらとともに日本語も世界に広まっている、と私は解釈しています」
　彼の意見では、フィンランドでの日本語の立場はもっと強化させるべきであって、特に教育面では改良の余地があるということです。インターネットをもっと活用するなどして、学習者がアクセスしやすい

教育環境を整えることが日本語教育の幅を拡大させる一つの方法だと見ています。

　もう一つの問題は日本人のシャイなところで、例えばスカイプなどインターネットを利用してのコミュニケーションはいささか難しく感じられるということです。それが理由で、より多面的に、いろんなチャネルを利用して日本語と日本文化の理解を深めたいと言っています。

　日本文学の戦後の名作をフィンランド語に翻訳することを通して、ヨーロッパに日本を紹介するべきだともマエンパー氏は言っています。他のヨーロッパ諸国の翻訳ばかりに頼ってはいられません。フィンランド語には、フィンランドと日本の間に新たな理解と友情を生み出すものとしての重要な役割があると彼は考えているのです。そして、そうするためには自国の専門家を養成することが一番だと述べています。

　フィンランドでは、日本語の立場を向上させるために様々な取り組みがなされていますが、その一例として彼は、「YLEテーマ」で放送されたテレビ番組『エリンが挑戦！　日本語できます』（ⅰページを参照）という日本語の教育番組を取り上げました。彼によると、日本語の授業はとても人気があるので需要は十分にあるということです。「日本語を、日本語クラブなどのような所で勉強している人に何度も出会ったことがあります。中学生がこういうクラブをつくって、自分達で教師を探すという話も聞いたことがあります」

　日本人のフィンランドに対する興味の背景には、物語というものがあるとマエンパー氏は見ています。フィンランドで撮影されて日本で大ヒットした『かもめ食堂』がその代表的な例でしょう。映画が上映されてからというもの、フィンランドに来る日本人の観光客がかなり増加しています。

　もうちょっと頑張って、細かなサービスをもっと提供すれば、フィ

ンランドを訪れる日本人にはこれまで以上に喜ばれるでしょう。その
ためにも、日本人向けの対応の仕方を学ぶ必要がありますが、それは、
日本語と日本文化を学ぶことを通してできるようになるのです。

　フィンランドとさほど変わらない面積に約１億2,600万人が住む日
本ですから、そこには膨大な数のサブカルチャーや地域文化が存在し
ています。「それについて少しでも知っておくことは、フィンランド
人にとっても大切であり、ためにもなると思います」と、マエンパー
氏は述べていました。

　日本語を勉強する学生へのメッセージとして、彼は人脈を築くこと
の大切さを強調しています。どの分野においても、社会的ネットワー
クとグループ活動を重視し、そして様々なプロダクションや共同プロ
ジェクトを行うことが何よりも大切だそうです。
「そうしながらお互いのことが分かってきます。必ずしも収益がある
わけではありませんが、まちがいなく貴重な経験を積むことができ、ひ
いては何かのチャンスを与えてくれる人脈が広がっていくはずです」
　フィンランドにおいて、日本語の立場はこれからますます強くなる
だろうとマエンパー氏は予想していますが、それは日本語だけではな
く、中国語などのほかの言語も同じであろうと言います。
　フィンランド－日本の100年にわたる友好関係は、言語学者のＧ・
Ｊ・ラムステッド（65ページを参照）をはじめとして、個人同士の間
に築かれてきた豊かな人間関係に基づいているそうです。そして、こ
の友好関係はこれからもますます強くなっていくであろうとも言って
いました。
「そういう関係があったからこそ、両国の間により緊密なネットワー
クを築くことができたのです」

21 生まれながらの詩人

インタビューおよび執筆：キルスティ・エスコラ
翻訳：ヨーナス・キリシ

カイ・ニエミネン（Kai Nieminen）
詩人・日本文学の翻訳家。翻訳家としても詩人としても多くの文学賞を受賞している。1971年、処女作の詩集『Joki vie ajatukseni（思いは川に流され）』を出版している。

（撮影：Jouko Vatanen）

　フィンランドにおける日本文学の翻訳家として、カイ・ニエミネン氏以上の人はいないでしょう。古典から現代文学に至るまで、彼が訳した日本語の散文、そして和歌や俳句は合わせて何十冊にも上ります。さらに、自作の詩集も20冊近く出版しています。
　ニエミネン氏が日本語の勉強を始めたのは、ヘルシンキ大学のストゥディア・ゲネラリア(1)の日本語の授業でした。ストゥディア・ゲネラリアは、当時まだ存在していなかったヘルシンキ大学の語学センターの前身とも言えるもので、その授業は一般に公開されていま

ニエミネン氏の著作物

---

(1)（Studia Generalia）フィンランドの大学で、無料で一般に公開され、定期的に実施される講義のこと。大学とは国民に広く教育の機会を与えるところだという理念に基づき実施されており、大学での研究成果を一般社会に還元する意味を担っている。

した。当時は、日本を含めた東アジア研究を主専攻とすることはできなかったのです。

「アジア・アフリカ言語文化学科そのものは、すでにその名で存在していたかもしれません。私がストゥディア・ゲネラリアで勉強を始めた時、川田忠昭先生(2)が日本語を教えていました。先生がつくられた『日本語』というフィンランド語の教科書は、もともとあの授業のためにつくられたものだと思います。一学期間、その授業に出席しましたが、ひらがなの勉強を少ししたくらいでした。何年間にもわたってそこに通っている学生もいて、のちにいくつかのレベルに分けて教えられるようになりました」と、ニエミネン氏は勉強し始めた1970年代の頃を振り返ってくれました。

まもなく彼は、独学で日本語を勉強するようになりました。ヴェイッコ・ポラメリ氏(3)の紹介で、当時ヘルシンキ大学の修士課程でフィン・ウゴル語派言語の研究をしていた荻島崇先生(4)と知り合いました。荻島先生はフィン・ウゴル語派の諸言語に興味があり、日本から家族を連れて留学していたのです。

ニエミネン氏は荻島先生から週に1回日本語の授業を受けることになり、手はじめに吉田兼好（1283頃～1352頃）の『徒然草』をフィンランド語に訳すことになりました。当然ながら古文の知識が必要となり、まず古典文法の基礎を身に着けてから、荻島先生の指導で『徒然草』の翻訳にとりかかったということです。

「先生の説明をノートに鉛筆で書いて訳したものが、まだそこら辺のどこかに置いてあります。当時は本屋で働いていましたが、残りの時間は翻訳に費やしていました。それで、ほかの勉強は辞めました」

彼には、特に主専攻というものはなかったようです。哲学と音楽学の勉強はしていましたが、日本語に夢中になってからは、両方ともそ

れっきりになってしまったと言います。
「仕事に行く前の半日間は日本語の勉強をし、週に1回は荻島先生の所に行きました。先生は私の翻訳をチェックし、分からないところは説明してくださったんです。次回までに何ページを翻訳するといった宿題はなく、1週間に訳せる分だけを訳して、それを約2時間かけて先生とチェックしたのです。これを先生がヘルシンキに滞在されていた間、つまり1971年から1974年にかけて週に1回ずっと続けました」
　荻島先生が帰国したあともニエミネン氏は一人で勉強を続け、日本語の話し言葉も積極的に身に着けようとしました。
「辞書の読み方も身に着けていたので、先生が帰国されてから古語の勉強と翻訳を一人で続けました。当時は、家族でヘルシンキの中心部に大きな住まいを借りていたのですが、余っている部屋が一つあったので、それを日本人の留学生に貸しました。その学生が出ていったあともまた日本人の留学生が来て、その後にもさらに日本人が入居したのですが、3人目の人は数年間にわたって下宿していました。毎日、家で日本語を話していたので、会話の授業なんて必要としなかったんです。そのせいか、その日本人達は、あまりフィンランド語が上達しませんでしたがね。もちろん、フィンランド語についていろいろ質問したりして、勉強しようとはしていましたよ。その人達は特に文学に詳しいわけではなかったので、文学についての会話はできなかったのですが、おかげで日常会話はこなせるようになりました。それに、下宿生達を通じてヘルシンキに住んでいる日本人達にも知り合いができ

---

(2)　(1941〜　)ヘルシンキ大学で、1970〜74年および1977〜1980年日本語を教えた。
(3)　(Veikko Polameri, 1946〜1979)フィンランド人の詩人。日本文学の専門家および翻訳家として知られる。
(4)　(1933〜　)東北大学文学部(仏文学科)卒。元東海大学教授。著書に『フィンランド語日本語小辞典』、『基礎フィンランド語文法』(ともに大学書林)などがある。

ました」と、ニエミネン氏は懐かしそうに語ってくれました。

　つまり、1970年代の後半まで、ニエミネン氏には毎日、日本語を使う機会があったのです。最後の日本人下宿生が1976年に帰国したのですが、ちょうどその時、彼に子どもが生まれていたのでその部屋が必要だったということです。

　『徒然草』の翻訳を完成させる前にニエミネン氏は、井上靖の『ある偽作家の生涯』(5)を日本語から訳しました。すでに日本語が分かり、使いこなすこともできるようになっていたニエミネン氏ですが、それまでに日本に行ったことはありませんでした。言うまでもなく、文化は言葉と切り離せないものですから、彼は日本に行くことを切望するようになりました。

　「井上の短編小説も『徒然草』も訳し終えた時、当時の人見鉄三郎日本大使（1977年〜1980年）が『ニエミネンはまだ日本に行ったことがないようだから、早く行かせるべきだ』と考えられて、国際交流基金の奨学金に募集するようアドバイスをしてくれました。細かい事情は知りませんが、募集要項に名前を書きさえすれば日本に行けるということだったのです」

　その通り、国際交流基金から奨学金が下り、1979年9月から1980年8月末にかけての1年間、日本で過ごすことになりました。この奨学金では何をすべきかは定められておらず、どこかの大学に所属するということも規約にはありませんでした。日本文化に親しみ、自発的に勉強するという目的のために与えられた1年間だったのです。一定の住宅手当も付き、家族が滞在していた期間は家族手当も支給されました。

　「日本は初めてだったもので、国内をたくさん旅行して多くの人と知り合いました。当時、私は松尾芭蕉の『奥の細道』を訳し終えていま

したが、出版社には、仕上げはフィンランドに戻ってからにしたいと言ってありました。それで『奥の細道』の旅をした芭蕉の足跡を追い、翻訳に脚注やコメントを付け加えたりするなどの作業をしました。そのほかにも、古典の舞台となった所をたくさん見て回りました。人見大使も、私が日本に発つ前に次のようにおっしゃっていました。

『授業や学校に通わないで日本の雰囲気と生活に親しむこと、そして、そのなかから古典の世界も見つけるように努めてください』

大学に通わず、自由に見て回るということも大使の考えでした。留学生は日本語の授業を受ける義務がありましたが、私は既に話し言葉においても書き言葉においてもその能力があったので、学校に通う必要がなかったのです」

1980年代初頭の日本では、日本語を流暢に話すフィンランド人はさぞ不思議な存在に見えたことだろうと考えがちですが、事実はまったく逆だったそうです。

「東京の、ごく普通の下町に小さな部屋を借りていました。周りには普通の人が住んでいました。サラリーマンよりも商人や職人が多かったです。英語を話せる人はそんなにいませんでしたが、だからこそ、私が日本語を話すことをおかしいとも思わなかったようです。もし、話せないのなら、そこには住まないだろうと思っていたからです。田舎の村々を巡っていた時もまったく同じで、日本語ができなかったらこんな所にわざわざ来ないだろうし、来ているからには日本語ができるのが当たり前と考えていたのでしょう」と、彼は笑っていました。

都市の中心部などでは、日本語を話さない、ビジネスや冒険旅行目当てのアメリカ人やイギリス人が多かったので、ニエミネン氏の日本

---

(5) (1907〜1991) 小説家。詩人。京都帝国大学卒。文化勲章受賞。『闘牛』で第22回芥川賞を受賞。歴史作品を中心に各国語に翻訳され、しばしばノーベル賞候補とされた。

語能力に驚く人もいたようです。

「アメリカ人ではないと言ったら、相手は『ああ、だから日本語がお達者なのですね』と納得する人がいました。ところが、『私は文字も読めます』と言うと、ずいぶん驚かれましたよ。道端の表示などを正確に読み上げると、それもちょっと珍しい漢字が使われている場合はなおのこと、相手はとてもびっくりして、日本語が読めたら考えることまで読み取られてしまいそうだと言っていました。話せるうえに漢字も読めるとなると、私相手にはうかつなことができない、という考えだったようです。私の専門である文学分野に限って言えば、一般の人より私のほうが漢字をよく知っているし、相手に文学についての知識も詳しいことが分かると困惑されるので、知らないフリをしてごまかすこともありました」

　ニエミネン氏は日本文学の翻訳においてパイオニアでしたが、同じ分野でほかにも活動していた人が何人かいました。1970年代にはマルッティ（Martti）とヴィルピ（Virpi）のトゥルネン（Turunen）夫妻が翻訳を行っていました。マルッティ・トゥルネンは『源氏物語』の翻訳に取り掛かり、それを第3巻まで訳しました。その時、ニエミネン氏は本文中の短歌の翻訳を担当したようです。ところが、トゥルネン氏はほかの仕事で忙しくなり、フィンランド語が彼にとって日常的に使用する言語ではなくなったという事情もあって翻訳を辞めることになったので、4巻目からはニエミネン氏が翻訳を引き継いだのです。そして、その仕事は今も

ニエミネン訳のフィンランド語版『掌の小説』（川端康成著）

続いています。日本文学をフィンランド語に翻訳する人がほかにもいたとはいえ、彼はフィンランドで最初の本格的な日本文学の翻訳家だと言えます。

「日本語の翻訳家として、新しい人が増えてくれたらうれしいです。1980年代には、学生達を日本文学の翻訳に誘ってみたこともありました。私が一生かけても訳しきれないほど作品はいくらでもありますから。しかし、日本の文学をどれほど出版できるかは出版社の都合もあります。今の出版状況を見ると、あまり儲かる仕事とは言えませんね。私も、主に助成金で今まで食べてきました。特に、古典の翻訳にはあまりにも時間を要しますので、翻訳料だけでは生活ができません。たまに文学の翻訳以外の仕事もしますが、その時は、だいたい平均的な月給分くらいの収入になります。文学の翻訳料は、ほかの分野の5～6分の1くらいなのです」

ニエミネン氏は翻訳家であると同時に詩人でもあって、両方に対する情熱をもち合わせています。そもそも、日本に興味をもつようになったのは文学がきっかけでしたし、日本語の勉強を始める前に処女詩集をすでに発表していました。

「翻訳家になろうと思うなら、やはり文学に対する情熱があったほうがいいと思います。言語の勉強をしている人が文学の翻訳家になろうとするには、ある程度の覚悟が必要になるでしょう。だって、文学は研究することそのものが十分に魅力的ですから。日本語の翻訳家になれるよう頑張って、と私がいくら励ましても、結局は違う職業を選ん

---

(6) マルッティ・トゥルネン氏はツルネン・マルテイと改名し、湯河原町議会議員を経て、現在、民主党参議院議員を務めている。詳しくは、本書271ページのインタビュー記事を参照。

だ学生達の気持ちもよく分かりますよ」

　翻訳家になることに興味をもっている人は多いのですが、実際にそうするかというと二の足を踏むことが多いようです。ニエミネン氏の場合は、すでに自分の本を出版していたので出版社との関係ができていましたし、翻訳を出版する価値があると出版社を説得することもできました。「今の大きな出版社は、ベストセラーになるようなものしか出版しない」と彼は言いますが、逆に小さな出版社がフィンランドに増えたとも言っています。

「かえって今は、日本文学に興味を抱いている出版社を見つけることが簡単になったと言えるかもしれません。以前は古典文学が中心でしたが、今はマンガやＪロックです。マンガやアニメに興味をもつ人は、日本文化のルーツにも興味をもつようになるのではないでしょうか。1980年代には、中年・熟年層を含めて多くの人が日本文化に興味をもっていました」と、ニエミネン氏は言います。

　当時の日本文化の愛好者達は、翻訳される日本文学はすべて読み、日本の映画を観るために映画館に通っていました。それ以外にも、武道、華道、茶道などの特定の分野に関心をもつ人もいました。誰もが日本文化全体に関心があったのです。マンガやアニメのブームというのはまだなかった時のことです。

「当時、日本のポップカルチャーとはまったく縁がなかったのです。今のマンガやアニメで育った若者から、明日の日本専門家が育っていくと思います。興味のある方にはぜひ翻訳を始めてもらいたいですね」と、日本語を学ぶ学生にエールを送ってくれました。

　ニエミネン氏は2010年春に60歳になりましたが、まだまだ引退する様子はありません。棚の上には、翻訳されるのを待っている本が山ほどありました。

22 フィン日交流を支える友好協会

インタビュー・原文：ハンナ・パルナ
翻訳：ヨーナス・キリシ

ロニー・ロンクヴィスト
（Ronny Rönnqvist）
　フィンランド日本文化友の会の会長を1983年から務めている。

山下ピルッコ
（Pirkko Yamashita）
　フィン日協会の会長を2005年から2010年まで務めた。

ロニー・ロンクヴィスト

山下ピルッコ

　「フィンランド日本文化友の会」[1]の集会室である「Tomohimaan（トモヒマ）」に、友好協会活動の2人のベテラン、ロニー・ロンクヴィスト氏と山下ピルッコ氏が来てくれました。競争相手と思われる2人ですが、そのような感じはまったくしません。「私達の会は、とても仲がよくて、まるで兄弟みたいな関係ですよ」と、ロンクヴィスト氏もそれを確かめるように言っています。

　どちらの会も、日本についての知識をフィンランドに広げ、フィン日交流を支えることを誇りとしています。この点に関して、フィン日協会は幅広く一般的な活動を行っているのに対して、日本文化友の会は、その名のとおり日本文化を中心に活動しています。

　フィン日協会は1935年に設立され、2010年は75周年記念の年となり

---

[1] （Japanilaisen Kulttuurin Ystävät）フィンランドに日本文化を紹介し、日フィン交流を促進することを目的に1978年設立された。

ました。「私達の会は設立されて長いですが、まだまだ活動的ですよ」と、山下氏は言います。フィン日協会はフィンランドで設立された最初の国際友好協会の一つです。その設立メンバーの一人で、最初の会長となったのは有名な言語学者であったG・J・ラムステッド教授（65ページを参照）でした。ラムステッド氏はまた、1919年から1929年にかけて最初の駐日フィンランド公使として両国の間に友情を築いたことでも知られています。

現在、フィン日協会の会員数は順調に増えており、「すでに1,000人を超えています」と山下氏は喜んでいます。会では、日本関連のイベント、パーティー、講演会、料理教室、芸術公演や美術展、コンサート、企業見学、ピクニックなどを活発に開催しています。

一方、日本文化友の会は1978年に設立されています。「友の会では日本文化を活動の中心に据えているので、フィン日協会ほど日本との人的な交流はないです。むしろ私達は、フィンランドで日本文化にもっと親しんでもらえるように力を入れています」と、ロンクヴィスト氏は説明してくれました。

このような活動は、日本から来るアーティストを後援するなどして行われています。そのほかにも、様々な日本に関するイベントや講演会、そして日本語講座から書道や芸術、アンティークなどにわたる様々なサークル活動も行っています。

フィン日協会では、フィンランドで日本を広めるだけでなく、日本でフィンランドのことを知らせることも活動の目標となっています。日本に姉妹協会をもち、ほかの友好協会とも交流があります。「主な交流相手は東京の日本フィンランド協会、北海道の北海道フィンランド協会と関西日本・フィンランド協会です」と、山下氏は説明します。共同プロジェクトの一環として、フィンランドで2003年に

『フィンランド人の捉えた日本』という写真コンテストが開催されています。この写真展はまずヘルシンキで行われ、その後日本の姉妹協会によって日本に運ばれて、何か所かで写真展が開催されました。

　日本文化友の会の目玉イベントは、アンナンタロ（Annantalo）芸術センターで1998年から毎年開催されている「ジャパン・ディー」(2)(3)です。このイベントでは、日本文化が幅広く紹介され、伝統文化からポップカルチャーにわたる様々な芸術や武道のパフォーマンス、講演、ワークショップなどが行われています。さらに、日本大使館をはじめとして日本関連の様々な会も加わってそれぞれの活動が紹介されています。

　「ジャパン・ディーは、最初の頃に比べるとすいぶん規模が拡大してきました。最初は、友の会さんだけで頑張っていらっしゃいましたよね」と、山下氏は言います。少しずつ、ほかの会や企業の参加も増えていったようです。もちろん、アンナンタロ芸術センターの後援は常

ジャパンデーでの書道教室　　　ジャパンデーでの武道実演

(2) ヘルシンキ中心のアンナン通り（Annankatu）にある、児童・若者のための芸術教育センター。展示会やイベントの他、様々な美術教室を開講しているほか、学校と協力して美術教育も行っている。スタッフは全員、アーティストまたは美術の教師達で構成されている。
(3) 2010年と2011年は、アンナンタロ芸術センターの改修工事のため実施されなかったが、2012年秋に再び実施の予定。

ロイフヴォリでの花見会

にこのイベントを開催する時の前提となっています。
「ジャパン・ディーは、日本を概観するには打ってつけのイベントです。日本に興味をもつ方はどなたも大歓迎です。来場者もかなり多いですよ。田舎からでも、バスで大勢の人が来てくれますし」と、ロンクヴィスト氏は誇らしそうに言っていました。

　両会とも、他の日本関連組織とともにロイフヴオリ（Roihuvuori）町の桜公園で毎年春に開催されている花見会に関わっています。「日本的な踊りや歌のプログラムがあって、ピクニックをしながらそれらを楽しむことができます。2010年は来場者が3,000人を超えました」と、ロンクヴィスト氏は楽しそうに言ってくれました。

　ヘルシンキ地域だけでもこれだけ多くの日本愛好者がいることは、会長達にとってもとても喜ばしいことです。「このままでは、会の規模がフィン露協会に追いつくのも夢ではないです」と、山下氏は冗談っぽく付け加えていました。

　2人が、時間を費やし、時には自腹を切ってまで協会のために働くのは何のためでしょうか。
「やっぱり、日本文化への愛情です」と、目を輝かせてロンクヴィスト氏は言います。
「特に、初めの頃はやる気満々でした。日本への興味にも、いくつかの段階があります。まずは、日本の何もかもが素晴らしく感じられる段階があって、次に日本の社会の悪い面も見えてくる大きな下り坂が始まります。そして、最後に気持ちが落ち着いて、それぞれが自分で

関心をもってこれからも追求していきたい文化の側面を見つけるのです。少なくとも私はそうでした。そして、いったんそれが見つかったら飽きることはありません。これは生涯をかける趣味となっています」

ロンクヴィスト氏にはその興味の対象もたくさんあって、日本史、特に江戸時代と1930年代の政治史、侍、武士道、版画、時代劇を挙げてくれました。

「できることなら、200年くらい昔に戻りたいです！」

このインタビューのすぐあとに、ロンクヴィスト氏はある本の出版記念会に向かう予定になっているとのことです。軍事伝統協会（Sotilasperinteen seura）の年報に、「Välähdyksiä Suomen ja Japanin sodanaikaisesta yhteistyöstä（1941〜1944）（第2次世界大戦中（1941年〜1944年）のフィン日協力について）」という、彼自身が書いた記事が載っているということです。

ロンクヴィスト氏が学校に通っている時からずっと日本に興味をもっていたのに対して、山下氏は「私のほうは、結婚を通して日本文化に入りました」と言います。彼女は、日本人と結婚してから1962年に日本に渡っています。日本文化の趣味なら、生花から茶道までいろいろと経験を積んでいます。日本文化ならどんなことにでも興味が惹かれるようですが、そのなかでも特に興味をもっているのは日本社会だと言います。

「夫が定年退職したあと、一緒にフィンランドに戻ってきた時、帰国者の私がどうすれば何十年振りにフィンランドの社交生活に戻れるのかと悩みました」

⑷　ロシアはフィンランドの隣国であるため交流も活発であり、フィン露協会は2005年に約12,000人の会員を誇っていた。

日本がそれへの鍵の一つとなったようです。「日本文化とはどのようなものか、広く紹介したかったのです」と言う彼女は、一般市民の協会には、面倒な手続きに頭を悩ます大使館などより活動の自由があると思っています。
　山下氏が言うには、会員の多くは必ずしも積極的には活動に参加していませんが、協会誌を通して協会との関係を保っているとのことです。
「以前は、毎月講演会やセミナーを開催し、多くの参加者がいたのですが、現在では、人々は情報をインターネットで探しますので、私達も新しい活動方法を見つけなければなりません。それでも会員数は増える一方です。入会申込書には関心の対象を問う欄があるのですが、回答は実に様々です。ヤクザや侍から俳句まで、何でもあります」
　２人の会長は、新会員の平均年齢が若くなりつつあるという現象を喜んでいます。
「若者が入ってくれることは素晴らしいことだと思います。きっかけは、やっぱりアニメやコスプレですね」と言うロンクヴィスト氏に、山下氏も同感のようです。
「若者が、アニメやマンガをきっかけに日本文化に触れてみることはいいことだと思います。長く関わると、やがて日本文化のほかの面にも興味が湧いてきます。多くの若者が独学で日本語を勉強して、年配者がびっくりするくらいに上手になっています。そして、この若者の日本への興味が増すにつれて、ご両親もご祖父母も巻き込まれていきます。それで、旅行フェアなんかの時にそういった方々がよく私達のブースにいらっしゃって、日本という国についてちょっと教えて下さいとおっしゃるのです」
　山下氏は、フィンランドの若者や子どもの日本語能力の高さに驚い

ています。
「東京館⁽⁵⁾に行って、13～14歳ぐらいの若者が日本語を話しているのを聞いて、『どこで勉強したの？』と聞くと、『インターネットで学んだよ』という返事なんです」

東京館

　日本語能力の高さの背景には、フィンランド語で日本のマンガがほとんど手に入らなかった頃、日本語ででも読みたいという人がいたという理由を彼女は挙げてくれました。

「日本語を学ぶきっかけとは、貿易や学問の分野から始まるもの、と以前は一般的に考えられていましたが、最近の若者はそうでないことが明らかです」

　この言葉に続けてロンクヴィスト氏は、「うちの会の設立メンバーも、もちろん、かつてはそういった面から興味をもったのです。そういう意味では、日本への興味のもち方が以前と大きく変わりました。新しい風が吹いていますよ」と言っています。

　フィンランドでの日本語の普及は両会ともに目指すこととなっていますが、フィン日協会には定期的な日本語教室を開ける場所はありません。その代わりに、日本語での会話会がヘルシンキのレストランで毎週行われています。それは、一般公開の「多言語で語る夕べ」とでも言うべきイベントで、テーブルごとに違う言葉で会話をしているということです。そして、その一つが日本語なのです。

---

(5) ヘルシンキ市にあるフィンランド唯一の日本食料専門店。

日本文化友の会会員達のミーティング

一方、日本文化の友の会のほうは以前から日本語教室を続けてきました。友の会では、日本語の教科書とそれに付属した単語集と漢字辞書まで出版しています。両会はさらに、事情が許す限り協会誌に日本語で記事を載せています。

「フィンランド人が、日本語のような言語でもコミュニケーションをとることは大切なことだと思います」とロンクヴィスト氏は主張しますが、その一方で問題点も指摘しています。教育関連の予算が減ると、最初に削られるのは小規模の外国語とその教師なのです。

「企業などが日本語力を勘案(かんあん)して社員を採用することは稀(まれ)ですが、日本と協力関係にある電子工学の企業などでは、日本語能力は大きなプラスになるのです」

日本語を本当にマスターするためには、日本に住んで、自らの経験を通してコミュニケーションを覚えなければならないと山下氏は指摘しています。もっとも、外国人が日本で責任のある仕事に就くのは今のところは難しいわけですが、時代も変わりつつあるかもしれません。フィンランドから日本に紹介できるようなものもたくさんありますし、それが理由で新しい絆が結ばれるという点では2人の意見が一致しています。

こういった交流に結び付くことはいくらでも思い浮かびます。高齢者介護、ムーミン、自然、料理、音楽などです。ロンクヴィスト氏も山下氏も、東京のフィンランドセンターの活動に多いに満足しています。そして、「日本でのフィンランドへの興味は、ずっと前からあり

ました」と、山下氏は付け加えました。

「1960年にNHKで1時間の料理番組を制作して、フィンランドの食べ物を紹介しました。豚の脂身のソースやプルーンゼリーやカレリアン・ロースです」

　今でも日本には、フィンランドを訪問した人や住んでいた人が設立した小さなフィンランド協会が各地にあります。そのことについて、「日本人は一度興味をもったらずっとそれを続けてくれます」と山下氏は言っていました。一方、ロンクヴィスト氏は、インターネットが友好協会の活動に影響を及ぼしていると言います。

「日本文化友の会が設立された時代、インターネットなんてなかったのです。みんな、日本についてすごく知りたくて入会していたのです。図書もなかなか手に入りにくくて、注文した本が届くのを何か月間も待たなければなりませんでした」

　続けて、山下氏が補ってくれました。

「インターネットは、協会を大いに変えてしまうでしょう。今までしてきたような活動の形は、そろそろ終わりを迎えるでしょう。協会のホームページは刷新しましたが、協会誌はネットに移さないことにしました。それをしたら、紙で出版することの意味がなくなりますから。多くの人が、今でも実物を手に取って読みたいと思っているのではないでしょうか」

　フィン日協会の協会誌は『心』と言い、年に4回発行されています。協会誌の作成はボランティアで行われているようです。「会員が記事を書いてくれている限り、続けていきますよ」と山下氏は言っています。記事は旅行記から料理レシピまでいろいろで、個人的体験の記事と専門家が書いた記事をバランスよく載せるようにしているとのことです。協会誌のほかに、日本人の考え方についての小冊子も出版して

きたということでした。

日本文化友の会の『友』も年4回発行されています。文化という概念は幅が広く、最新号には、座禅についての記事もあればコスプレをする若者のインタビューも載っていました。『友』に加えて当会は、日本文化の様々な側面をテーマにする特集号『橋』を年に1度発行しています。次は書道を取り上げるそうですが、「読者数が少ないのが残念です。しかし、大衆に広げるのも難しいので仕方がないです」とロンクヴィスト氏はため息をついていました。

両会とも、将来の挑戦に立ち向かっていかなければなりません。一般大衆向けの活動をすれば新しい会員は得やすいのですが、その一方で、利潤獲得を目指さない協会である以上、ボランティア活動に頼らざるをえないのです。山下氏は、変わる世界のなかでの協会の立場を次のようにまとめてくれました。

「私達はまるで宣教師のようですが、支援してくれる教会はありません」

それにも関わらず、日本についての伝道活動は続いていきます。「日本と日本語をもっとアピールするためにはどうすればいいでしょうか？」とロンクヴィスト氏は自ら問い、そしてこう答えてくれました。

「それは、これからの若い世代が決めることです」

23 ジャポニスムの影響から展覧会交流まで
―― フィン日美術交流

インタビュー・原文執筆：ハンナ・パルナ
翻訳：ヨーナス・キリシ

マイヤ・タンニネン゠マッティラ
（**Maija Tanninen–Mattila**）
1958年生まれ。アテネウム美術館（Ateneumin taidemuseo）館長。ヘルシンキ市立美術館学芸員（1986年〜2001年）、タイデハッリ・ヘルシンキ美術館（Helsingin Taidehalli）館長（2001年〜2006年）を歴任して、2006年より現職。

（撮影：Tuomo Manninen）

「日本語とはそうでもないのですが、日本文化とは関係がとても深いですよ」とマイヤ・タンニネン゠マッティラ氏はインタビューの冒頭に語ってくれました。ヘルシンキが欧州文化首都（153ページの注を参照）であった2000年、メイラフティ（Meilahti）美術館は山口県立美術館と共同で『雪舟と雲谷派展』という展覧会を開催しました。

中国の禅寺で研鑽を積んだ、室町時代を代表する画家とされている雪舟（1420〜1506）と、その雪舟を中心とする雲谷派の絵画がフィンランドで展示されたのは初めてのことでした。そして、当時、ヘルシンキ市立美術館に勤めていた彼女にとって初めてだったことは、日本人と一緒に仕事をすることでした。

メイラフティ美術館の入り口

アテネウム美術館で開催された「北斎と広重展」
「国立美術館・美術アーカイブ、撮影：キルスィ・ハルコラ」（Valtion taidemuseo, Kuva-taiteen keskusarkisto / Kirsi Halkola）

アテネウム美術館の入り口

アテネウム美術館内のカフェ

「当時館長だったトゥーラ・カルヤライネン（Tuula Karjalainen）氏とともに山口県立美術館にお世話になったことで、私の日本との関係が始まりました。雪舟や室町時代の他の画家が描いた素晴らしい作品を貸していただくことになり、それらの作品をメイラフティ美術館に展示しました。同時に茶道展も開催し、メイラフティ公園において茶会も催しました」

展覧会が終わったあとも日本との心温かい交流が続いています、と彼女は言っています。

「日本にはヒロコ・サカムラ（Hiroko Sakamura）さんというとても仲のいい友達がいて、数多くの展覧会プロジェクトに手を貸してくれています」

その恩返しとして、ヘルシンキ市立美術館が、日本で開催された『フィンランドの神話展』のために展示品を提供したこともあります。

その後も彼女は、現在働いているアテネウム美術館で日本に関係した展覧会をいくつも開催してきました。最近のものでは、ピルッコ・シータリ（Pirkko Siitari）氏と一緒に集めた白黒写真展があります。

「その時は、戦後の白黒写真のことで、また山口県立美術館のお世話になったのです」

その年、2008年はアテネウム美術館の記念年にあたり、それを記念する「北斎・広重展——江戸への旅」が開催され、フィンランドでもよく知られている『神奈川沖浪裏』[1]などの有名な作品が展示されました。また、それにあわせて開催された白黒写真展では、戦後の日本社会の急激な変化を写真に収めた著名な写真家8名の作品が紹介されたのです。

---

(1) 葛飾北斎による浮世絵作品、『富嶽三十六景』の一つ。

将来の計画もいろいろとあるようです。彼女がぜひ実現させたいのは、ジャポニスムをテーマにした展覧会だそうです。ジャポニスムとは、19世紀終わり頃のヨーロッパ美術界に現れた、日本から影響を受けた西洋絵画の流行のことで、例えば日本の版画からは構図やテーマなどが取り入れられました。

　国際的な美術界を通して、ジャポニスムの影響はフィンランドを代表する画家にまで及んでいます。例えば、フィンランドの代表的な画家であるアルベルト・エーデルフェルト(2)の作品に見られるジャポニスムの影響については、美術史家のアンナ・コルテライネン(3)氏による研究があります。

　実は、トゥルク美術館が以前ジャポニスム展を開催したことがあるのですが、彼女はより大規模な、日本側の観点も取り入れた展覧会をいつか開催させたいと言っています。

　「西洋の画家だけではなく、西洋の国々に留学した日本人画家の作品も取り入れてのジャポニスム展を今考えています。西洋の画家は、自らの作品に日本の技法や題材を取り入れてきましたが、日本の画家はもちろん逆のことをしています。そのようにして両者がそれぞれの観点からつくり上げた作品を一緒に並べてみると、面白いと思っています。それに、果たして何が日本絵画で何が西洋絵画なのでしょうか。ペッカ・ハロネン(4)などによる、フィンランド美術のいわゆる黄金時代(5)の作品も、内容はとてもフィンランド的ですが、ジャポニスムの影響が強く感じられます」

　フィンランドの国立美術館としての性格上、アテネウム美術館のコレクションの大部分は、フィンランドの19世紀や20世紀初めの頃の作品によって占められています。日本は今、特に現代芸術において注目されることが多いのですが、アテネウム美術館では900点を超える日

本の浮世絵コレクションを有しており、それらが特別な「版画室」で展示されています。

　これらの版画は、もともと1908年、ライプチヒの古本屋で購入したものですが、当時は立派なコレクションを買い入れるつもりで買ったのではなく、単に参考資料の一環として集めておくことが目的でした。コレクションの大部分は歌川国貞(6)の役者絵ですが、喜多川歌麿(7)や鈴木春信(8)の作品も含まれています。

　「日本の古い時代の美術への関心も高まる傾向にあって、その背景にあるのは、マンガがフィンランドで人気だということでしょう。日本は、フィンランドで明らかに注目を集めている国です。最近、フィン日共同の美術展はかなり多くなっており、そのこと自体が日本全体に対する興味や関心を示しています」と言う彼女は、いくつか例を挙げてくれました。

　例えば、ヘルシンキ市立美術館では漫画展や春画展が行われ、シネブリコッフ美術館（Sinebrychoffin taidemuseo）では2009年に『太陽の

---

(2)　（Albert Edelfelt, 1854〜1905）フィンランドで最もよく知れれている画家の一人。フィンランド美術を世界に知らしめることに貢献した。

(3)　（Anna Kortelainen, 1968〜　）美術史評論家。博士論文でアルベルト・エーデルフェルトを研究。

(4)　（Pekka Halonen, 1865〜1933）画家。パリでゴーギャンのもとで絵を学んだ。特に冬の雪景色の風景画でよく知られている。

(5)　フィンランド美術におけるいわゆる黄金時代とは1880年から1910年にかけて、フィンランド美術がその特徴的な形を整えた頃のことである。当時、長くスウェーデン、そしてロシアの支配下にあったフィンランド人のなかに初めてフィンランド人としてのアイデンティティが形成され、そのプロセスと黄金時代の作品は深く絡み合っていた。黄金時代の中心的な画家はガッレン゠カッレラで、ペッカ・ハロネン、アルベルト・エーデルフェルト、ヘレネ・シェルフベックも有名である。

(6)　（1786〜1864）江戸時代後期の浮世絵師。面長猪首型の美人画が特徴。

(7)　（1753頃〜1806）江戸時代中期の浮世絵師。美人画の大家とされ、国際的にも有名。

(8)　（1725頃〜1770）江戸時代中期の浮世絵師。細身、可憐な女性像の美人画で知られる。

シネブリコッフ美術館の概観　　　　ヴァプリーッキ博物館の展示室

女神の娘』という、版画から現代女性画家の作品に見られる女性像をテーマにした展覧会が行われました。日本とのつながりはヘルシンキだけに限られず、このインタビューを行った2010年夏、タンペレのヴァプリーッキ（Vapriikki）博物館では日本の印籠を紹介する展覧会が開催中ということでした。

　では、日本人はフィンランド美術のどこに魅力を感じるのでしょうか。

「私が受けた印象では、神話や物語、特に黄金時代の美術に見られる作品に興味を抱いてくれています。それに、日本ではまだまったく知られていないフィンランド美術がいっぱいあるでしょう。アテネウム美術館のコレクションにだって、日本人がきっと気に入ってくれそうな、現在日本で知られている時代以前の作品もたくさんあります。だから、フィンランド文化はもっと積極的に紹介するべきだと私は思います。現代美術は、展覧会交流活動のおかげで日本ではよく知られているようですが……。それに、フィンランドのデザインが日本でポピュラーであるということは、私自身の経験に基づいても言えます」

　美術を海外に紹介する際には、相手にとって身近でよく知られたものをもっていっても意味がないとタンニネン＝マッティラ氏は言いま

す。何ら刺激を与えることができないからです。例えば、シベリアの風景を描いた日本画家の作品をフィンランドで展示したところで、いったい何になるのでしょうか。

「文化輸出に関しては、エーデルフェルトがフランスの風景を描いたからパリにこそ展示するべきだとか、他のアーティストがイタリアを描いた作品はイタリアの美術館にお似合いだとか、そんな風に思われることがありますが、そうじゃないと思います。外からのものにこそ興味が湧くのです。だから、日本の美術館の方にここにまず来てもらって、自らフィンランドのアートを見て興味をもってもらうことが大事です。そうしたら、自分達が日本でインパクトがあると思った作品を選んで、向こうで展示することができます。日本の方にここに来てもらって興味を抱いてもらうことは、将来のあらゆる文化輸出の礎になるのです」

では、美術交流において、日本語はこれからもっと重要になるのでしょうか。

「すでに、かなり重要になっていると思いますよ。私もできたらいいのですが……。それができないから、ここでも日本でも通訳者の仲介でやってきたのですが、両国では本当にいい通訳の方にお世話になってきました。もちろん、自分で日本語を話せたら一番いいのでしょうが、それができないから、頼りになる通訳がいてくれることで本当に助かっています」

美術館、あるいは博物館同士の交流のなかで日本語は必ず必要とされますが、それは継続的に続く仕事というより、定期的なプロジェクトの形をとるとタンニネン＝マッティラ氏は自らの経験から語ってくれました。

「もし、日本語・日本文化を勉強している学生が、美術あるいは博物

館関係の仕事に就きたい時、どんなことを勉強すればいいのでしょうか?」と質問すると、彼女はまず美術史を取り上げて、その後、実用的な教育をすすめてくれました。

「プロデューサーになるための教育を身に着けるといいです。様々なプロジェクトや文化イベントに活用できますから。多くの場合、美術関係のプロジェクトに人材が求められる際には、プロデューサーの資格をもっている人が採用される傾向が強くなっています。そういう人は、広報、マーケティング、資金調達などのプロジェクト実現にあたる能力や技術をもち合わせているからです」

つまり、新しいキーワードは「文化生産」ということになりそうです。

「こうして日本人と仕事してきて素晴らしいと思うことは、一つの日本関連のプロジェクトが必ず次につながっていって、そのおかげで、いつも何かまだ知らない新しいことが発見できることです」

日本人が美学的な価値観をもち、それを日常生活のなかで表すということは、自分のことを視覚的な人間と考える彼女に強い印象を残しています。

「日本は、本当に何もかもがきれいで洗練されています。こう言うと、ちょっとステレオタイプになるのですが……でも、実際そうなのですから。フィンランドもそこが一緒だと思います。イッタラ(Iittala)といい、アルテック(Artek)といい、デザインが日常生活の領域に入っていて、それらの製品はフィンランドの普通の家庭でよく見られるものなのです。ほかの国と違って、特定のデザインが特定の社会的地位に結び付いていないのです」

デザインについては、日本美術がフィンランドのデザイナーに及ぼす影響を研究テーマにしても面白いと彼女は考えています。

過去の有名なデザイナーのなかには、作品には日本の影響は見られても、実際に日本へ行ったことがない人がかなりいました。もちろん、今はその頃より日本に行くことが容易になったこともあって、現在のデザイン界では交流が活発に行われています。

　タンニネン＝マッティラ氏は、実は母親のオイリ・タンニネン氏[9]を通して子どもの頃から日本に縁があったことを明かしてくれました。オイリ・タンニネン氏は児童文学の作家で、1970年代に講談社のために4冊の絵本シリーズをつくったことがあるのです。
「母から、フィンランドで1970年代に働いていた日本の出版界の人を紹介してもらうことがあります。日本を観光した時の楽しい体験談もたくさんありますが、仕事の面で最も印象的だったのは、やはりあの『雪舟展』を開催した時でした」
　この時初めて、日本の文化と美術に深く触れることが出来たようです。
「美術家のなかから一番好きな人を選んで下さいと言われたら困るけれど、最近気に入っているのは、前回の旅行で見つけた藤田嗣治の作品です」[10]と彼女は言います。藤田もまた様々な意味で境を越える美術家であって、作品においては西洋・日本両方の技法を活かし、人生の大部分をフランスで過ごした人です。
　最後に、「美術館ならどこがいいですか？」と質問したところ、タ

---

[9] （Oili Tanninen, 1933～　）絵本作家、版画家、アニメーション作家。国際アンデルセン賞をはじめ、児童文学に与えられる賞を数々受賞している。邦訳された絵本に『ヌンヌ』（稲垣美晴訳、あすなろ書房、2009年）『ミーちゃん』『チューくん』『ポンちゃん』『ルルくん』（いずれも渡部翠訳、講談社、新装版2008年）がある。
[10] （1886～1968）エコール・ド・パリの代表的画家。日本画の技法を油彩画に取り入れつつ、「乳白色の肌」と呼ばれた裸婦像などは、西洋画壇の絶賛を浴びた。

金沢21世紀美術館　　　　　　　　©Wiiii（2008.9.2）

ンニネン＝マッティラ氏は、「金沢21世紀美術館と、その現代美術コレクションをぜひ観にいって下さい」とすすめてくれました。

「日本文化は、常に新しい側面を見せてくれるので非常に面白いです。一つの側面の奥に入ったら、それが必ず新しいことへとつながるのです」と言う彼女は、今回のインタビューを次のようにまとめてくれました。

「展覧会を図録も含めて最初からつくり上げるのはいつも大変なのですが、日本人と一緒に実現してきたプロジェクトは、いつも観客にとても喜んでもらってきましたから、大変な分だけ満足感も大きいように感じています。ですから、将来もぜひ続けていきたいですね」

24 マンガをフィンランドで売る[(1)]

インタビュー・原文執筆：イェンニ・ペンシッカラ
翻訳：レーナ・エーロライネン

アンネ・ヴァルスタ（Anne Valsta）
マンガ出版ではフィンランド最大の出版社「タンミ（Tammi）」の社長。

アンッティ・ヴァルカマ（Antti Valkama）
タンミが刊行しているシリーズ「サンガツマンガ（Sangatsu Manga、三月マンガ）」の出版・編集者として、出版されるマンガの選定や企画、編集、翻訳などにあたっている。

　2003年、タンミ社は、フィンランドで初めて日本のマンガをキオスクで販売し始めました。現在、マンガは、子どもや中高生を対象としたタンミ社の書籍販売のなかで非常に大きな比重を占めるに至っています。ヴァルスタ社長によると、タンミ社は長らく子ども・若者に向けた書籍出版に力を入れてきたので、マンガは社の出版方針によくあっているということです。また、ヴァルカマ氏は、フィンランドで出版され、販売されているマンガの6割以上がタンミ社によって占められていると言います。

---

(1) 「マンガ」という表記は、日本の漫画に限定して用いている。「コミック」という場合は、一般の漫画を指している。

キオスクで売られているマンガやコミック

　マンガの市場は約250万ユーロ（約2億5,000万円、2012年1月現在）で、その大半が普通の本屋ではなくキオスクで売られています。
　ドイツ、スウェーデン、デンマークといったようなヨーロッパのほかの国々に比べてみると、フィンランドでマンガが出版されるようになったのはかなり遅かったのです。そもそもタンミ社がマンガに目を向けたのも、外国での人気ぶりを踏まえてのことでした。しかし、タンミ社から最初に出版された『ドラゴンボール』は、マスコミからかなりの非難を受けました。挑発的で、性的な刺激が強すぎると叩かれたのです。
　ヴァルスタ社長もヴァルカマ氏も、当時はまだタンミ社に勤めていなかったものの、よくそのことを覚えていました。しかし、今はそのような議論はもうほとんど見られなくなったようです。
「実はですね、騒ぎが収まったあと、もっと挑発的なものをたくさん出版しているんですよ」と、ヴァルスタ社長は笑っていました。
　騒ぎのあったせいで、タンミ社はその社名でマンガを出版すること

を辞め、「三月マンガ」という部門を設けました。しかし、マンガが広く普及した今なら、同じような騒ぎになる恐れはないだろうと社長は考えています。

　スキャンダルのせいで『ドラゴンボール』は半年間出版が停止され、そのうち徐々に再開されるようになりましたが、もう誰も何も言わなくなっていました。しばらくして、やがてほかのマンガも出版され始めるようになったわけです。

　タンミ社がマンガ出版に成功した理由としてヴァルスタ社長は、フィンランドで最初にそれを開始したということ、そして日本の多くの出版社とコンタクトをとっていることが挙げられます。

　「日本の出版社とビジネスを行うことは、本当にほかの国々とは全然違っていて、まったく独特なものです」

　日本の出版社と長く関係を保つためには、欧米の出版界では普通考えられないくらいの時間と努力も必要とします。しかし、いったん信頼関係が築かれれば、ビジネス協力もより簡単になるということです。隣にいるヴァルカマ氏にも同じような経験があるようで、うなずいて同意していました。

　日本のビジネスパートナーとして最初で、今でも最も重要な出版社と言えば集英社です。集英社は日本で人気のある少年マンガ『ナルト』、『ドラゴンボール』、『ワンピース』などを出版しています。これらのマンガは、フィンランドでもよく売れているものです。

　日本とのコミュニケーションは、タンミ社の２人のマンガ専門の編集担当者によってとられています。「三月マンガ」の担当者はヴァルカマ氏で、「プナイネン・ヤッティライネン（Punainen jättiläinen・赤い巨人）」の担当者を務めているのはアンッティ・グローンルンド氏[2]です。以前は独立したマンガ出版社だったプナイネン・ヤッティライ

ネンは、2009年の初頭、タンミ社に吸収されました。

「同じ出版社（タンミ）であっても、方針は二つあります」と、ヴァルカマ氏は三月マンガとプナイネン・ヤッティライネンの違いを述べています。さらに彼は、この２人のほかには、フィンランドでマンガ専門の編集者は恐らくいないのではないかと推測しています。

　２人はオフィスも隣りあっており、出版の企画についても一緒に考えているそうです。ただし、プナイネン・ヤッティライネンから出版されるシリーズはグローンルンド氏が担当し、三月マンガから出版されるシリーズはヴァルカマ氏が担当しているということです。

　文学作品の編集は２人の仕事に含まれていません。その分野で日本とのビジネス関係を保つことは、ほかの外国の出版社との契約と同じように、外国文学の編集者の責任となっています。タンミ社の本のなかでは、『麦わら帽子のヘイナとフェルト靴のトッス（Heinähattu ja Vilttitossu）』という子ども向けの本が日本語に訳されています。また逆に、ヴァルカマ氏が日本語からフィンランド語へ翻訳した２冊のムーミン本もあります。

訳：末延弘子・絵：佐古百美、講談社青い鳥文庫、2005年

　本やマンガを出版するかどうかを決定する過程には大勢の人が関わっています。マンガについてはヴァルカマ氏とグローンルンド氏が一緒に翻訳するに値する作品を探していますが、本には専門の担当者がいます。専門の担当者達は、自分の上司に出版すべき作品を提案し、その後、どの程度の利益が期待できるのか、予算や出版計画にあっているかどうかなどについて一緒に検討しています。出版される作品は、適度に

違ったジャンルのものを含んでいなければならないのです。

　マンガについては、主な販売ルートであるラウタキリヤにも、またマンガを読む読者からも意見を聞きたいと言うヴァルスタ社長は、「契約書にサインをするのは自分だが、出版に関する実際の決定は編集部で行われている」と言います。

「私達は、うちのアンッティ達に任せていますから」

　フィンランドで一番成功したジャンルと言えば、やはり少年マンガです。マンガのベストセラーで、現在の１位は『ナルト』で、これは男子にも女子にも読まれています。一方、『ドラゴンボール』は、趣味としてマンガを読む、読まないに関わらず、一般に受け入れられているのが特徴となっているとのことです。

　タンミ社にとって重要なことは、たまにしかマンガを読まないという人にも読んでもらえるような作品を出版することです。マンガを趣味として読む人だけでは、願うほどの販売部数が確保できないのです。もちろん、積極的にマンガを趣味として読んでいる人のことも忘れてはいけません。何と言っても、ほとんどの作品の読者になるのはこの人達なのですから。

　コミックを趣味として読んでいる人も様々です。ヴァルカマ氏によると、ずっと以前からコミックに興味をもっている人にも二つのタイプが見られるということです。一つは、マンガのなかでもレアな作品しか読まないタイプで、もう一つは、マンガが過大に評価されていると考えているタイプです。もっと若いマンガファンのなかには、マンガ以外のコミックは読まないと言う人も珍しくないということです。

「面白いことに、約100万人のフィンランド人が『ドナルドダック』

---

(2)　(Antti Grönlund)　グローンルンドは、このインタビューのあと、タンミ社を退職。
(3)　(Rautakirja)　キオスク、書籍・雑誌販売店などを経営しているフィンランド企業。

を読んでいますが、コミックを読んでいると全然意識していないのです」と、ヴァルカマ氏は言います。

　彼によれば、コミックに興味があるフィンランド人は特に日本に興味があるわけではなく、日本のことをもっと知りたいなどとも考えていません。したがって、マンガの読者が増えるとすれば、いわゆる「普通のコミック読者達」のなかからということになります。

　出版されるマンガを決める際、考えなければならないこととして、どれぐらい売れるかということと、その作品の質と長さにも注意しなければなりません。

「需要があるなら、ともかく何でも出版してしまえ、というわけにはいきませんから」と、ヴァルカマ氏は笑っていました。短い連載マンガが必ずしもよいとは限りませんが、たとえ大人気になっても、長い連載マンガに比べればかかる手間のわりに利益がそれほど出ないのです。とはいえ、長い連載物も、売れなければ何年間にもわたって会社の「お荷物」となってしまうのです。

　今までのところ、出版を中止した連載物は一つもないということです。彼によると、売れる作品を選んだ結果と自画自賛できるかどうかだけでなく、読者と日本のパートナー出版社との関係も関わってきます。例えば、ヨーロッパ諸国で大ヒットした『遊☆戯☆王』はフィンランドではあまり売れませんでしたが、中止をせずにちゃんと最後まで出版されているのです。

　ヴァルカマ氏は、三月マンガが出版しているマンガは年間60本ぐらいあると言います。一方、プナイネン・ヤッティライネンが出版している数は、これよりやや少ないものとなっています。作品のなかには、日本で長く連載されていて、新しい巻が発売されるまでに結構な時間のかかるものがあります。したがって、日本で既に出版された巻がす

べてフィンランドで発売されてしまうと、その後、新しい巻の発売までかなりの時間が空くことになってしまいます。

彼自身のお気に入りの仕事は『ワンピース』の出版で、これは彼自身がフィンランド語に翻訳しています。ほかの作品の翻訳にはもう関わっておらず、出版・編集の仕事に専念しているとのことです。

「『ワンピース』はですね、第1巻を訳してみて、これはちょっとおかしすぎてフィンランドの読者には受け入れられないかなと思ったんですけど、あとから考えると、私はハマってよかったと思っていますよ」

日本の出版社との連絡は、ほとんどの場合グローンルンド氏とヴァルカマ氏に任されていますが、社長レベルの顔合わせの機会を築くことも重要です。特に日本の大きな出版社にとっては、具体的な仕事の予定がない時でも、お互いに顔合わせをしておくことが重要だと考えられているそうです。

ヴァルスタ社長も、仕事で東京のいろいろな出版社に赴いた経験があります。東京では、マンガが本当に日本の出版ビジネスにおいて大きな比重を占めていることを知って驚いたと言います。そして、電子出版にも驚いたようです。

「地下鉄とかに乗ったら、みんな携帯を持って何かをしているのです。メールを読んでいるのじゃないかと思ったら、マンガを読んでいたの！」

小説も携帯で読まれている、とヴァルカマ氏は付け加えてくれました。フィンランドでもやがてそうなるかもしれないと、タンミ社でも電子出版を考えているようです。

ヴァルスタ社長は、以前、雑誌関係の仕事をしていた時に初めて日

本に行き、半分は東京で、半分は京都で過ごしました。その時は、力士に会ったり、立派な茶室へ行ったりして、たくさんの素晴らしい場所を目にすることができたと言います。その時のことは、決して忘れることのできほどの印象を彼女の心に刻みました。
「日本は非常にビジュアルな国で、これほどビジュアルでかつ美しい国はほかにないと思います。歴史も文化も面白くて、それに、矛盾しているところも含めてですね」
フィンランドと日本の間に、何か特別なものが感じられるのではないかと彼女は思っているようです。
「特にデザインの分野で、日本人とフィンランド人はなぜお互いに魅力を感じあうのかが分かってきたのです」と、ヴァルスタ社長は言っています。
ヴァルカマ氏は、フィンランド人と日本人の共通点として、他人との間にある程度の距離を置こうとすることと説明してくれました。フィンランドでは、面積のわりに人口が少ないためにスペースが十分にあるからです。
「自分から5メートル以内に近づくのは、近い親戚に限られます。そうでなければ、ナイフで刺されちゃうと思ってしまうかもしれません」と、冗談めいて言っていました。
逆に日本は、面積のわりには人口が非常に多いのですが、たとえ他人が近くにいる時でもお互いの空間を尊重しあっています。フィンランドと日本で、なぜそうなったのかはともかくとして、結果は最終的に同じだという印象をヴァルスタ社長は得たようです。
「日本人のいわゆる内向的なところは、フィンランド人に少し似ています」

ヴァルカマ氏は日本育ちで、宣教師の親と一緒に四国の徳島に14年間も住んでいました。その間、山や田んぼに囲まれた田舎にある「ヤスコ」[4]というフィンランド学校に毎週通っていました。学校教育はフィンランド語で受けて、日本語の授業はたまにしか行われなかったそうです。しかし、日本語は周りの人が話していたので、本を読んだり話したりしているうちに身に着いたそうです。

大津市にあるヤスコ
(1983年頃)

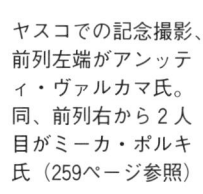

ヤスコでの記念撮影、前列左端がアンッティ・ヴァルカマ氏。同、前列右から2人目がミーカ・ポルキ氏（259ページ参照）

---

(4) (Japanin suomalainen koulu, Jasuko) 1964年滋賀県大津市に設立。もともとフィンランド人宣教師の子弟教育のために開校されたが、日本に居住するフィンランド人の子弟であれば誰でも入学できる。1990年代には入学者数が減少して閉校されたが、2006年に英語・フィンランド語・日本語による教育を行う学校として再開された。多くの生徒が学校の寮に寄宿し、週末には自宅に帰っていた。

2012年3月現在のヤスコ。(左：入り口)(右：裏側) 2011年9月より休校中

「フィンランド語のコミックを全部読み終わったあと、日本語のマンガを読むしかなかったのです」と、ヴァルカマ氏は当時を思い出していました。

　マンガを読んだり、アニメを見たりすることで、その日本語力は今でも保たれており、忘れることはないでしょう。加えて彼は、実家があるハメーンリンナ(5)で日本語の初級コースを教えたり、夏には日本人観光客のガイドを務めたりもしています。

「もうずいぶん前からこの仕事をやっているから、タンミ社に入っても続けられるように頼みました」

　彼の経験によると、日本人の観光客はフィンランドのデザインやマリメッコに興味があって、ガラス製品の工場ショップなどへ行きたがっているとのことです。日本人の大半はフィンランドのブランドの名前は知りませんが、美しい自然、ムーミン、シベリウス(1865～1957)、サンタクロースなどは知っています。

　ヴァルカマ氏は、日本語のコースは今、日本に興味をもつ若者でいっぱいだと言います。6～7年前は参加者の年齢層がもっと広くて、大学生もいれば、仕事のために日本語を勉強しようとしている大人もいたようです。

ヘルシンキにある「マリメッコ」の店内

「今は20人のクラスに、大人はたぶん１人か２人くらいです。それ以外の人は、ほぼみんな中学生から大学生までの女の子で、たいていマンガを読んでいるか、Ｊロックを聴いていますね」

　日本語を勉強している人の数が増えた影響は、三月マンガで翻訳する人の数にも見られます。2002年に『ドラゴンボール』の翻訳者を募集した時、応募者はそれほどいなかったとのことです。「だからこそ、こんなに簡単にこの仕事が得られたのです」と謙遜して言う彼は、現在の状況について次のように語ってくれました。
「三月マンガには、どうすればマンガの翻訳の仕事ができるのか、と時々問い合わせがありますが、これ以上翻訳者を募集する予定はありません」
　小説の翻訳はマンガより難しいそうです。「いくらマンガが簡単に

---
(5)　(Hämeenlinna) ヘルシンキから北へ100kmに位置する都市。人口6,7000人。13世紀末に建てられたハメ城が有名で、作曲家のシベリウスが生まれ育った都市でもある。

読めたって、小説も同じく簡単に読めるとは限りませんよ」と、ヴァルカマ氏は言います。タンミ社には優秀なマンガの翻訳者がたくさんいますが、村上春樹の『海辺のカフカ』は英語から訳されたものでした。

　タンミ社のイエロー文庫シリーズ(6)でも、日本の文学に対して前より関心がもたれるようになったとヴァルスタ社長は言います。しかし、小説の読者はマンガの読者とは恐らく違うだろうとも言っています。マンガが好きな若者が、将来、小説を読むようになることもあり得ますが、そうなるまでにはまだまだ時間がかかるとのことでした。

---

(6)　タンミ社の翻訳小説シリーズ。1954年に始まり、24名のノーベル文学賞受賞者の作品をはじめ、海外の良質な作品をフィンランド語に訳して出版している。ちなみに、本書204ページで紹介したニエミネン氏の訳書も、イエロー文庫シリーズの一冊である。

25 言葉とイメージ、そしてビジュアル文化

インタビュー・原文執筆：ヨハンネス・ケーンズ
翻訳：レーナ・エーロライネン

ヘリ・ランタヴオ（Heli Rantavuo）
2009年、アールト大学芸術デザイン大学校博士課程終了。博士論文のテーマは、携帯電話におけるビジュアルなコミュニケーション。2004年に早稲田大学に研究留学。その後、ノキアの携帯電話開発部に勤務。

　ヘリ・ランタヴオ氏の仕事には、二つのアイデンティティがあります。ノキアにおける仕事では、自分の能力を活かして、ユーザーにより良いサービスを提供するために努めています。しかし、新たなメディアや映像によるコミュニケーションの研究者としては違った見解をもっています。
「ユーザーの視点と言っても、それは最新テクノロジーに興味がある人の視点になりがちなのです。しかし、私にとって最も興味深いのは、『普通の人としてのユーザー経験』なのです」
　博士課程の学生だった彼女は、そもそも日本に興味などはありませんでした。日本への研究留学を提案したのは、彼女の指導教官でした。
「デジタル写真、特にカメラ付き携帯電話を研究するからには、やっぱり日本に行くべきだって言われたのです」
　旅行好きで、以前にも外国暮らしの経験があった彼女は、「まあ、いいだろう。面白い経験にもなりそうだし」と思って、早稲田大学の

短期留学プログラムに応募したのです。
「だけど、旅立つ日が近づけば近づくほど不安を感じ始め、留学そのものを疑問にも思うようになりました。わざわざ遠い日本まで、一体何をしに行くのだろう。フィンランドだったら、もっと効率的に研究できるのにと思っていました」
　そのうえ、彼女が抱いていた日本文化に対するイメージはあまりにも悲観的なもので、人種差別的な男尊女卑がまかり通り、因習に凝り固まった制度の国だと考えていたそうです。
　日本に行く前、日本では誰も英語がしゃべれないと思って不安だったようです。そのため、少しだけでも日本語がしゃべれるようにと勉強し始めました。日本に興味をもっている同僚がいて、毎日、メモ用紙に日常会話に役立つ表現を書いては教えてくれました。ランタヴオ氏はさらに、図書館で日本語のオーディオ教材を借りて、ジョギングをしながらそれを聞いていたとのことです。
「本当に、ちょっとしか勉強しなかったから、言葉の壁というものに関してはかなり緊張していたました」
　もっとも、日本語を勉強するつもりが元々なかったわけですから、日本への留学の意義については疑問に思わずにはいられなかったようです。
「資料収集の方法としてインタビューを行うというのに、いったいどうなることやら」と、ランタヴオ氏は当時の気持ちを語ってくれました。しかし、実際日本に行ってみたら、いい意味で彼女は驚いたということです。
「着いてすぐ、私がもっていたイメージと全然違うということに気付いたのです。日本は魅力的な国で、すべてがスムーズに進んでいきました」

言葉の壁という問題も解決しました。なぜかと言うと、ランタヴオ氏の受け入れ先になったメディアアート研究者でもある早稲田大学の草原真知子[1]教授が、インターナショナルスクールに通っていた学生を紹介してくれたからです。その学生は、ランタヴオ氏のガイド兼通訳となり、インタビューの対象になる人を探してくれたのです。このようないい経験を通して、彼女は日本語や日本文化に興味をもつようになったわけです。

「私の先入観や、抱いていた恐れの大部分がまちがっていたことに気付いた時は確かにショックでした。日本は国も文化もまったく奥が深くて、たった数か月だけでは氷山の一角しか見えてこないのです。そして、日本語にも、とても魅力的な特徴があると思うようになりました」

　例えば、食事の時に手を合わせるとか、職場や学校で朝礼を行うとかといった日常的な儀礼は日本人にとってとても大切だということが分かるようになり、それは自分の研究にとっても重要なことだということが分かりました。しかし、非常に短い滞在期間中に研究をしなければならないことがたくさんあったので、あまり日本語を勉強する時間がなかったことを残念に思うとランタヴオ氏は言っています。

　彼女は、もっと日本語ができたら様々なメリットやトラブルがあったのではないかと思っています。一方では、外から日本社会を見られたことがよかったようです。

「日本語やマナーなどを理解していると思われなかったので、日本の

---

[1] （1948～）早稲田大学文化構想学部教授。工学博士。1980年代よりメディアアートのキュレーションと批評、メディア論研究で国際的に活躍。科学万博（つくば）、世界デザイン博（名古屋）などの展示のほか、数多くの国際公募展の審査に関わってきた。

方は、私とは普段より自由にコミュニケーションができたのではないでしょうか」

　しかし、研究のことを考えれば、やはり日本語ができれば役立っただろうとも言っています。

「インタビューを聞きながら内容がもっと理解できていたら、相手が本当に何を言っているのかがもっと深く理解できたかもしれません。日本語や文字などが読めたら、様々な種類の文献や資料を利用できただろうとも思います。例えば、モバイルコミュニケーションを中心にした、広告の多い雑誌などです」

　といっても、インタビューが英語で行われたのは三回だけでした。その対象者はみんな長く日本に住んでいて、勉強をしていた外国人でした。それ以外のインタビューは、すべてアシスタントに助けを借りながら日本語で行ったそうです。

「アシスタントは通訳だけすればいいように、質問は私がちゃんと準備しておきました」

　ランタヴオ氏が研究を始めた2002年は、カメラ付き携帯電話がフィンランドでヒットするかどうかの段階で、値段も高かったのです。普及し始めたのは2005年になってからです。こういう状況だったため、彼女にとっても日本は研究対象として素晴らしい所でした。なぜかというと、2004年の時点で日本は、カメラ付き携帯電話がまったく普通のものになっていたからです。

「当時の日本の最新のものと言えば、面白いモバイルゲームなどがありました。携帯カメラは、もはや日本人にとっては珍しいものではなくなっていました」

　それに対してフィンランドでは、当時、カメラ付き携帯電話をめぐ

ノキア本社

る議論になんらかの価値観が伴っていたようです。モバイルカメラの価値は、「本物」のカメラとの比較において論じられていました。これには、フィンランドの消費文化が関わっています。彼女によれば、フィンランドでは耐久性のあるものと、よく考えてからお金を使うことが高く評価されるということです。

「環境意識をもった考え方はともかくとして、フィンランド人は値段のわりに質のいいものを欲しがるのです」

　日本は、この面でもフィンランドとかなり違っています。新しいモデルが次々と開発され、一度買った携帯を何年にもわたって使わなければならないという考え方はまったくありません。

　もちろん、市場も違っています。例えば、携帯電話の会社とオペレーターとの協力は、フィンランドと異なった形で行われています。ランタヴオ氏は、このように異なる視点から見ることについて次のように語っています。

「日本からフィンランドを見ると、いろいろなことがもっと理解でき

て、フィンランドの消費文化や生活における電化製品の意味についても新しい疑問が発見できました」

　彼女は自分の論文で、日本とフィンランドのカメラ付き携帯電話の文化の関係を分析しています。一番大きな相違点として、装置そのものに対する考え方が挙げられます。

「多くの日本の若者にとって、デジカメというものは携帯にしかないもので、他のチョイスはなかったようです。フィンランド人は反対に、携帯のカメラはパーティーや旅行の写真を撮るのにはふさわしくないものと思っていました。日常生活だとまだいいのですが、特別なイベントだと、やはりちゃんとしたデジカメじゃないとダメだと考えているんです」

　また、使用目的も違います。自身の博士論文で次のように述べています。

　日本人にとって最も大切なのは、撮影するという行為を通してある瞬間を捉えることです。画像そのものにはあまり意味がないのです。それに対して、フィンランド人の撮った写真には何らかの機能がある場合が多いです。例えば、壁紙を買うためにまずはいろいろな質の壁紙を撮って比べるなどということです。

　しかし、ランタヴオ氏は、もう一つの非常に重要なことに気が付きました。いわゆる「普通のユーザー」の使用方法と使用目的はさほど違っておらず、楽しむことや頭を抱えることは両国の人々にとってほぼ同じだったのです。

　技術が使いにくいことと値段の高さは、どちらの国でも写真によるモバイルコミュニケーションを減少させています。携帯カメラの写真は、日常の、楽しく美しい瞬間を思い出に残すために撮られていました。とはいえ、このような共通点を認めたがらない人もいるそうです。

「このように言うと、なかには傷つく人がいるのです。日本はテクノロジー先進国として考えられており、そのイメージをロマンチックに描きたいのでしょう」

携帯電話のビジュアルな次元について詳しいランタヴオ氏は、日本語と日本文化をビジュアルな面から考えています。

「いい意味で子どもっぽくて、活発的で、色彩に富んだユーモアのあるグラフィックスタイル

ヘルシンキでは路上や公共交通機関内など至る所で携帯で話す人が見られる

が、広告だけではなく情報を伝えるためにも使われています。日常的に目に入ってくるものを見るだけでも、やはりフィンランドの文化より視覚に訴える要素が強いことがよく分かります。そしてその理由を、漢字という『絵』を使って書くことに求めることが多いような気がします」

このように述べる彼女だが、自身は「絵」で書くという考え方に対して若干疑問を抱いています。外国人の視点から見れば、インドの言葉も絵で書かれているように見えるので、よそ者は差異には気付きやすいが見たものを鵜呑みにしがちで、批判的に捉えるという観点が欠けることがあるということです。

ランタヴオ氏は、この面白いビジュアルな環境を生み出した要因として、戦後日本における消費文化の重視と、広告グラフィックへのアメリカ文化の影響を考えています。そして、日本に関する現象に容易

な説明がつけられ、それに満足してしまうことの背景には一般的な日本語力のなさがあると考えています。
「日本の何かが好きになって、日本に行ったり、日本のことを分析したがる人のなかで日本語が分かる人は稀です。日本人の考え方や歴史、分析や解釈の仕方などが全然分かりませんし、その結果として深い解釈もできていないのです。考察するとか言っても、せいぜい、どこかの交差点に立ってあたりを見回し、外国人としての視点から分析するだけです。『日本はこうだ』とか『日本はああだ』ぐらいしか言えないのです。そこには、内省というものがありません」
　彼女は、日本について考察する際に最も重視されなければならないのは内省することだと言います。
「私はたぶん、ある面で日常を人類学的に考えていて、自らも観察する主体でしかありません。その場における自分の位置を、いつも頭のなかで意識しています」
　ランタヴオ氏は、欧米で日本と日本人であることは「相違点」を強調することによって定義されていると言います。もちろん、これは日本に対してだけではなく、未知の文化、言語、国、人に対しては一般に言えることです。しかし、未知なるものを理解するためのより効果的なアプローチを与えてくれるものは、根本的に相手も自分と同じだと考え、その同じような欲求や課題が具体的な形としてどう表れているかに注目するという考え方です。
　特に、日本のビジュアル文化の解釈においては多くの問題が現れます。なぜかというと、一見して欧米と非常に異なった要素からできているため、その表面的な違いにばかり注目しがちだからです。そこでカギを解くのが日本語能力となります。
「言葉を通すと、このような現象がもっと深く理解できるのではない

でしょうか」

　日本語ができる人が必要とされるようになるためには、日本を産業界やビジネス界にアピールして、魅力的な市場として考えさせなければなりません。現在は、日本の可能性が過小評価されていると彼女は言います。残念ながら、様々な分野で日本は、遠くて分かりにくく、難しい国と見なされているのです。

　ランタヴオ氏は、日本語の分かる人達が、もっと積極的に日本についての情報を企業に提供していったらどうかと言います。彼女の友達で陶芸家のヘイディ・プーマライネン（Heidi Puumalainen）氏も、彼女と一緒に東京を回った時に同じことを感じたようです。

「東京でヘイディは、いろいろな所で『少しだけ私の作品を売るスペースをくれたらビジネスになるのに！』と言っていましたよ」

　欧米で日本文化が理想化されているのと同じように、日本では北欧が理想化されています。だから、多くのフィンランド製品が日本で商売にならないはずがないと考えています。そして、日本の市場規模とその経済力を考えると、なぜフィンランドがより積極的にそこに参入していこうとしないのかがランタヴオ氏には分からないようです。

「日本語能力のある人は、無用な懸念を追い払ってくれると期待しています」

　ビジネス以外の分野では、文化交流が盛んに行われています。

「文化面では、相互交流も協力関係もあります。日本についての知識も豊富で、ポップカルチャーも日本のイメージの一部として定着しました。以前のイメージは、茶道など、かなりハイカルチャーなものに偏っていましたが……」

　彼女は、「将来、必ず日本語ができる人がもっと必要とされるはずだと言いたいところですが、このことが話題に上るようになってもう

何年も経ちます。なのに、まだまだ変化が見えない」と言い、「日本と日本文化を知る人は、もっと協力関係を深められる場があると考えているのですが、まだ何もなされていませんね」と続けました。

　日本語を身に着けるにはかなりの努力が必要だし、趣味としての日本語の学習者がさらに増えることもないでしょう。しかし、ランタヴオ氏は、日本がフィンランドの若者に新しい「違和感や相違点」を感じさせたことはいいことだと思っています。

「アニメとマンガが好きな人のなかには、日本語を勉強している人も少なくありません。新しい言語や文化が私達の知識の範囲に入ってくると、この世界について何か新しくて面白いことが目の前に開けてくると思います」

　そして、日本のポップカルチャーはやがて廃れる流行の一つにすぎないだろうと考える一方で、それによって日本文化がフィンランドに定着することもありえると見ています。

「面白いことに、日本は様々な流行を経ながら、フィンランドで趣味の対象になる外国文化として存在しつつあると思います。趣味としての日本は、かなり確立したと言えます。文化交流を進める財団があって、交流の長い歴史もあります。それが消えてしまうということはないでしょう」

26 一人だけでもいれば十分

インタビュー・原文執筆:トゥーリ・ヴィヒコ
翻訳:ヨーナス・キリシ

> **ユリヨ・ソタマー(Yrjö Sotamaa)**
> ヘルシンキ芸術デザイン大学(Taideteollinen korkeakoulu)で教授を務めて22年、学長職にもあった。自身も1960年代に当大学を卒業。専門はインテリア建築および家具デザイン。アメリカで大学教授を務め、東アフリカに研究者として滞在。ヨーロッパ美術大学協会(CUMULUS)の設立者で、長年その理事長の任にあった。日本のフィンランドセンターの設立者メンバーの1人でもある。現在、中国の同済大学にデザイン学校を設け、上海にアールト大学(Aalto-yliopisto)の拠点を設置するべく動いている。

ユリヨ・ソタマー氏のデザイン分野における経歴はかなり長いです。「アールト大学(170ページの写真参照)が設立されてから、中国でデザイン分野を発展させることに興味をもつようになりました。この分野の教育には長い間関わってきましたし、日本や中国などとの国際交流関係を築くことを目標としてこれまでの生涯を送ってきたのです。私の仕事で最も重要なものはと言えば、つまるところ、国際交流の促進ということになるでしょう」

彼が交流関係を築いた国のなかで、重要な国の一つはやはり日本となります。自身の日本との関係には二つの面があると彼は言っています。

実際的な面には、日本の大学、建築家、デザイナーを相手に長年にわたって行ってきた協力関係があります。デザイン分野の日本人学生

で、フィンランドに留学する学生の多くはアールト大学芸術デザイン大学校を留学先としているので、多くの日本人が現在に至るまでここで勉強してきました。留学期間が終わってもそのままフィンランドに残る人もいて、その人達はフィンランド社会の一翼を担って活躍するようになっています。

　もう一つの側面は、このような協力関係の源でもある文化的で精神的なものです。

「フィンランド・日本の両文化の間に、そしてそのなかでも特に建築とデザインには精神的なつながりがあると思います。その根源にあるものが何なのかは私には説明できないのですが、両国のデザイナーや建築家がお互いに親近感を感じ、お互いの美意識の響きあいが作品に表れています。このようなことは、ほかのどこの国においても例外的なことなのです」

　ソタマー氏は25年間以上にわたって日本との付き合いがあり、その間に、フィンランド人の日本観が大きく変わっていくのを見てきたと言います。

「日本は、もはや日が沈む国になってしまったと考えられた時期もありました。これは、日本が不景気に陥り、デフレなどの極めて深刻な経済的な問題に直面していた頃のことです。当時のフィンランドのメディアは、日本の問題点だけを取り上げるような一方的な報道をしていたのです」

　当時は、メディアが日本に対するイメージを左右していましたし、今でもほとんどのフィンランド人は日本へ行ったことがないので、メディアが与えるイメージをもとにして考えるしかないのです。したがって、このイメージは日本に対する心構えや興味に反映され、また日本語に対する関心にも現れてくるのです。

「しかし今は、日本の新しい現代文化が西洋で人気を博し、日本の海外での評価と意義が高まっているようです。日本の若者文化もマンガもフィンランドでは人気となっていますし、『ロスト・イン・トランスレーション』（監督・ソフィア・コッポラ、2003年）のような映画が、日本に対するイメージを一遍に転換させました」と、彼は言います。

「私が経験した限りにおいては、日本社会は世界で最も複雑な社会です。その仕組みは一見しただけでは分かりませんし、理解するのが難しいのです。『ロスト・イン・トランスレーション』は、それを少し明らかにしていると思います」と言い、「日本の現代文化は、フィンランドにおける日本の意味も日本に対する好奇心の形も変えています。いわゆる『日が沈む国』から『新しい文化と未来をつくる国』へと変わったのです」と言葉を続けてくれました。

この変化は2005年以降に見られるとのことです。それには、テッポ・トゥルッキ氏[1]とカティア・ヴァラスキヴィ氏[2]の日本についての著作が重要な役割を果たしました。彼らによって、それまであまり知られていなかった日本が紹介されたのです。

「日本に対する新しい捉え方が、日本語の評価にも好影響を及ぼしたのは当然のことです。どうも言語の価値は、たいていその実用性で決まりがちで、英語・日本語・中国語などを勉強し始めるかどうかを考える時は、それが何の役に立つかを検討してから決められることが多

---

[1] （Teppo Turkki）2009年よりフィンランド国立研究開発基金（SITRA）勤務。2003年から2年半、早稲田大学の客員研究員として過ごした。2005年出版の自著『Kahdeksan pilven takaa – Japanin murros ja uusi nousu（立ち込める暗雲を振りはらって）』においてフィンランドにとってなぜ日本が重要な国なのか、情報産業、社会生活、経済などの面で日本が直面している変革を取り上げ論じている。

[2] （Katja Valaskivi）日本のポップカルチャー研究者。ヴァラスキヴィ氏のインタビュー記事が55ページにある。

いようです。中国は、面積も人口も日本の10倍あるにも関わらず、ヘルシンキ大学では日本語と中国語がだいたい同じくらい勉強されていると聞きます。これを見ると、日本語と日本文化がフィンランドでどれほどの意義をもっているのかがよく分かるのではないでしょうか」
　ソタマー氏自身は日本語を話さず、日本人とは、英語を使ったり通訳を依頼したりして対話をしているとのことです。
「日本語の役割と使い方は場合によって異なります。研究者同士の会話や大学関係の場では、たいてい英語が使われます。そんな場でのやり取りは、あくまでも実用的な事柄が中心になるので、細かいニュアンスは通じなくてもいいのです。ところが、創造的な仕事となると、言語が担う役割はかなり違ったものになります。その時は、通訳に頼っています」

　突然、彼は、2000年代初頭に開催された「Quietness展」[3]について語り始めました。この展覧会では、「静けさ」というものが日本とフィンランドでどのように理解されているのかをできるだけ正確に、そして微細に表すことが目的となっていました。静けさの概念を通して両文化の物質文化の背景にある哲学や考え方を探り、静けさのような根本的なものがこの二つの異なる文化のなかで何を意味し、どのようにして表れているのかと問いかけたわけです。
　この展覧会の準備において日本語は極めて重要な位置を占め、通訳および日本文化の専門家にも協力してもらったということです。
　ソタマー氏の意見では、日本文化・日本社会を理解することは、日本の言葉と歴史、そして日本独特の構造が分からなければできないということです。
「日本語は日本文化から切り離せないものなので、日本文化に対する

理解は日本語を通してしか得られません。文化のすべての面において、実用的な域を越えて細かなニュアンスや背景について学ぼうと思ったら、日本語能力は非常に重要となります」

ソタマー氏は、特に企業や異文化交流において関係の構築にあたる際、日本語能力が重要になると考えています。

「例えば、フィンランドセンターの活動において日本語能力のある人材は不可欠です（それらの多くは、日本に留学して日本語を学んだ人達です）。もし、そういう人材がいなかったら、フィンランドセンターの活動は成り立たなかったでしょう。日本人は、相手となる外国人が日本語ができるとなると、敬意のもち方や対応の仕方がまったく違ってくるのです」

彼は、自分の仕事は芸術と芸術教育に関わっていると言います。こういった教育は、主に絵や視覚知識に基づいているのでコミュニケーションが容易であり、言葉がもつ役割はあまり大きくありません。しかし、日本文化への入り口は日本語のみなので、芸術分野にも日本語ができる人がもっといて欲しいと言っています。

「文化について知識をもっていても、必ずしもそれが理解できているとは言えません。フィンランドと日本の間で、お互いの言語教育や留学が行われていることは非常によいことだと思います。現地に住んで勉強してみないと分からないことがいっぱいありますからね。オーストラリア、アメリカ、イギリスといったアングロサクソン系の文化は適応するのがわりと楽な国です。それらの国では、着いたらすぐにでも仕事や勉強が始められるような感じがします。しかし、それらと違

---

(3) 正式には「Quietness・静けさのデザイン─現代フィンランドデザイン展」。2003年10月に東京・新宿のリビングデザインセンター OZONE で開催。現代フィンランドのデザイン、建築、美術が表現する「静けさ」が紹介された。

って、日本のように歴史が長く、洗練されていて複雑な文化をもつ国では言葉の果たす役割がずいぶん違ってきます。英語なんて比較的若くて実用的な言葉で、背景、歴史、構造、つまり言葉の使い方自体が完全に日本語と異なるのです」と、ソタマー氏は分析していました。そして、現在行われている中国での交流においても、「日本語ができたら助かったであろう」と言っています。

「私自身は日本語ができません。かつて勉強しなかったことは、私にとって一生の不覚です。自分の人生において、日本がこうも大きな存在になるとは夢にも思わなかったのです」

　彼は、幅広い教養を身に着けることが非常に大切だとも確信しています。それによって自らの行動の自由や活動範囲が広がり、いろいろなことと組み合わせることも可能となるのです。日本語能力と日本文化における知識を身に着けることに専念することもいいことですが、それに他の分野の知識も合わせると能力の幅が広がり、それを活かすことのできる場面が増えていくということです。

　日本語・日本文化専攻の履修課程には、日本での長期滞在や留学が必修であるべきだとも言っています。特に、自分だけでやっていかなければならないような留学や滞在が最も望ましいということです。そうなると、文化の奥深さを経験から覚えることになるからです。

「現地に滞在して勉強すると、物事を内側から見ることができます。フィンランドの大学で授業に通っても、文化については、どうしても単純化および理論化されたイメージしか受けません。日本的な行動への理解は、授業では培うことが容易ではないのです」

　ソタマー氏は、日本人のほかに中国人や韓国人とも仕事をした経験があります。彼の意見では、韓国の文化は非常に実用的で、中国の文

化もかなり直接的だが、日本の文化はこのどちらからも掛け離れたものだということです。特に、コミュニケーションや人との付き合いにおいて、日本文化は非常に洗練されていて理解が難しいそうです。
「こちらでは普通だとされる物事についての話し方は、日本ではまったく通用しません。こういう例もありますよ。以前ある優秀な日本人の女性留学生がいて、フィンランド語の勉強に素晴らしい成果を上げたので、学期末に奨学金が与えられることになりました。それで私は挨拶をして、勉強の成果のことで彼女を褒めたのです。すると、彼女が泣き出してしまいました。どこで、どんなまずいことを言って気を悪くさせてしまったのかと思ったところ、彼女は『男性に、これほどストレートにものを言われたことが初めてだった』と言いました。日本でもこのようなことは話されますが、極めて遠回しに言われているようです」

このようなことは、紙面で読む場合はそれですみますが、実際に日本のなかに飛び込まないと、そのコミュニケーション形式、人との付き合い方、決定の仕方、文化内のヒエラルキーなどが分かったとは言えません。しかも、「日本」と言っても北海道から福岡県まで広いため、日本の各地域を多面的に理解することが必要になります。
「例えば、企業では、普通に経済を勉強した人が一般的に理解するより深く文化のことが分かる人材が必要となります。それは、様々な面で力になるのです」

中国や日本では、あらゆる活動の背景に、深い哲学思想が必ず存在しているということです。フィンランドの企業の社長は、いい成果や競争力の強化を念頭に置いて経営にあたるのに対して、日本の企業の社長は哲学思想を実現させることが第一の目的となっており、それ以外のことは普通のビジネス法則に基づいているということです。中国

マーケット広場から見えるスウェーデン行きの客船

も同じで、都市計画から社会の構築に至るあらゆる分野で、古来の儒教哲学の影響が見られるということです。

　フィンランドにももちろん男女平等や民主主義といった思想があるわけですが、それは本格的な哲学というよりは北欧諸国の社会に基づく価値観の具体化でしかありません。哲学思想などを理由とする奥深さが、アジア諸文化の素晴らしい点だとソタマー氏は考えています。「その哲学が分かれば、社会としても、アジア諸国との交流の観点からも、我々は多くのものを得ることが出来るでしょう」

　就職活動について、彼はこう述べてくれました。日本で商売をしている会社や、継続的にフィン日文化交流を行う機関宛てに履歴書を送ってみたらどうかとすすめることはもちろん簡単ですが、最もいい仕事への入り口は、学生時代あるいは卒業後にフィン日交流プロジェクトに関わることだそうです。

　アールト大学芸術デザイン大学校では、教育が主にプロジェクトの

形で行われています。多くの国々からのメンバーが加わり、プロジェクトにはたいてい開発目標が定められているか、企業からの依頼があります。このような仕事のやり方を通して多分野的かつ多文化的交流における経験を積み、母国の人とだけではなく外国の人ともつながりを形成していき、計画立案、財源の確保、ネットワーキング、メンバー間の協力・分担体制をつくるなどの課題によって、参加する学生の統率力や自らの計画を実施して能力が伸びていくのです。

　メンバーの意見が絡まったりさえしなければ、こういったプロジェクトはやがて学習という本来の目的を越え、市場に出せるようなものに成熟することもあるのです。そうなると、新しい企業、就職口や新たなプロジェクトを生み出すことになります。彼は、このようなプロジェクト活動が教育法として非常に有効だと強調しています。

　インタビューが終わって雑談に入った頃、ソタマー氏は日本との関係がどのようにして生まれたのかについて語り出しました。
「国際インダストリアルデザイン団体協議会（ISCID）のイベントで、ある方に出会いました。その方は、日本のデザイナーのなかでは最も著名な榮久庵憲司さんでした(4)。その出会いから、私の日本社会への理解や日本へのつながりが生まれ、日本に対する興味をもつきっかけにもなりました。憲司さんは、若い学生だった1950年代に、実はフィンランドに一度来たことがありました。当時は、ミラノでの大成功のおかげでフィンランドのデザインが国際的な評価を得ていた時だったの

---

(4) （1929〜　）工業デザイナー。東京藝術大学卒。1961年にキッコーマンしょうゆ卓上瓶をデザイン。この商品は、発売開始以来一度もデザインを変えることなくロングセラーを記録。その後は、鉄道車両、冷蔵庫、洗濯機、パソコン、カメラなど多数のデザインを手がけている。日本工業デザイン界の草分けにして、第一人者。

です。彼は自宅の暖炉の棚に、フィンランドのどこかの池で釣りをしている自らの写真を飾っていました。それは、静けさの体験とつながりのある当時の貴重な経験の思い出です。憲司さんがあの時、フィンランドを身をもって体験していなかったら、私と彼があのように自然に友達になれることもなかったでしょう。彼は、フィンランドとフィンランド人のことをとてもよく知っていました。フィンランドセンターの設立においても憲司さんが果たした役割は大きかったし、日本フィンランドデザイン協会も２人で設立しました(5)。もちろん、ほかにもいろいろと一緒にやっています」

　このように語るソタマー氏の最後の言葉は、「本当に、一人だけでもやる人がいれば十分です」でした。

---

(5)　日本とフィンランドのデザイン各専門分野間の恒常的な交流組織として2000年に設立された。両国のデザイン情報を集約し相互に提供しあうとともに世界にむけ発信し、デザインを通じてのコミュニケーションを図るべく、展覧会やワークショップを開催している。事務局：東京都港区南麻布３‐５‐39　フィンランドセンター内。連絡先：株式会社ＧＫグラフィックス内（電話：03‐5952‐6831）

27　日本語の世界への鍵は「どのように」

インタビュー、原文執筆：ヨハンネス・ケーンズ、
ピーア・ユリタロ
翻訳：レーナ・エーロライネン

ミーカ・ポルキ（Miika Pölkki）
　京都に生まれ、日本で育つ。現在、ヘルシンキ大学の博士課程に在籍中。日本の古典文学研究を専攻。様々な日本の文学、翻訳、文化プロジェクトに携わっている。

「フィンランド語で『父の国』と言えば『祖国』、『母の言葉』と言えば『母語』という意味ですが、私はあくまでも間に生きる人間で、私にとってフィンランドはあくまでも『私の』父の国で、フィンランド語は『私の』母の言葉であっても、祖国だとか自分の母語だとか、そんなふうには感じられないのです」と、ミーカ・ポルキ氏は切り出してくれました。

　フィンランド語で教育を受けた彼にとって、フィンランド語は学校の言葉であり、日本語は生活の言葉でした。

「自分自身のことを、バイリンガルだと思っています。そして、自分が所属する文化について言えば、純粋なフィンランド文化と純粋な日本文化の間にあるものだと思っています」と彼が語る言葉のなかにある「間にあること」とは、つまり二つの文化の間を移動できることによって様々な機会をもたらしてくれたということです。それは、彼が携わっている日本関係のプロジェクトにもよく現れています。とはいえ、ここまでの道のりは決して平坦なものでありませんでした。

ヘルシンキ大学の近くにある通り

　高校3年生の時、大学入学のための資格試験を受けるためにポルキ氏は初めてフィンランドに来ました。その理由を彼は、好奇心だったと説明しています。
「全然知らない、日本よりずっと小さな国がいったいどんな所なのか、見たかったのです。実は、その時に初めてフィンランドの文化に触れたのです」
　大学で勉強を始める前にポルキ氏は、日本にロシアと北欧の美術を輸出する会社で通訳として働いていました。やってきた仕事としては、コンサルティング・翻訳・通訳関係のことが最も多かったと言います。そして、ヘルシンキ大学で比較文学と哲学を勉強し始めたのです。
「ほかのみんなと、ほぼ同じようにゼロから勉強し始めたかったのです。日本研究の専攻から始めようとは思いませんでした。好奇心が強くて、やはり日本以外の世界にも触れたかったのです」
　そもそも文学に興味があった彼にとって、その分野を専攻することは自然な選択でした。しかし、やがて日本研究に興味をもつようにな

って専攻を変えたわけです。ポルキ氏にとって、日本研究に専念するようになったのは、それ以外のことをいろいろとやってからのことでした。

「比較文学理論は西欧文化を理解するためにはよいアプローチを与えてくれますが、勉強すればするほど、違和感を感じるようになりました」

専攻を変えるきっかけとなったのは、レイン・ラウド（Rein Raud）教授の日本研究についてのゼミでの講義でした。ここでポルキ氏は、非常に強い刺激を受けたのです。

「ラウド教授が、日本の古典文化を通じて想像もつかないことが考えられると教えてくださったのです」

彼は、日本研究は日本でやるよりフィンランドでやったほうが簡単だと考えています。さらに、研究対象に対しては、ある程度の距離感や客観性も必要となりますが、こういう面でも日本にいるよりはフィンランドほうが得やすいとも言っています。

「日本での日本研究は、ある種の権力システム、イデオロギー、社会の神話などに縛られてしまいます。しかし、それだと他人が見ていることしか自分には見えなくなってしまうのです」

研究テーマを単なる対象としてのみ見てはだめで、実際それを体験することが必要だとポルキ氏は強調しています。

「一つの文化のなかにだけ留まっているということは、決してよいことではありません。両方の文化のなかで動けるようになると、視野が広まって、知識を実際に活用できるようになるものです。知識そのものはあまり役に立たないと思います」

彼の遺伝子は日本人のそれとは違っていますが、それが理由で、日

本にいる間において問題になることはなかったそうです。
「私はほかの日本人とまったく同じように振る舞っていましたから、よそ者のように感じたことはありません」
　しかし、やはり「見た目は変わった人」が完璧な日本語を話すことは厄介に思われる場合もあります。とはいえ、一般に言われている「外国人に対して排他的な日本社会」という概念は、ゴミ箱に捨てるべきだと彼は考えています。
　ポルキ氏の場合、ネイティブに近い日本語力があるおかげで、日本人の思考や行動についての知識を得ることができ、日本社会への扉を開いてくれたということはまちがいありません。思考と行動は、どのような社会に入っていく際にも最も重要なものだと考えているのです。つまり、単なる言語能力だけでは足りないということです。
「日本社会の仕組みが分かれば、そこに参加することがより簡単になり、ほかの人と対等に活動することができます」と言うポルキ氏ですが、主張したいことは、日本生まれの日本育ちでなくても日本社会のなかに入ることができるということです。その例として、彼はフランスを挙げてくれました。
　同じヨーロッパの国であり、私達の視点から見れば日本より容易にその社会のなかに入れるように思われるフランスのことについて、「もちろん、入り口は日本とは違っていますが、しかしそれは、フランスの場合のようなちゃんとした入り方が日本に存在しないということではありません」と言っていました。
　ポルキ氏は、日本に比べると、かえってフィンランド社会のほうが入りにくいと感じています。
「今でも、フィンランド人同士の付き合い方がよく分かりません。全然知らない人と一体どのように出会うのか、あるいは排他的な共同体

がなぜつくれるのか、私にとってまったくの謎なのです。しかも、そこには、異なった人々や考え方に対する健全な好奇心が少しもありません」

彼は、日本の様々な面をフィンランド人に紹介することがフィンランドでの自分の役目だと感じています。フィンランドのメディアや文学、人々の頭のなかには、実に数多くの日本についてのイメージがあります。しかしそれらは、しばしば外にある対象を自分の内側の視点からのみ見たものだと彼は言っています。そうではなくて、文化というものは内側から創造的に、そして生成を活かすように伝えなければならないと言います。

「ある程度自分を忘れて、飛び込んでみるということです。なぜかというと、日本に対する関係性が変移するのと同時に、自分の文化も異なって見えてくるわけですから。つまり、これは二方向性変移というものです」

大学やメディアなどで専門家として話す時、特に気を付けていることは、日本についての決まりきった言説を繰り返してしまわないことです。つまり、「おい、そんなことはもう昔の話だよ。おまえら、そんな決まり文句を繰り返すばかりで、実際のところ何も考えていないんじゃないのか。そうじゃなくて、こうなんだよ」ということです。

研究者としてポルキ氏が最も興味をもっているのは、日本の古典文化と、それを通じて見えてくる現代文化・社会だそうです。彼によると、時間的な距離がとれない現代文化は非常に研究しにくいようです。一方、古典文化については、その時代に行くことができないだけに対象から距離をとることができ、現代につながっていることが感じられるので逆に身近なものと感じられるようです。

「まったく異なる環境と時代のなかで物事を知覚するということは、固定概念を超えようとする、いわば頭の体操だと思います」と、彼は言います。このため、古典文化を知ることは、現代の行動・思考システム、およびそれぞれの文化や社会に独特の成り立ちを分析するための重層的なアプローチを与えてくれるのだそうです。

　物事を総合的に理解するためには過去を研究しなければならず、現在とは変移した過去にすぎないわけですから、過去の研究は必然的に必要になるのだとポルキ氏は説明しています。彼にとっては、日本の古語もとても魅力に満ちたもののようです。

「日本の古語は、信じられないくらいホリスティック（包括的）で、様々な感覚を刺激してくれます。ただ美的な意味においてだけではなく、様々な出来事が古語のなかにはあって、『どのように』起こるかいうことについて考えるととても面白いです。異なった思考・行動・体験の世界への道を、生き生きと示してくれるのです」

「どのように」という言葉は、ポルキ氏にとって異なった考え方へのキーワードとなっています。日本の古典の散文や詩歌には、愛、悲しみ、切望、政治的・文化的摩擦といったような普遍的なことが語られています。古典文学は、経験の仕方は人によって違っていても、我々人間は最終的に同じことについて語っているということを明らかにしてくれるのです。詩歌といい、哲学といい、文化の様々な要素が共通の活動領域を形成しているのです。

「分析する際にはそれらの要素の差異を明らかにしますが、そんな近代的なやり方はしなくてもよいと思います。実は、最も重視しなければならないことは、なぜネットワークのなかを動くことを捨ててまで、差異を明らかにする考え方に私達は親しみを感じるのだろうか、ということなのです」

近代世界において人間は認識される個人として捉えられていますが、そうではなく、人間を出来事と現象を通すフィルターとして見なすことが必要なのです。
「フィルターであることこそが、私達を特別な存在にするのです。個別的な個性というものに私は興味がないのですが、ローカル性は極めて重要なことですよ。どのように物事が人というフィルターを通るかは、どんなものが通るかよりはるかに本質的なことです」
　彼によると、「どのように」という言葉が表す面については古典文学に明らかに現れており、それは現代日本にもつながっているということです。彼は、ヘルシンキ大学には古典の授業が少ないことを批判しており、必修科目に入れるべきだとも言います。
「現代日本語がどうしてそのようであるのかということに、古語は答えを与えてくれるのですよ。だから、学生はみんなある程度、古語を勉強しなければならないと思います」
　古語が分かれば古典の世界への扉が開く。研究に加えて、古典の翻訳を行う研究科がヘルシンキ大学に設けられたらいいのですが、とポルキ氏は夢を語ってくれました。しかしながら、学部レベルでは、狭い専門分野に固執することなく、幅広く勉強したほうがよいというのも彼の意見です。
「もちろん、一定の視点から日本研究という世界に入るわけですが、その視点に制限されてはダメです。自分の考えが、ほかのいろいろな分野でも適用できるものなのかどうか、試してみることも必要とされる勉強です」というのが、履修内容についての彼の考えです。とはいっても、彼は学生に知識だけを伝えたいわけではありません。理想としては、学んだ知識の活用の仕方を教える大学であればよいと考えています。

「そうすれば、精神や言語を抑えつけようとする圧力を感じずに行動できますし、自由にこの世界を旅できるのですから」

ポルキ氏は現在、「Poetic Language and Experiental Realities in Heian and Kamakura Literature（王朝文学における詩的言語の生成マトリックス現実）」というテーマで博士論文を執筆中だということです。「どのように」というテーマを追究し、世界が言語とテキストによってどのように分類されているのか分析しています。

近代的なやり方では、作家を分析の出発点とするのが代表的ですが、彼はそれを避け、テキストによってつくられたリアリティを活動領域と見なし、人間はそのなかの一つの経験者であり、行動者であるとして分析しています。

「この研究分野と、そこで使われている研究法に刺激を与えることを目指して、すべてを包含する『パワーネットワーク』の活動を、精神上、言語上、テキスト上で分析しています。文学を研究する者は、複数の世界という現実のなかに生きざるをえません。このようなの伸び伸びとした自由な感じを、ほかの人にも伝えたいのです」

大学での研究以外にも、ポルキ氏はここまで本当に様々なことに携わってきました。古典・現代文学の翻訳のほかに、ヘイッキ・ヴァルカマ（Heikki Valkama）氏との共著で日本の食文化の本『うまみ・日本食文化（Umami）』（Teos,2007年）を出版していますし、フィンランド国立劇場で上演された近松門左衛門の『網島』をフィンランド語に訳し、ピルヨ・ホンカサロ監督の東京を舞台にしたドキュメンタリー映画『糸・道を求める者の日記（Seitti, kilvoittelijan päiväkirja）』(1)（2009年、NHKとMillenium Film（ミレニウムフィルム）の共同制作）の脚本も執筆しています。

さらに、古典の翻訳プロジェクトがまだいくつもあるということです。
　彼がこのようなプロジェクト的な仕事を好むのは、旺盛な好奇心と生への渇望が理由のようです。
「この世界は本当に面白いところで、一つのことだけに集中するのはもったいないです。何にでも手を出しているので無秩序に見えるかもしれませんが、私はこれらのプロジェクトはすべて結び付いているものと思っています。人生と世界の根本問題に光を当ててくれるのですから」
　ポルキ氏は、積極的に自分でプロジェクトをつくり出してきました。例えば、映画監督や新聞記者に連絡をとって、「日本も紹介したらどうか」と提案したりもしています。これまで、誰もこのようなことを聞いてくれなかったのだから、学生はもっと自分から積極的に企画を立てて発言していかなければなりません。そして、「自分の分野に直接関係がなくても、様々なプロジェクトに参加すればよい」と彼はすすめています。多くの人々は、このようにして自分の居場所を見つけてきたのです。

ポルキ氏とヘイッキ・ヴァルカマ氏の共著による日本の食文化の本

---

(1)　(Pirjo Honkasalo, 1947〜　)　ドキュメンタリー映画監督として高く評価されている。

フィンランドの企業では、フィンランド人の日本語能力が必ずしもうまく活用されていないと彼は言っています。
「そういう人を使ってみる勇気がないみたいですね。言葉や文化が分かっていれば、他の企業との競争においても有利になるということを理解しなければなりませんよ。また、企業や官庁では、世界中どこでも同じやり方が通用する、外国へ行ったら英語でやり取りすればいいという考え方がまだまだ強いですね」と分析していました。
　日本語ができれば競争で有利になります。日本語は「日本」という世界への完璧な入り口になって、英語だけでは入れない日本人同士のネットワークにも入ることができます。しかし、フィンランドのビジネス・経済界における日本語・日本文化の専門家の少なさは、ただ企業の勇気のなさや行政関係の問題だけではなさそうです。「能力のある人が十分に自己アピールをしていない」と、ポルキ氏は強調していました。
「フィンランドでは、自分の能力を積極的に言葉でアピールすることは『不快なこと』と受け止められています。『自己アピールはするべきでない』と強調することは、傲慢な自己中心性の裏面を表しているにすぎないのではないかと思います。加えて、世界に心を開いて変化しようとするのではなく、変化を拒むかたくなな態度を示すものだと思います」
　しかし、必ずしも言語能力がお互いを理解することの保証になるとは限りません。人間がお互いを真に理解しあうことは滅多にない、というのがポルキ氏の持論でもあります。
「愉快な国際的コミュニケーションなどというものを、私はまったく信じてないのです」
　日常的なレベルでは、コミュニケーションは交換に基づいたあらゆ

る関係と同じくうまく行われていると言えますが、言語と文化を体験することは、最終的にその場に限定されることになります。
「私達すべての人にあるものはもちろん交換が可能ですが、フィルターを通り抜けた、独自の体験や経験は非常に交換しにくいものなのです」
　ヨーロッパ文化のなかでつくられた理論的なモデルはヨーロッパ文化には適用できますが、出来事が生成プロセス的に人やテキストというフィルターを通る東アジアの文化における現象は、このヨーロッパ的なモデルでは説明ができないということです。
「アイデンティティがあるかないか、フィンランド人であるかないか、そんな二者択一じゃないのです。私達はみんな、多かれ少なかれある程度ハイブリッドだと思います」
　そして、ハイブリッドである我々はみんな自分の世界をつくっています。その別世界は、様々な要素の足し算ではなく、まったく新しくつくられた第三の世界で、個々の要素に分解することができない世界のことなのです。このような考え方は、他人には非常に理解しがたいもののようで、ポルキ氏はしばしば説得に苦心していると言います。
「ハイブリッドとしての現実の話をするたびに、『第三の世界』を、簡単にコントロールできる『１＋１＝２』という論理に固執する人と絶え間なく議論しなければなりません。このことは、人生を面白くしてくれる一方でイライラもさせられます。なぜ、多くの人はあんな考え方に固執したがるのでしょうね」

　ポルキ氏は、個人間や場においてどんなに広く、また深く共有される者があっても誤解が起こることは避けられないと考えています。
「誤解ではなく、むしろ理解の仕方は様々だというふうに話したほう

がいいんじゃないかと思います。考える際に重要になるのは、『Lost in translation（迷いとしての翻訳）』という苦情ではなく、『Born in translation（生かされる変容）』という過程が必要だということです。創造力も、このような別の理解の仕方から生まれてくるのではないでしょうか」

　日本語および日本文化に造詣が深いポルキ氏だけあって、哲学的な表現も多く、インタビューをした私にはちょっと難しいお話でした。しかし、熱っぽく語ってくれたポルキ氏の言葉の一つ一つを、今後の研究の糧にしたいと思いました。

28 二つの言語の間で

インタビュー・原文執筆・翻訳：ライサ・ポッラスマー

マルテイ・ツルネン
民主党参議院議員。フィンランド名はMartti Turunen（マルッティ・トゥルネン）。もともと宣教師として日本に赴いたが、数年後に宣教師を辞め、日本国籍を取得。日本語の発音にあわせて改名し、政治家の道に入った。

　今のところ、最初にして唯一の、外国で生まれ育った日本の政治家としてその名を歴史に残すことになるマルテイ・ツルネン氏の不思議な人生は、フィンランドでも日本でもよく知られています。

　宣教師であった彼が日本に派遣されたのは、まったくの偶然からでした。もともとアフリカで宣教することを夢としていた彼は、出発の少し前になって、まったく違う行き先になったことを聞かされました。「神様が導いてくれていると思ったので、反対はしなかった」と、話してくれました。

　日本に到着後、日本語を学ぶことによって新しい文化に慣れようと努めたツルネン氏は、最初の2年間、福音ルーテル会の日本語学校で集中的に日本語を勉強しながら過ごしました。その日本語学習には、読み書きの習得などが含まれていたようです。

「基本的なことを習ったといっても、たった2年間では全然足りませんでした。少しでも特別な話題になると、私の日本語能力では無理でした」と、当時を振り返ってくれました。

日本語の基礎を頭に詰め込んだ若い宣教師は、児童養護施設で働くために東京から九州の大分県に派遣されました。大分弁を話す子ども達相手の仕事を通して、彼は標準的な日本語が大分弁といかに違っているのかを体感したとのことです。
「２年間がまったく無駄になってしまった、という感じがしました。子ども達の話を半分も理解できなかったのです」と、ため息をつきながら話すツルネン氏は、「大分弁が分かるように、また勉強でした」と苦笑いをしていました。
　彼は、もっと日本語、特に読むことを勉強したかったようです。それで、日本に行って３年目に翻訳活動を開始しています。最初の仕事として、三浦綾子のキリスト教的な小説である『氷点』を教会の牧師と一緒にフィンランド語に翻訳しています。
「翻訳は、とてもいい日本語の勉強になりました」と言う彼は、その次に、同じ三浦綾子の『続・氷点』を訳しました。その後も、必要に応じて日本語を勉強し続けた彼は、「しかし、今では手で書く作業をほとんどやらないから、基本的な単語さえ書けなくなっています」と笑いながら告白してくれました。
　携帯電話やコンピュータなどの電子機器の普及に伴って、日本人も同じ問題で悩んでいるとのことです。ワープロのおかげで、漢字を暗記する必要がなくなってしまったのです。
「参議院議員の仕事でも、あらかじめすべての文章をコンピュータで書いておくことができますから、手で書くことはありません」
　すべての文章を彼自らが執筆し、秘書に、自然な日本語になるよう整えてもらっているということです。一方、参議院議員としての仕事には、話をするための練習の機会が十分にあります。
「月に５、６回は、日本のあちこちで講演していますよ」

スピーチのテーマが自らの専門分野である場合は、40年以上の豊富な経験をもつツルネン氏にはスラスラと用意できるのですが、国会の各委員会の仕事では、各省それぞれに対する質問答弁が1時間にわたってあります。1回の質問答弁のために、

日本語で質問答弁をこなすツルネン氏

2、3日の準備が必要になると言っていました。
「自分の質問は前もって準備できるのですが、質問に答えることはやはり簡単なことではなく、しっかりと努力をしなければなりません」
「これ、いつも持ち歩いているのですよ」と言いながら、彼は日本語の電子辞書を取り出しました。手書きをする際に、文字を確認するためだそうです。

　ツルネン氏は、井原西鶴(2)の三つの作品を翻訳出版しています。最初の作品の翻訳を完成させて出版社に持ち込んだところ、オタヴァ(**Otava**) 出版社が興味を示し、さらに西鶴の作品を二つ翻訳することになったということです。7年間にわたる翻訳作業に対して、フィンランド文学基金から助成金を得ることができたと言います。
　さらにオタヴァ社は、彼に『源氏物語』の翻訳を依頼しました。彼

---

(1) （1922～1999）作家。エッセイスト。1963年に朝日新聞の懸賞小説に『氷点』で入賞後、旭川を拠点に作家活動を行い、数々の病魔と闘いながらクリスチャンとしての信仰に根ざした作品を著した。『三浦綾子全集（全20巻）』（主婦の友社、1991～1993年）がある。
(2) （1642～1693）江戸時代の浮世草子・浄瑠璃作者。俳人。1682年に『好色一代男』を刊行した以後、「浮世草子」と呼ばれるジャンルで作品を多く残した。他の作品に『日本永代蔵』、『武家伝来記』などがある。

はこの長い物語を3分の2ほど(「宇治十帖」以外)翻訳したのですが、少額の翻訳助成金では生活ができなかったため、子ども達に英語を教えていたそうです。

「やがて、オタヴァ社から連絡があり、私のフィンランド語はだんだん英語くさくなってしまったので、ここらあたりでやめておいたほうがいいでしょう、ということでした」と、当時を振り返っています。

「フィンランド語からずっと離れた結果、自分のフィンランド語も自然なものではなくなってしまったのです」と言う彼のフィンランド語は、今でも流暢に話されています(もっとも、書き言葉のフィンランド語ですが……)。

「その頃の私は、フィンランド語をほとんど話しませんでした。9年の間、1度もフィンランドを訪ねたことがなかったのです」と、彼は母国語から離れてしまっていたことを思い返します。

「湯河原町の町議会議員に当選した頃、突然、フィンランドから電話がたくさんかかってくるようになりましたが、その時、フィンランド語が全然できていないことに気が付いたのです」と言うかつての新人議員は、英語での質問を相手に頼んだそうです。

今はフィンランド語も再び流暢になったツルネン氏ですが、年に1回、母国で休暇を過ごすことにしているようです。

「とにかく、フィンランド語は子どもの頃の言語ですから、親しみを感じますよ」と、彼は自分とフィンランド語との関係を分析しています。日本語は、彼にとっていまだに外国語なのです。面白いことに、彼の話す日本語への批判は家族のなかから上がってくるとのことです。

「子どもは2人とも日本で教育を受けたので、息子に発音がまちがっていると叱られ、直されています。日本人は礼儀正しすぎて、相手のまちがいを指摘しないでしょう」と、にこやかな顔をして話してくれ

ました。
　ツルネン氏は、言葉が変わっていくことがいかに速いか、と感じています。フィンランドを訪ねるたびに、彼はテレビのニュースで初めて聞く言葉がよくあるそうですが、日常のなかにも同じような光景があったようで、その時のことを面白そうに語ってくれました。
「一度、休みにフィンランドに行った時、タクシーの運転手さんと話をしていて、私の出身とかが話題になりました。運転手さんは、『あなたのフィンランド語は理解できるのだが、40年前のフィンランド語ですね』と言っていましたよ」
　一方、日本語もまだ難しいということです。
「やっぱり問題になるのは敬語の使い方ですね」
　日本人にとっても複雑な敬語表現は、彼にとっては特に大変で、公式のスピーチの際にはかなりの準備が必要だということです。
「日本語では、目上の人に対してどのように話すべきかがはっきりと決まっているのです。フィンランド語では、大統領にも、自分の妻にも、ほぼ同じように話しても問題ないでしょう」と、例を挙げてくれました。
　しかし、参議院議員の仕事では、普通の言葉でもよいということです。もちろん、国会での仕事でも普通の言葉で話していますし、大臣に対しても、特に丁寧な言葉を使わなくても問題

国会で壇上に立つツルネン氏

がないということです。
「日本人の政治家のなかには、日常の話し言葉で乱暴な言葉遣いをする人もいます。特に、相手を批判する場合にはね」

　ツルネン氏は、絶えず記事を書いては発表し、1年にだいたい1冊は本を出版しています。
「幸いなことに、出版社のほうから依頼が来ます。黒字にはなりませんが、赤字も出ていません」と言う彼が2009年（12月10日）に出版した本（『自然に従う生き方と農法　ルオム』戎光祥出版）は、フィンランドの有機農法と日本の有機農業を紹介したものです。このテーマは、政治家としてのツルネン氏が最も得意としているもので、自らの経験も豊かな分野です。何と言っても、「30年間にわたって、自分で野菜を栽培してきたのですから」とほほ笑んでいました。
　3年後（2010年時点）に引退するツルネン氏は、出版社からの依頼で、次は日本の政治を内側からの観察したもの、しかしあくまでもフィンランド人の視点から執筆する著書を出版することになっているそうです。
「引退すれば遠慮しないで書けるし、ひょっとしたら、日本とフィンランドの政治を比較するかもしれません。ある意味で、政界に対する私の『さよならスピーチ』と言ってもいいでしょう」

　日本に対する興味がさらに大きくなってほしいと願っているツルネン氏は、次のように強調していました。
「以前のフィンランドにおいては、日本に関する事柄の勉強や、日本に対する興味はかなり限られたものでした。現在、フィンランド人の学生達が日本語についても興味をもつようになったことはうれしい限

りです。日本語によって、別世界への扉、日本の心への扉が開きます。つまり、日本文化への道が開くのです」

　そして、日本語を勉強している学生に対しては、次のようなアドバイスをしてくれました。

「日本語の基礎を習得したら、1、2か月間でもいいから、ぜひ日本に行くといいですよ。留学の機会がなくても、日本語が実際にどのように使われているのかを自ら経験することが重要です」と、日本へ行くことをすすめています。

　日本で働くことを夢見ている人が多いようですが、ツルネン氏によると、日本語能力やコンタクトなしで仕事を見つけることはほとんど不可能ということです。

「毎週メールで『仕事を探してください』というような依頼が送られてきますが、残念ながら、私は人材コンサルタントではありません」

　彼の秘書達が英語や日本語のメールとか郵便を担当して整理していますが、フィンランド語で書かれたメッセージは彼自身がやらなければならないのです。

「日本語は他の言語とまったく違うので、日本人の価値観や人間関係を他の言語を通して理解することはできないと思います。いまだに、日本語の視点から新たな発見をするぐらいですから」と、日本語について自分が興味深いと思うポイントをまとめてくれました。

　日本文化のなかでは、特に人間関係について興味をもっているとのことです。

「家族関係は、確かにフィンランドより深いです。親族の一人が困ったら、みんなが支えてあげます。それは、経済的にも同じです。中小企業は大家族のようで、社長はみんなの父親のごとく、経営上の困難とかあっても社員を首にしないように努力しています」

もう一つ、彼は「本音と建前」という考え方が興味深いところと思っています。日本の政界における建前は、外から来たツルネン氏にとっては一種の挑戦になったようで、日本においてよく知られている諺「嘘も方便」を例に挙げて次のように話してくれました。
「日本では、場合によっては嘘をつくことも許され、人間関係がうまくいくのであれば、むしろ望ましいことなのかもしれません。夫婦の間でも、よく行われていますよ」
　フィンランド人であるツルネン氏の、はっきりした物言いも問題になっているようです。
「私は、あえて自分の考えをはっきりと言いますが、そうすると、多いなる批判が上がります。自民党の議員にまで、『はっきり言わないようにしたほうがいいぞ』」と忠告されるぐらいです。
「私が言うことは、みんなが知っていることなのですが、口に出して言ってはいけないことの場合が多いようです」
　一方、この率直な議員と一緒に働いている人達は、日本人ならとんでもないことであっても、いい意味で彼が言う批判を歓迎しているとのことです。「私の出自が全然違うからではないでしょうかね」と、ツルネン氏は推測しています。
　最後に、面白いエピソードを聞きました。
　町議会議員として1期目を務めていた時、彼は1週間の夏休みを過ごそうと思ったそうです。その時、経験豊かな補佐官が、「夏休み」ではなくほかの言葉を使ったほうがいい、と言ったようです。その補佐官のアドバイスは、「休みという言葉を使わず、親戚に葬式が出たということにしましょう」でした。

訳者あとがき

「まえがき」にも記しましたように、本書はフィンランド語版『Japanin kieli Suomessa（フィンランドにおける日本語）』を抄訳したものです。原書は、2010年10月にヘルシンキ大学で開催された4日間のセミナー「フィンランドにおける日本語」（http://www.helsinki.fi/jasu/）にあわせて出版されました。

　セミナーで学んだことを活かすためにも、フィンランド人の日本語観をぜひ日本の読者に知ってもらいたいと、2011年初頭から、教師2名と学生4名からなるチームで本書の邦訳を開始しました。そんななかで起こった2011年3月11日の東北大震災。フィンランドでも様々な被災地支援の活動が行われ、日本とのつながりをもつフィンランド人がいかに多いかを改めて感じさせられました。

　大震災のあと、多くの外国人留学生が日本を離れたり、また予定していた日本留学を取りやめた留学生が多数いることなどが報道されました。ところが、ヘルシンキ大学では日本への留学希望者が減るということがまったくなく、留学希望者数に見合うだけの留学先を確保することができないという状況が相変わらず続いています。

　日本から見ると、人口530万人の小国の日本（語）熱などは注目に値しないものかもしれません。しかし、フィンランド国内にいると逆に、どうしてここまで日本に興味をもつ若者が多いのかと不思議な気

持ちになります。どうやら、不思議に思うのは、私が若くない証拠かもしれません。本書のなかでポユホネン氏（45ページ）などが述べているように、日本のポップカルチャーはフィンランドの若者文化に深く浸透しています。インターネット世代の彼らは、軽々と地理的な距離を超え、日本のマンガ・ドラマ・音楽などに親しんでいるのです。

そうした若者たちのなかから、本格的に日本語や日本文化を学びたいとしてやって来たのが、ヘルシンキ大学世界文化学科で日本研究を専攻する学生達です。彼らは、現実の日本語学習に取り組むなかで、ポップカルチャーとしての日本文化とは異なる日本文化に直に触れ、日々奮闘しています。

インタビューに答えた下さった方からは、しばしば、「日本人とフィンランド人には魂の同質性とでもいうものがあり、お互いを分かりあえる部分が多いと感じる」という発言が聞かれました。そういう親しみを感じてもらえることは大変うれしいのですが、ヘルシンキ大学で日本語教育の現場に立つ者としては、むしろ異質性のほうを強く感じることが多いのも事実です。

大学制度だけをとっても、日本とフィンランドでは「大学」という概念から始まって、入学試験のあり方、教育方針、カリキュラム、教員と学生の関係、学生の進路や果ては大学のマネジメントに至るまで、極端な話、共通していることは「学生が単位を取得する」という事実だけではないかと思えるほどです。

ヘルシンキ大学は、2005年、ヨーロッパに競争力のある高等教育圏を築くことを目的とした「ボローニャ宣言」に基づいて、3年間の学士課程（学部）とそれに続く2年間の修士課程（大学院）からなる2段階式の教育制度を導入しました。実は、それ以前、フィンランドの

大学には「在籍期間」という概念はないのも同然でした。いったん大学に入学すれば、あとは半永久的に学生の身分をもち続けることが可能でしたし、日本のように一斉に卒業して就職し、「学生」から「社会人」に変わるという概念もありません。それが、新制度導入後は、在籍期間に制限を設け（原則、最長7年で修士課程修了）、学生は「卒業すべし」という方針が明確にされたのです。

そして、2010年からは大学が法人化され、学生を社会に送り出す機関としての実績を求められる傾向がますます強くなると同時に、人文科学系の科目は財政的に苦しい状況に置かれるようになっています。

大きく変わる大学制度のなかで、学生達にも意識改革が求められています。本書のインタビューを行うことで、彼らは大学の「ソト」の世界と触れあい、社会のなかで自分達の立ち位置を認識する機会を得、様々なことに気付きました。まず、こちらからコンタクトをとった方々が、実に温かくインタビューに応じてくださったことに何よりも勇気づけられました。「日本語」というキーワードで、まったく面識のない人達が貴重な時間を割いて話をしてくださったのです。

次に驚いたのは、ヘルシンキ大学で日本語教育がなされていることや、日本研究という主専攻が存在していることすら一般にはよく知られていないという事実でした。また、仕事や生活において日本語を使用しているフィンランド人も少なからず存在し、「フィンランド人の日本語」が存在しているということです。日本語は、もはや日本人だけの使用言語ではないのです。

その一方で、「日本経済新聞が読みこなせるぐらいでないと、本当にビジネスで使える日本語とは言えない」という指摘もいただいたのですが、そのような要求にこたえることのできる日本語教育カリキュ

ラムはフィンランドにはまだ存在していません。「世界一の教育」と言われるフィンランドですが、残念ながら、日本語教育の現状だけについて言えば、まだまだフィンランドは発展途上だと言わざるを得ません。

　インタビューは学生達と社会人達との対話の場であったと言えます。このたび、その邦訳版を抄訳という形でお届けすることで、こうした対話の場を日本の方々とも分かちあえることができればと思っています。フィンランド人の声を直接聞いていただき、フィンランドへの理解を深めていただくと同時に、フィンランドを媒介することで日本を違った視点から見直すことにもつながるのではないかとも思っています。
　人と人が真に理解しあうということは、決して容易なことではありません。しかし、対話を重ねていくなかで気付くこともあるのではないでしょうか。対話は、それ自体楽しいものであり、そして何よりも貴重な学びの機会であると信じています。
　言葉なくして対話はありえません。ヘルシンキ大学で日本語を学ぶ学生達は、対話に耐えうる日本語力を身に着けるべく日々格闘しています。構造・論理・表記法、何から何まで母語と異なる外国語を学ぶプロセスは、文字通り格闘です。しかし、その経験を通して、日本語力だけなく生きるために必要とされる貴重な力を身に着けていっていると私は感じています。彼らの奮闘に、これからも日々エールを送っていきたいと思います。

　邦訳出版にあたっては、日本人の読者に配慮し、多少の修正・加筆を加えたほか、原書にはない訳注および写真を付け加えさせていただ

きました。また、本書の出版にあたっては、スカンジナビア・ニッポン　ササカワ財団（東京事務所）、ヘルシンキ大学学長、フィンランド文学情報センター（FILI）、ヘルシンキ大学世界文化学科、ブラザーフィンランド（Brother Finland）から助成金をいただきましたこと、そして、原書の出版時にも増して多くの方々からのご協力やご助言をいただきましたこと、この場をお借りして御礼を申し上げます。本当にありがとうございました。

　本書の制作は、私達邦訳チームにとっては貴重な日本語の学びの場となりました。最後になりますが、この機会を与えてくださり、忍耐強くご指導くださった株式会社新評論の武市一幸さんに心からお礼申し上げます。

　　2012年3月

　　　　　　　　邦訳チームを代表して
　　　　　　　　植村友香子、オウティ・スメードルンド

執筆者・訳者紹介（姓のアルファベット順）

ヨハンネス・ケーンズ（**Johannes Cairns**）1984年生まれ。ヘルシンキ大学学生
レーナ・エーロライネン（**Leena　Eerolainen**）1984年生まれ。ヘルシンキ大学
　博士課程在籍
キルスティ・エスコラ（**Kirsti Eskola**）1985年生まれ。ヘルシンキ大学学生
エリナ・ユヴォネン（**Elina Juvonen**）1985年生まれ。ヘルシンキ大学学生
ヨーナス・キリシ（**Joonas Kirsi**）1984年生まれ。ヘルシンキ大学学生
ミッコ・ムタネン（**Mikko Mutanen**）1980年生まれ。アールト大学学生
カティ・マンテュサルミ（**Kati Mäntysalmi**）1987年生まれ。ヘルシンキ大学学生
イェンニ・ペンシッカラ（**Jenni Pensikkala**）1987年生まれ。ヘルシンキ大学学生
ライサ・ポッラスマー（**Raisa Porrasmaa**）1981年生まれ。ヘルシンキ大学博士
　課程在籍
ハンナ・パルナ（**Hanna Pärnä**）1983年生まれ。ヘルシンキ大学学生
アンッティ・リーコネン（**Antti Riikonen**）1987年生まれ。ヘルシンキ大学学生
トゥーリ・ヴィヒコ（**Tuuli Vihko**）1981年生まれ。ヘルシンキ大学修士課程修了
ピーア・ユリタロ（**Piia Ylitalo**）1989年生まれ。ヘルシンキ大学学生

右から、アンッティ・リーコネン、ヨハンネス・ケーンズ、ピーア・ユリタロ、イェンニ・ペンシッカラ、レーナ・エーロライネン、ヨーナス・キリシ、カティ・マンテュサルミ、オウティ・スメードルンド

トゥーリ・ヴィヒコ（クーサモにて）

ライサ・ポッラスマー（法政大学にて）

監訳者紹介

植村友香子（うえむら・ゆかこ）
1965年生まれ。
香川県出身。1989年、お茶の水女子大学文教育学部国文学科卒業。1991年、お茶の水女子大学大学院修士課程日本文学専攻修了。1993年、お茶の水女子大学大学院修士課程日本言語文化専攻修了。
1993年から4年間、国際交流基金派遣日本語教育専門家としてヘルシンキ大学アジア・アフリカ言語文化学科（当時）で日本語教育を担当。1998年からヘルシンキ大学日本語講師を務めている。

オウティ・スメードルンド（Outi Smedlund）
1979年生まれ。
2005年、ヘルシンキ大学修士課程修了（日本学専攻）。
1996年にYFU（Youth For Understanding）の留学プログラムで神戸山手女子高校に1年間留学。ヘルシンキ大学在学中の2000年から1年、文部省（当時）の日本語・日本文化研修生として北海道大学で学んだ。ヘルシンキ大学、ヘルシンキ夏期大学、メトロポリア応用科学大学で日本語非常勤講師を務める。ヘルシンキ大学博士課程に在籍中。フィンランド・日本語日本文化教師会およびフィン日協会の役員。
編著に『Japanin kieli Suomessa』（植村との共編）

北緯60度の「日本語人」たち
── フィンランド人が日本語の謎を解く ──

2012年4月25日　初版第1刷発行

監訳者　植村友香子
　　　　オウティ・スメードルンド

発行者　武市一幸

発行所　株式会社　新評論

電話　03(3202)7391
振替　00160-1-113487
http://www.shinyoron.co.jp

〒169-0051
東京都新宿区西早稲田3-16-28

定価はカバーに表示してあります。
落丁・乱丁本はお取り替えします。

装丁　山田英春
印刷　フォレスト
製本　中永製本所

©植村・スメードルンドほか　2012年

ISBN978-4-7948-0899-8
Printed in Japan

JCOPY〈(社)出版者著作権管理機構　委託出版物〉
本書の無断複写は著作権法上での例外を除き禁じられています。複写される場合は、そのつど事前に、(社)出版者著作権管理機構（電話 03-3513-6969、FAX 03-3513-6979、e-mail: info@jcopy.or.jp）の許諾を得てください。

新評論　フィンランドを深く知る本　好評既刊

ミカ・クルユ／末延弘子 訳／J.ビータネン＋笹野 尚 監修
オウルの奇跡
フィンランドのITクラスターの立役者達

フィンランドのハイテク都市建設に込められた地域の情熱、集積の活力を、IT産業の主役達へのインタビューから浮き彫りにする。
［A5並製 220頁 2310円　ISBN978-4-7948-0758-8］

レイヨ・ミエッティネン／森 勇治 訳
フィンランドの国家イノベーションシステム
技術政策から能力開発政策への転換

情報技術産業だけでなく、教育・地域・民主主義など社会システム全般を拡充する21世紀型イノベーションの全貌！
［A5並製 284頁 2940円　ISBN978-4-7948-0846-2］

レーナ・クルーン／末延弘子 訳
偽窓（ぎそう）

「あなたの虚実の問いに、哲学者が手頃な価格でお答えします」
——"現代フィンランド文学の至宝"クルーンの最新哲学小説！
［四六上製 216頁 1890円　ISBN978-4-7948-0825-7］

レーナ・クルーン／末延弘子 訳
蜜蜂の館
群れの物語

1900年代初めに建てられた「心の病の診療所」に集う人々がいた……「存在すること」の意味を珠玉の言葉で紡ぐ。
［四六上製 260頁 2520円　ISBN978-4-7948-0753-3］

レーナ・クルーン／末延弘子 訳
ペレート・ムンドゥス
ある物語

鋭い風刺と未来を拓く言葉の輝き。富山太佳夫氏絶賛！「こんな作品は今まで読んだことがない…レムやカルヴィーノに匹敵」
［四六上製 288頁 2625円　ISBN4-7948-0672-8］

カリ・ホタカイネン／末延弘子 訳
マイホーム

「わが家」とは一体何なのか？ 家庭の一大危機に直面した男が巻き起こす悲喜劇。世界12カ国語に翻訳されたベストセラー。
［四六上製 372頁 2940円　ISBN4-7948-0649-3］

＊ 表示価格は消費税（5％）込みの定価です